THE EUROPEAN SOVEREIGN DEBT CRISIS AND CHINA'S RESPONSE

中国社会科学院创新工程学术出版资助项目

欧债危机与中国应对

何帆 郑联盛 等/著

社会科学文献出版社
SOCIAL SCIENCES ACADEMIC PRESS (CHINA)

序　言

2008年9月美国雷曼兄弟破产，金融危机迅速传染到实体经济，全球经济急转直下。但各国政府联手救市，纷纷采取扩张性的财政和货币政策刺激经济增长，结果到2009年上半年，全球经济大有起色，仿佛已是雨过天晴。人们在猜测：经济复苏的"绿芽"已经冒尖。然而，就在2009年下半年，一股新的金融飓风逐渐酝酿并爆发，并影响到整个世界。这就是欧洲的主权债务危机。欧洲主权债务危机的爆发，意味着原本一场疾风骤雨式的金融危机，已经转化为一场旷日持久的世界经济衰退。

早在2008年年底，冰岛就已经出现过债务危机，后来，波罗的海三国也曾经出现严重的金融危机。但如今这场引起全世界关注的欧洲主权债务危机，首先是从希腊爆发的。希腊原本财政状况就不佳，2009年11月，新上台的帕潘德里欧政府宣布，旧政府掩盖了政府赤字与政府债务的真实水平，修正后希腊的财政赤字高达GDP的12.7%，而非此前公布的6%。这一消息引发了市场的恐慌，评级机构纷纷调低希腊的主权信用评级。

希腊爆发危机之后，欧洲国家并没有及时提供救援，反而一直袖手观望、犹豫不决，错过了救助希腊的最佳时机。局势很快就失控了。市场上的不信任情绪愈演愈烈。著名投资家巴菲特曾经说，如果你在厨房里发现了一只蟑螂，那么肯定不是只有一只，而是会有一窝。危机很快波及爱尔兰、葡萄牙、西班牙和意大利。这5个国家被戏称为"欧猪国家"（PIIGS）。不幸的国家各有各的不幸：爱尔兰经济增长势头一直很猛，但是其国内的银行出现大面积亏损，导致财政压力增加；葡萄牙借的外债太多；西班牙在过去几年变成了欧洲最大的建筑业工地，如今房地产泡沫崩溃，繁荣成了泡影，银行业也因此遭受重创；意大利的出口下降，而且一直是欧洲借债最多的国家。当"欧猪五国"的形势继续恶化，可能蔓延并殃及其他国家时，欧洲各国才行动起来，商讨如何救助南欧国家。

2010年5月10日，欧盟财长会议与IMF达成一项总额高达7500亿欧元的危机救助机制，以帮助可能陷入主权债务危机的欧元区成员国，防止危机进一步蔓延。7500亿欧元资金中，4400亿欧元来自欧洲金融稳定机制（European Financial Stability Facility，EFSF），2500亿欧元来自IMF的贷款承诺，剩下600亿欧元由欧盟自筹。这一方案出台之后，市场上的恐慌暂时得到了平息。危机似乎又过去了。

2011年，欧洲主权债务危机形势再度恶化。欧盟、IMF和欧洲央行在和希腊谈判的时候指出，希腊没有严格按照援助协议进行财政紧缩和经济改革计划，因此要暂停发放援助资金。这立刻导致希腊10年期国债收益率飙升，主权信用评级被再度下调。2011年下半年，欧洲的金融体系正在一步步走向悬崖，但各国领导人却还在围绕着是否需要扩大EFSF以及谁来掏钱的问题，争执不下。危机时刻，欧洲中央银行挺身而出，从2011年12月起，两次通过大规模的长期再融资安排（LTRO），向市场上注入了至少1万亿欧元的流动性，再次缓解了市场上的恐慌情绪。

就这样又熬到了2012年。市场上本以为2012年第1季度会是欧洲最艰难的时刻，因为欧猪国家到了偿债高峰，但值得庆幸的是，欧洲再一次有惊无险地渡过了难关。到2012年5月，市场上再度出现了对欧洲债务问题的恐慌。由于希腊大选失败，很多人开始怀疑，希腊会在短期内退出欧元区。花旗银行首席经济学家表示，希腊于2013年之前退出欧元区的概率在50%~75%之间。"末日博士"鲁比尼也明确指出，希腊可能于2012年或2013年退出欧元区。此外，西班牙已经成为欧债危机的新的焦点。进入2012年以来，西班牙信用评级连遭市场评级机构下调，而融资成本居高不下。6月7日，惠誉公司再次将西班牙国债评级由A级下调至BBB级，评级展望为负面。西班牙经济发展前景再次引发市场担忧。目前，西班牙已经向欧盟申请规模为1000亿欧元的资金援助。所幸，2012年6月希腊新一轮大选顺利过关，希腊暂时不会退出欧元区。随后的欧盟峰会又提出了一系列救市措施，市场的恐慌情绪再度缓解。

然而，欧洲的问题并未得到根本的解决。如果爆发危机的国家只是希腊或葡萄牙，那么欧元区尚可应对。一旦像意大利或西班牙这样的大国被牵扯进来，欧洲主权债务危机将迅速蔓延，很快，连法国、比利时这样相对健康的国家也会被拖下水。如果仅仅是债务危机，欧洲国家若能团结一心，尚能控制局势的发展。但随着南欧国债信用评级被调低，持有南欧国债的欧洲银行资产负债表将恶化，主权债务危机可能演变为银行危机，而一旦欧洲出现了系统性的银行危机，将对全球经济和国际金融体系带来致命的打击。相比之下，雷曼兄弟破产可能只是投在广岛和长崎的原子弹，但欧洲的崩溃则是氢弹。

为什么欧洲会一直处于这样的震荡？问题在于，欧洲得的是心脏病。按道理，欧洲是应该住院的，该做心脏搭桥手术就做手术，该装起搏器就装起搏器。但是，欧洲的对策却是，每一次到犯病的时候，就掏出一颗速效救心丸。看似每一次都化险为夷，但真正的问题却始终没有解决。

如何才能解决欧洲面临的问题？从短期来看，欧洲已经是大出血，当务之急是如何止血。果断采取行动，才能赢得市场的信任。欧洲中央银行可以继续向市场注入流动性，临时性的 EFSF 将被长期性的 ESM 替代，这都是短期内可以采取的对策。从中期来看，当市场的情绪稳定之后，欧洲应加快结构性改革，尤其是在债务压力较严重，但经济基础较好的西班牙和意大利。只要出现了经济增长，假以时日，债务压力终究是可以慢慢缓解的。当欧洲其他地方显露出增长曙光之后，可以回过头再解决希腊的问题，即使希腊不得不破产，也不会再带来系统性的风险。

开药方容易，治病难。尤其是当政治和经济因素交织在一起，决策就会变得更加困难。结构性改革和财政紧缩意味着福利减少、失业增加，这会带来更多的社会不稳定因素。2010年希腊债务危机恶化的时候，雅典的工人已经举着镰刀斧头的旗帜上街游行了。在马德里和罗马，示威游行和抗议的规模越来越大。事实上，占领华尔街运动的灵感，就是模仿了在西班牙马德里出现的占领太阳门（Puerta del Sol）的示威运动。最糟糕的情况会怎样？一些悲观的学者已经预言，欧元区会走向解体。尽管欧元区解体仍然是个小概率事件，但我们现在已经看到，这不是一个绝对不可能发生的事件。

对于中国来讲，最不愿意看到的就是欧元区的解体。欧元区已经是中国最重要的贸易伙伴之一，一旦欧洲出现经济衰退，势必引起中国出口萎缩。

现行的国际货币体系中，美元是事实上唯一的国际货币，这一国际货币秩序是不公平的，也是不可持续的。多极的国际货币体系符合中国的利益，欧元至少应是其中一极。但是，市场上一度流行的"中国救欧洲论"，却是我们不敢苟同的。救助欧洲的机制已经存在，这主要是欧洲国家的内部救援机制，欧洲缺的不是救助的资金，而是政治上的决心。救助欧洲的关键是如何通过同伴的压力，敦促南欧国家加快结构性改革。中国所能提供的只是数量有限的资金，中国如果出资，没有办法在出资的同时对南欧国家形成改革压力。所谓通过杠杆化的方式扩大 EFSF 的倡议，被市场看成一个笑话。杠杆化之后的 EFSF，无法保障日本、中东或是中国这些潜在出资方的利益。中国正在密切关注着欧洲债务危机的动向，如果形势进一步恶化，中国一定会承担自己应该承担的责任，但欧洲的命运从根本上取决于其能否自救。

欧洲主权债务危机刚刚出现萌芽，我们就开始跟踪研究最新的进展，深入分析其对中国的影响。呈献给各位读者的这本书，就是我们在之前研究成果的基础上整理出来的。本书初稿于 2011 年 12 月完成，但由于各种原因推迟到了 2013 年年中出版。肖立晟、伍桂、邹晓梅、朱振鑫、靳飞、倪蔚丹、王鹏等参与了本书部分章节的写作与更新。我们要在此感谢中国社会科学院世界经济与政治研究所的各位同事：余永定研究员、张宇燕研究员、姚枝仲研究员、高海红研究员、张斌副研究员、张明副研究员、徐奇渊副研究员、黄薇副研究员、刘东民博士、肖立晟博士等。我们也要感谢参与跟踪欧债危机研究的各位学生：伍桂、邹晓梅、曾省存、靳飞、朱振鑫、纪洋、黄懿杰、王鹏、王芳、倪蔚丹、孙东等。我们也感谢和我们分享研究心得的其他国内外专家学者：Barry Eichengreen，Jean Pisani-Ferry，Francessco Giavazzi，Charles Wyplosz，Paul De Grauwe，Kristin Forbes，朴英哲，黄海洲，丁一凡等。

何 帆
2013 年 1 月

目　录

第一章　欧债危机的发展 ………………………………………… 1

　　冰岛小国的"国家破产",开始点燃了欧洲债务危机的引信。希腊、爱尔兰、葡萄牙、意大利、西班牙甚至法国都接踵而来,这种财政收支失衡作为一种普遍性的困局出现在欧元区中,同时又引发了对欧元、银行体系以及经济增长的冲击,欧债危机不仅是次贷危机的下半场,更是欧洲制度性错配的根据地。

一　欧债危机的萌芽 …………………………………………… 2
二　冰岛的"国家破产" ………………………………………… 7
三　欧债危机集中爆发于希腊 ………………………………… 8
四　法国债务问题的观察 ……………………………………… 11
五　欧债危机与美债危机的比较 ……………………………… 13
六　欧债危机的未来发展 ……………………………………… 17

第二章　爱尔兰的债务危机 ……………………………………… 20

　　一个以风笛著称的西欧小国,演绎了一次房地产行业繁荣,凯尔特人虎啸全球,但是,事实表明,过度杠杆化的经济体始终会受到清算。爱尔兰向我们讲述房地产泡沫-银行业危机-债务危机的演绎历程。

一　爱尔兰的经济状况 ………………………………………… 21
二　爱尔兰的债务危机 ………………………………………… 22
三　对爱尔兰债务危机的救援 ………………………………… 29

第三章　葡萄牙债务危机 ·············· 32

葡萄牙面临着与希腊一样的财政收支困境，成为第三个向欧盟求援的欧元区经济体。葡萄牙债务危机诠释了欧洲债务危机的普遍性。然而，相同的债务危机，背后有着何种经济背景？又演绎了何种的救援故事？葡萄牙同样在述说。

一　葡萄牙的经济状况 ·············· 33
二　葡萄牙的债务危机 ·············· 34
三　对葡萄牙债务危机的救援 ·············· 40

第四章　意大利债务问题：演进、趋势与风险 ·············· 44

作为全球第七大经济体、欧元区第三大经济体，意大利的长期债务问题饱受诟病，与其前任总理贝卢斯科尼的桃色新闻一样受世人关注。意大利的财政收支失衡、次贷危机的冲击、银行业风险以及债务危机的演进，向我们展示"为什么猪不会飞"。

一　意大利的经济与财政状况 ·············· 45
二　意大利债务问题的发展 ·············· 47
三　意大利债务问题的未来趋势 ·············· 49
四　意大利债务问题与潜在的系统性风险 ·············· 51

第五章　债务重组或是希腊的归途 ·············· 55

希腊正式拉开了欧债危机的序幕，希腊债务危机升级促成了欧债危机救援机制的实质性出台及不断完善，希腊一而再的危机和求援、希腊轻佻的全民公投议案、希腊高比例的债务减计以及进展迟缓的财政整固，希腊不仅描绘自己的图景，还刻画欧债危机的重要片段。

一　对希腊危机的两轮救助 ·············· 56
二　希腊的债务重组 ·············· 60
三　如何摆脱"国家破产"的厄运 ·············· 62
四　希腊"退欧"的两难困境 ·············· 64
五　希腊"退欧"仍有一定可能 ·············· 67

  六 希腊"退欧"对欧元区意味着什么 …………………………… 73

第六章 西班牙债务危机 ………………………………… 76

  西班牙曾经是21世纪初期欧洲的一颗经济新星，房地产的膨胀将西班牙经济拉至一个高度的繁荣，西班牙银行业的动态信贷机制甚至成为世界银行赞誉的目标。然而，在次贷危机的冲击下，被推迟的西班牙房地产泡沫破灭了，银行业风险急剧上升，债务危机接踵而来。

  一 西班牙的经济和财政状况 …………………………………… 77
  二 西班牙债务问题的由来 ……………………………………… 81
  三 西班牙的银行业危机 ………………………………………… 85
  四 西班牙是否会成为欧洲不可承受之重 …………………… 91

第七章 欧元区会崩溃吗 ………………………………… 94

  欧债危机之所以受到瞩目，不仅在于各个经济体的债务风险急剧的经济后果，更重要在于它关系欧元区和欧盟几十年的团结之路走向何方。欧债危机使得欧洲联合的成果——欧元面临历史性的挑战，是否有成员国退出欧元区、欧元区是否会崩溃成为核心议题之一。

  一 欧元区解体的担忧 …………………………………………… 95
  二 欧元面临重大的制度性风险 ………………………………… 97
  三 退出欧元区的现实障碍 ……………………………………… 98
  四 欧元区"分裂"的理论分析 ………………………………… 99
  五 个别国家退出欧元区可能性仍然存在 …………………… 101
  六 欧元区"分裂"的潜在冲击 ………………………………… 102

第八章 欧债危机的影响 ………………………………… 104

  欧洲债务问题以一个普遍性的风险因素出现在众多的成员国之中，欧元和欧元区作为一个整体面临债务风险和经济衰退的共同打击，在经济一体化的今天，全球经济、国际贸易、新兴市场、大宗产品和银行体系等又会面临何种打击？

一	欧债危机的整体影响	105
二	欧元的走势	108
三	大宗商品市场	110
四	国债危机向银行业的传染	118
五	欧债危机对新兴经济体的影响	122

第九章 欧债危机的制度根源及长效机制改革 … 128

欧债危机爆发至今已经3年多，但却是没有完善的解决机制，这是救援的失败还是根源性的痼疾？是一次偶然的失败还是制度性缺陷？统一的货币政策和分散的财政政策，该二元结构矛盾是否是欧债的制度性根源，还是要将责任归咎于欧元区内部的失衡？众说纷纭。

一	欧债危机根源的概述	129
二	欧洲联合的制度性缺陷及改革	132
三	财政紧缩与财政扩张	142
四	欧洲的国际收支失衡	148
五	欧盟制度性改革的深化	153
六	欧盟中长期发展和改革的重大议题	156

第十章 国家破产、主权违约及其应对机制 … 160

希腊赤裸裸地对私人部门违约，进行高达53%的债务减计，希腊已经将债务危机与主权违约甚至"国家破产"相互联系起来。希腊会不会对公共部门违约，会不会出现主权债务重组，在回顾阿根廷的"布宜诺斯艾利斯计划"中，我们似乎也看到希腊的影子。

一	"国家破产"的含义	162
二	"国家破产"与流动性危机	163
三	"国家破产"的应对	165
四	主权债务重组	167
五	主权债务重组：阿根廷的经验	168

第十一章　欧债危机的救援与风险 …………………………………… 171

如果说欧债危机是一次历史性的债务危机，那么欧债危机的救援也是一次创造性的发明。从"不救援原则"再到对希腊的两轮救援，从紧急贷款到欧洲金融稳定基金再到欧洲稳定机制，从欧洲央行购债行动、长期再融资计划直至直接货币交易计划，欧债危机的救援既扣人心弦又激动人心。

一　欧洲债务问题的救援历程 ………………………………………… 173
二　欧债危机的救援方案 ……………………………………………… 182
三　欧洲救援方案的风险 ……………………………………………… 186
四　欧洲债务问题救援的深化 ………………………………………… 189
五　欧债救援的最新发展 ……………………………………………… 189

第十二章　欧盟金融监管改革及宏观审慎管理框架 ………………… 195

美国次贷危机的爆发，使得"宏观审慎"成为一个历史潮流，美欧先后建立起了系统性风险的应对机制。但是，欧洲的系统性风险应对机制主要针对金融行业的风险，而却无助于债务危机的救援。金融体系的宏观审慎与财政体系的宏观审慎如何平衡与应对，欧洲金融、货币及财政体系的统一监管问题，仍然是欧洲未来的一大任务。

一　欧盟监管体系的演进 ……………………………………………… 197
二　欧盟金融监管体系改革及金融宏观审慎管理框架 ……………… 202
三　宏观审慎管理的实践：债务危机下的银行资本重组 …………… 208
四　小结 ………………………………………………………………… 210

第十三章　欧债危机与欧元区的未来 …………………………………… 213

当历史的年轮到了2012年，长期再融资计划和直接货币交易计划使得欧洲暂时缓释了流动性危机，财政契约与银行业联盟致力于推进欧洲在财政纪律和银行金融体系一体化的进程，但是经济衰退又讲述着欧洲的现实困难，欧债危机将走向何方？

一　2011~2012年欧债危机总体形势分析 …………………………… 214

二　欧元区的纾困政策与制度建设…………………………………… 220
　　三　欧元区政策评估…………………………………………………… 227
　　四　欧元区宏观经济失衡的调整与欧元区的未来…………………… 231

第十四章　欧债危机对中国的影响及启示………………………………… 235

　　　　欧洲是中国出口增长模式中最为重要的一环，欧债危机的风险及其对增长冲击使得中国和欧洲的贸易面临着历史性的困难，同时也可能是历史性的拐点。如果欧债对中国的影响仅仅是贸易，那可能就太庆幸了。理想是丰满的，但现实是骨感的，欧债的冲击远比我们知晓的要更加深远而实质。

　　一　欧债危机对中国经济的潜在冲击………………………………… 236
　　二　欧债危机对中欧贸易的影响……………………………………… 238
　　三　债务危机对中欧投资的影响……………………………………… 241
　　四　欧债危机对中国宏观调控的影响………………………………… 243
　　五　欧债危机对中国外汇储备投资和管理的影响…………………… 245
　　六　欧债危机对中国的启示…………………………………………… 248

第十五章　中国在欧债救援中的角色……………………………………… 251

　　　　中国已经成为积累财富最多的国家之一，至少政府是如此。巨额的外汇储备成为欧债救援的一个令人瞩目的潜在或现实的资源。救或不救已经不存在争议，如何救援才是真正的议题，或许在救援中，中国可以从债务危机中获得更多的启示与教训。

　　一　要不要救援的争论………………………………………………… 252
　　二　救援的成本收益分析……………………………………………… 253
　　三　中国的角色定位…………………………………………………… 254
　　四　中国参与救援的潜在方式………………………………………… 255
　　五　中国参与欧债危机救援最新进展………………………………… 258

参考文献………………………………………………………………………… 260

附录一　世界主要发达经济体应对金融危机的措施及其效果评述……… 268

　　一　主要经济体应对金融危机采取的措施…………………………… 269

二　应对危机措施的效果……………………………………… 273
　　三　主要经济体未来政策的着力点…………………………… 275

附录二　欧债危机大事记…………………………………………… 278

附录三　欧洲主权债务问题数据表………………………………… 284

第一章
欧债危机的发展

不管是专司农业的女神欧罗巴，还是被万神之王宙斯蒙骗的腓尼基公主欧罗巴，欧洲称谓及其文明根源于希腊。爱琴海蓝白辉映的独特异彩书写着欧洲文明的起源篇章，米诺斯文明和迈锡尼文明熠熠生辉。公元前2000年的克里特岛所演绎出的城邦文化带来了欧洲近2000年的灿烂辉煌。

公元2010年，爱琴海边的希腊点燃了一场债务危机，并将这场危机演绎得风雨飘摇。文明起源的希腊，无奈地向欧洲大陆发出求援的信号，不过奥林匹斯山下的希腊子民认为这是欧洲大陆对希腊文明的一次反哺。乱成一团的欧洲大陆，似乎不影响帕特农神殿下、爱琴海边悠闲自得的希腊人。

万神之王宙斯庇佑下的希腊俨然已经被危机的魔爪束缚，几近窒息。但是，这场危机的魔爪从爱琴海已经逐步伸展到了亚平宁半岛、巴尔干半岛、伊比利亚半岛，甚至欧洲大陆也触手可及。欧洲似乎已经到了该为欧洲团结和欧洲一体化进行战斗的时刻，这时欧洲需要智慧、战略和英雄。这场战斗是否会演绎现代版的特洛伊战争，这或是一场旷日持久的战争，我们期待一个阿喀琉斯，或者是一只特洛伊木马……当然，还有智慧女神雅典娜……

2008年年底以来，受美国金融危机的冲击，欧洲的小国冰岛因银行业资产负债表恶化发生了严重的银行危机，冰岛政府国有化其濒临破产的大型银行，资产负债表的压力转移到了冰岛政府，银行业危机演化成为了主权债务危机。更值得注意的是，冰岛的危机不仅是美国金融危机的深化，更是拉开了欧债危机的序幕。

冰岛的债务危机实际上是一个资产负债表危机,经过救援之后,趋于平静,但是,随后不久中东欧国家的银行业也出现了问题,资产负债表也恶化,政府采取多种金融政策进行救援,但是,随之而来的就是这些国家的债务问题。中东欧国家的债务问题也逐步出现。不过,由于应对及时有效,这些经济体的债务问题逐步缓和。

更引人注目的是,美国次级抵押贷款(以下简称次贷)危机引发的全球金融危机让欧洲陷入了新的困境,其金融市场和实体经济都受到了重创。在危机的应对之中,欧洲国家的财政状况迅速恶化,债务水平快速提升,债务问题日益凸显。希腊成为第一个暴露债务问题的欧元区成员国,2009年5月,受财政数据造假风波的影响,希腊开始演绎其债务危机。逐步地,希腊债务危机、爱尔兰债务危机、葡萄牙债务危机接踵而来,"欧猪五国"应运而生,欧洲债务问题以一个普遍性的重症成为欧洲和全球经济复苏的重大制约。

截至2012年11月,欧债危机仍然在持续深化,欧债救援、欧元区稳定和欧洲联合之路的未来等仍然存在重大不确定性,全球经济的风险并没有实质性缓解。希腊、爱尔兰、葡萄牙等已经遭遇了严重的危机,并接受国际社会的救援,西班牙已经成为欧债危机的新的焦点,意大利的债务问题也值得担忧,西班牙的银行业已经接受了救援机制的救助,市场甚至还预期西班牙全面求援也是时间问题。欧洲如何实现可持续的经济增长,是解决债务问题的关键,但各国政府却对此束手无策。欧元区和欧盟的未来发展仍然充满不确定性。

一 欧债危机的萌芽

2010年年初,时任欧洲央行行长特里谢指出,债务问题在发达经济体中具有"普遍性",引发了全球范围内对欧洲债务问题的关注甚至恐慌。IMF曾在2010年秋季的《世界经济展望》中指出,2011~2013年是发达经济体暴露风险的重要时间窗口,其中2012~2013年是财政稳固风险系数最大的阶段,发达经济体的财政状况不容乐观。

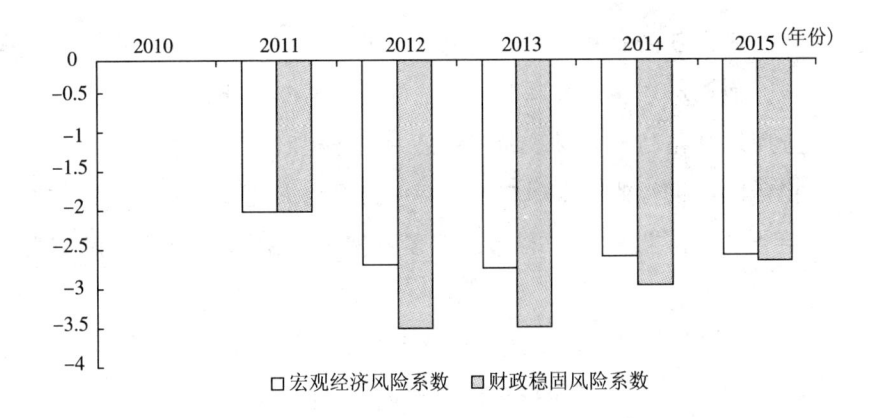

图1-1 发达经济体风险系数走势

资料来源：IMF。

冰冻三尺，非一日之寒。欧洲主权债务危机的爆发，尽管在一定程度上受到了美国金融危机的影响，是美国金融危机之后的一场余震，但在美国金融危机爆发之前，欧洲就已经出现了债务问题的萌芽，次贷危机是欧洲危机的引信，但欧洲债务问题的风险已经累积很长一段。

自从欧洲一体化取得实质进展之后，尤其是欧元区正式运作以来，欧盟对成员国的财政赤字和公共债务水平都有较为严格的规定。最主要的是欧盟《稳定与增长公约》规定，欧盟成员国财政赤字占当期国内生产总值（GDP）的比例不得超过3%，公共债务总额占GDP的比例不得超过60%。该公约指出，成员国财政赤字不能超过GDP的3%，否则成员国会被惩罚（按超出部分的一定比例向欧盟交纳保证金，最高罚金为其GDP的0.5%，如果还无法改善其财政状况，保证金被欧盟没收）。

但是，2004年部分欧盟国家开始跨越这两条红线。2005年年初，出于欧盟"团结"和促进就业增长的考虑，欧盟同意其成员国财政赤字可以"暂时"超过3%。但是，其后欧盟成员国的财政纪律实际上已进一步放松，欧盟整体债务水平占GDP的比例也持续高于60%，由此为欧洲债务问题埋下了"恶"的种子。在大萧条以来最严重金融危机的冲击下，欧洲债务问题开始显现化，部分国家出现债务危机。

欧洲债务问题可追溯至2008年10月的冰岛危机，其后不断深化、演进和升级，目前已成为欧洲地区的"普遍性"问题。截至2011年10月月底，冰岛、中东欧诸国和希腊、葡萄牙、爱尔兰等已经出现了较为严重的债务危机，而西班牙、意大利债务问题的压力不断累积，甚至法国和英国等的债务问题日益凸显。财政赤字和公共债务在欧洲已经成为一个普遍的问题，由于欧洲银行业在全球银行体系中具有重大地位，同时欧洲国家的一部分债务被外国投资者持有，欧洲债务问题又引起了全球金融市场的恐慌。

欧洲债务问题的第一阶段是发端于北欧小国冰岛的"外向型"债务危机。2008年10月，在全球过度扩张的冰岛金融业（资产规模为GDP的9倍多）陷入困境。三大银行资不抵债，被冰岛政府接管，银行债务升级为主权债务。根据美联社的数据，当时冰岛政府外债规模高达800亿美元，为其2007年GDP的400%左右，人均负债25万美元；金融业外债更是高达1383亿美元。从技术上讲，冰岛已经破产。冰岛为了应对危机，采取了较为严厉的紧缩政策，被迫放弃固定汇率制度，2008年10~11月两个月左右的时间，冰岛克朗兑欧元大幅贬值超过70%。2009年，冰岛陷入严重衰退，GDP同比下降超过8%。

欧洲债务问题的第二个阶段是中东欧国家"外来型"债务问题。2009年年初，国际评级机构——穆迪调低了乌克兰的评级，并认为东欧的形势在不断恶化，这触发了中东欧国家的债务问题。IMF（2009）警告，中东欧经济规模远超过冰岛，其债务问题存在引发金融危机"第二波"的风险。2000年后，绝大多数中东欧国家的商业银行被以西欧银行为主的外资控制，2008年年底中东欧国家的银行业外资占其资产的比例在54%~97%之间。中东欧国家背负约1.7万亿美元的外汇债务。中东欧国家应对危机主要依靠外部的援助，IMF、世界银行以及欧盟等提供了支持，同时在债务问题上采取了延长偿付期限、不增加偿付利息的模式（即所谓的"维也纳模式"），使得中东欧的局势有所缓和，并在2009年实现了初步复苏。由于中东欧经济增长相对较好，偿付能力没有受到实质性冲击，资产负债表问题逐步修复，2009年年底以来，中东欧经济体的债务问题逐步缓解。

第三个阶段是希腊和葡萄牙等国的"传统型"债务问题。2009年5月希腊就遇到了债务问题，欧盟强力声援后，局势得到一定的缓解。但半年后希腊财政赤字并未改善，其财政赤字 GDP 占的比例升至 12.7%，公共债务占 GDP 的比例高达 113%。国际评级机构——惠誉将其主权信用评级调低，希腊债务问题爆发了。与冰岛和中东欧不一样的是，希腊、葡萄牙等的债务问题是传统的收支结构问题，意大利、西班牙等大中型经济体也出现了传统型债务问题。如果以欧元区的德国作为基准，欧元区大部分经济体的经常项目和财政赤字都基本偏离了安全指标。

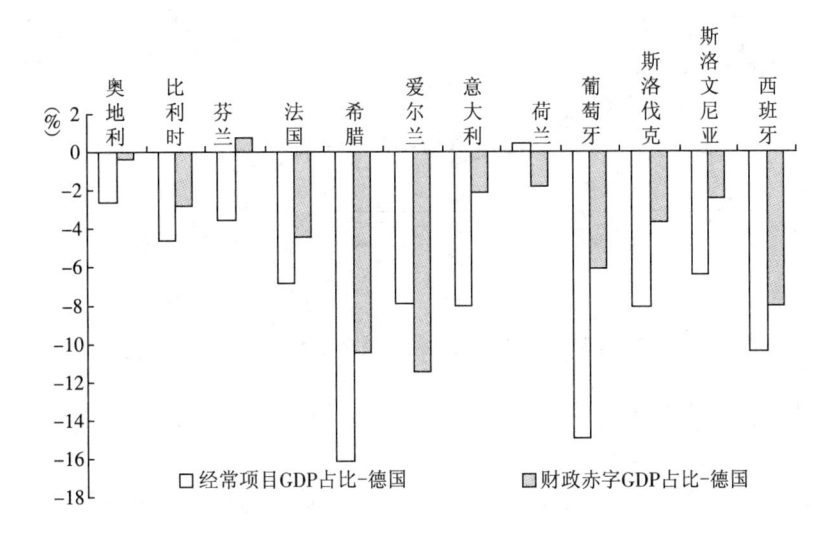

图 1-2 欧元区财政收支和国际收支比较

资料来源：IMF。

传统型债务问题在欧洲具有长期性和普遍性。按照欧盟《稳定与增长公约》的规定，欧盟成员国的公共债务占 GDP 的比例不得超过 60%，财政赤字占 GDP 的比例不得超过 3%。但是，金融危机爆发之后，欧盟国家普遍超过了这两个警戒线。欧盟各国财政赤字 GDP 占比均值从 2008 年年底不足 3% 飙升至 2009 年的 6.9%，公共债务占 GDP 的比例从 65% 提升至 74.7%。意大利 2009 年和 2010 年财政赤字占 GDP 的比例分别达到 5.4% 和 4.6%，其公共债务占 GDP 的比例分别达到 115.5% 和 118.4%；欧盟财政最为稳健的德国 2009 年和 2010 年财政赤字占 GDP 的比例分别为 3.2% 和 4.3%，公共债务占 GDP 的比例为 74.4% 和 83.2%。2011 年，欧盟 27 国和欧元区 17 国公共债务总规模占 GDP 的比例分别达到了 82.5% 和 87.3%。更严重的是，欧洲债务水平可能进一步提升，欧盟委员会的研究认为，如果不采取合理有效的财政整固政策，到 2014 年欧盟公共债务水平占 GDP 的比例将达到 100%，甚至更高。

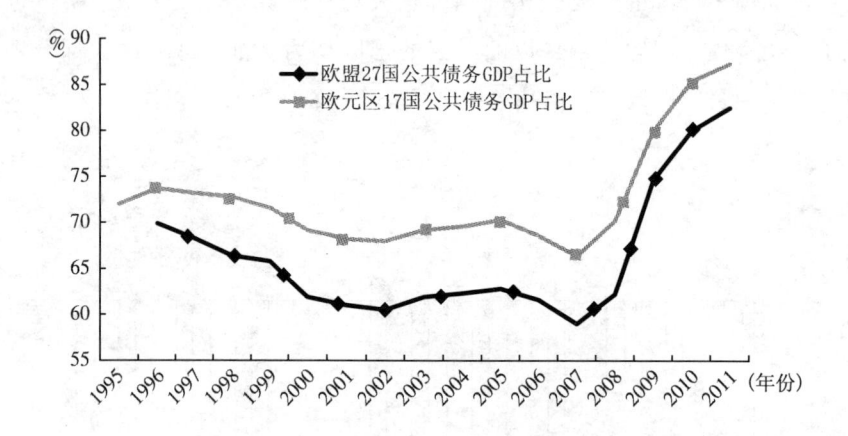

图 1-3　欧盟成员国公共债务水平走势

资料来源：*Eurostat*。

2011 年，欧债危机进入深化阶段，其暴露出的风险性更大。2011 年春季之后，欧债危机继续恶化，进一步升级，其潜在风险在于危机的后续传染性，主要体现在向大型经济体传染和向银行业部门传染。更为重要的是，针对欧债危机的救援仍然存在重大争议。一方面，欧债危机将从中小经济体向大中型经济体传染，其潜在冲击将更大，西班牙和意大利债务问题的发展决定了欧债危机未来的严重性以及系统性风险的大小。2011 年 9 月，国际评级机构——标准普尔调低意大利主权信用评级，并给予负面展望。2011 年 10 月月初，欧洲最大的清算所——LCH 清算所要求提高意大利债券交易的保证金，这触发了意大利债券收益率的大幅飙升，一度引发意大利债券市场的恐慌和意大利债务问题的升级。另一方面，欧债危机当时存在从债务危机向银行危机转换的可能性，如果出现债务重组将可能导致银行资产负债表恶化，甚至引发银行业危机，这更具负面的系统性风险，更具负面的外溢效应。全球最大的城市银行——法国-比利时合资的德克夏银行（Dexia）已经倒闭，这为欧债危机向银行业危机传染提供了警示。

更值得注意的是，美国2010财年财政赤字预计为1.565万亿美元，占国内生产总值的10.6%，创下二战以来最高水平。市场开始怀疑日本、美国的主权债务问题，尤其是国际评级机构——穆迪认为美国国债3A评级"面临压力"。2011年8月7日，标准普尔宣布将美国主权信用评级从3A下调至2A+。这是标准普尔70年以来首次下调美国信用评级，更是自1917年美国信用评级被穆迪授予3A级别以来首次惨遭下调。这样，主权债务问题就逐步升级了，从个别国家问题演化为欧洲问题，再升级为全球问题。2012年年底，美国可能再次面临债务上限问题，可能引发一定的债务风险。

二　冰岛的"国家破产"

金融业是冰岛的支柱产业。冰岛是一个只有10万平方千米、31万人口的小国。但是，冰岛人均GDP在2007年排名全球第五，而人均发展指数则排名全球第一。渔业是冰岛的传统产业。但是，在新旧世纪之交，冰岛确定了快速发展金融业的方针。从2003年至全球金融危机爆发之前，金融业在冰岛得到了膨胀式发展，资产规模扩大了4~5倍。冰岛的金融业在国民经济中的比例远远超过其他产业，成为了冰岛的绝对主导型产业。

冰岛的破产是全球金融危机的产物。在冰岛金融业发展的过程中，由于冰岛内部投资的局限性，国际化成为冰岛的主要方针，在2004年之后，冰岛的投资以欧洲为基础同时几乎遍布了全球主要金融市场。但是美国次贷危机爆发之后，由于金融产品的价格大幅下跌，执行以市定价为基础的会计原则和以风险价值为基础的资产负债管理模式，使得冰岛银行业的资产负债表恶化，该国金融业在这次全球金融危机中损失惨重，2008年年底冰岛金融业外债已经超过1383亿美元，而冰岛国内生产总值仅为193.7亿美元。

从财务原则上，破产主要是针对公司而言的，破产是指当债务人的全部资产不足以清偿到期债务时，债权人通过一定程序将债务人的全部资产进行平均受偿，从而使债务人免除不能清偿的其他债务，并由法院宣告其破产解散。基于冰岛"破产"的现实，实际上是从国家的资产负债表进行分析，当时冰岛的主权负债远远大于其资产及产出，从而使得冰岛资产负债表崩溃，技术上冰岛已经破产。

三 欧债危机集中爆发于希腊

一定意义上，欧债危机是本轮全球金融危机深化发展的结果，是美国次贷款危机的扩展与延伸，这也是大型金融危机之后，私人部门和公共部门债务的结构性变化和去杠杆趋势的一个结果，象征着危机的重心由私人金融机构蔓延至主权政府债务。当然，欧债危机有其内在的根源性，其发展和影响已经远远超过了次贷危机的范畴，未来发展之路实际上更多的是一个债务危机问题。

欧债危机发端于冰岛与中东欧国家，但集中爆发于希腊。2009年11月，新上台的帕潘德里欧政府宣布，旧政府掩盖了政府赤字与政府债务的真实水平。2009年，希腊修正后的财政赤字高达GDP的12.7%，而非此前公布的6%。2009年12月，全球三大信用评级机构——惠誉、标准普尔与穆迪相继下调希腊主权信用评级。2010年年初，希腊政府宣布2009年最终财政赤字达到GDP的13.6%，2009年年底政府债务未清偿余额与GDP之比达到115.1%，并将在2010年年底突破120%。2010年4月27日，标准普尔率先将希腊主权信用评级调降至垃圾级，这导致希腊国债的信用违约互换（Credit Default Swap，CDS）息差与国债收益率双双飙升。2010年4月27日当天，希腊两年期国债收益率飙升至15.3%。随着其他信用评级机构跟进下调希腊主权信用评级，希腊长期国债收益率进一步上升。2010年5月6日，希腊10年期国债收益率飙升至11.3%。短期国债与长期国债收益率的显著上升，不但使得希腊政府通过发债为财政赤字融资的成本上升，而且也导致希腊为到期债务展期的难度增大，同时增发新的债券填补到期债券的可能性大打折扣。

债务偿付困难使得希腊最终走向国际救援的道路。2010年4月23日，希腊政府正式向欧盟与IMF求援，表示如果不能在2010年5月19日之前获得援助，希腊政府就不能为即将到期的113亿美元国债再融资。2010

年 5 月 2 日，希腊与欧盟及 IMF 达成救援协议。欧盟与 IMF 承诺向希腊提供总额 1100 亿欧元、利率为 5% 的贷款。该笔贷款规模预期可以满足未来 3 年内希腊政府的融资需求，其中 2010 年为 300 亿欧元，2011 年、2012 年各为 400 亿欧元。但是，欧盟和 IMF 对希腊的救援提出了条件性。作为贷款条件，希腊政府承诺在未来 3 年内将财政预算削减 300 亿欧元，并在 2014 年将财政赤字与 GDP 之比降低至 3%。由于希腊政府的财政预算削减计划建立在增税、降薪与削减养老金支付水平的基础上，这酿成了 2010 年 5 月 5 日希腊国内的全国性罢工以及大规模流血冲突，财政紧缩计划在传统高福利的希腊受到了极大的抵制。这为希腊债务问题的救援和解决埋下了一个"暴力"的种子，给希腊的经济社会稳定和经济复苏带了更大的不确定性，随后的 2011 年希腊的罢工再次爆发，一度使得希腊陷入瘫痪。

希腊危机的爆发引发了明显的连锁反应。市场注意力随即扩大至与希腊有着相似基本面的其他一些欧洲国家上来，特别是爱尔兰、西班牙、葡萄牙与意大利。上述五国被戏称为"欧猪五国"（PIIGS）。这些国家的财政赤字与政府债务均远远超过了欧盟《稳定与增长公约》的限制。2010 年 4 月 27 日与 28 日，标准普尔相继下调了葡萄牙与西班牙的主权债务评级。2010 年 5 月 29 日，惠誉也下调了西班牙主权债务评级。"欧猪五国"国债的 CDS 息差与收益率在 2010 年 4 月月底至 5 月月初出现了集体跳升之趋势。尽管希腊的 GDP 在欧元区 16 国 GDP 中占比仅为 2.6%，但"欧猪五国"的 GDP 却占欧元区 16 国 GDP 的 34.8%。一旦"欧猪五国"集体爆发主权债务危机，欧元区金融市场与实体经济将面临巨大的风险，欧元区的联合之路将更加坎坷甚至可能出现分裂。

希腊债务危机的升级引发了社会动荡，并使得欧洲的债务问题迅速扩大化，欧债的救援开始有了突破性进展，并迅速机制化。正是由于意识到欧债危机的蔓延与扩展可能殃及自身，欧元区核心国家德国与法国终于抛开国内民众的压力与相互之间的利益分歧，最终就出台大规模泛欧元区救援方案达成一致。2010 年 5 月 10 日，欧盟财长会议与 IMF 达成一项总额高达 7500 亿欧元对危机的救助机制，以帮助可能陷入主权债务危机的欧元区成员国，防止危机进一步蔓延。

7500亿欧元的救援体系由3个部分组成：第一，4400亿欧元来自所谓的欧洲金融稳定基金（European Financial Stability Facility，EFSF）。该机制是指通过设立一个特别目的载体（Special Purpose Vehicle），通过发行债券的方式最多募集4400亿欧元的资金，该机构发行的债券将得到来自欧元区成员国政府的集体担保。第二，2500亿欧元来自IMF的贷款承诺。第三，剩下600亿欧元由欧盟委员会根据《里斯本条约》相关条款，以欧盟预算为担保进行筹集。此外，从2010年5月起，欧洲央行开始在市场上直接购买"欧猪五国"国债，并且不设置"上限规模"，以防止市场的扭曲，欧洲央行延长了定量宽松政策的实施期限，通过各种公开市场操作向市场持续注入流动性，防止流动性的枯竭。

救援机制一定程度上解决了短期的流动性危机问题。7500亿欧元救援方案的出台与欧洲央行的相关操作有效地提振了投资者信心，金融市场开始趋于稳定："欧猪五国"国债5年期信用违约掉期息差与收益率显著下降、全球股市有所反弹、欧元对美元转跌为升。但是，针对希腊等经济体的救援，并没有实质性改善希腊的偿付能力，特别是希腊经济增长乏力，使得债务问题将是长期化。

2011年以来，希腊债务危机愈演愈烈，希腊政府的财政整固能力并不是十分有效，并因此使对希腊的救援更多陷入一个恶性循环。2011年6月，希腊政府表示未来两年可能无法从资本市场获得足够的融资，需要得到更多的救援资金，希腊债务危机第二波来临。欧元区、欧盟和IMF无奈再次出手，迅速做出反应，于2011年7月21日达成了针对希腊的第二轮救援计划。由于希腊此前的财政整固计划执行不力，欧元区和欧盟要求希腊做出更加明确且有效的财政整固方案。新的财政整固方案更多的是削减公共支出，降低福利水平，提高税收，所以受到了希腊民众再次抵制。2011年10月18日，希腊两大工会发动的"48小时大罢工"使得希腊的经济运行陷入了临时性瘫痪。

2011年年底，欧盟峰会通过决议，希望私人部门对希腊主权债务进行减计，减计比例高达53%。一定意义上，希腊政府已经对私人部门进行了主权债务违约，希腊已经走上了债务违约的归途。其后，希腊债务危机得到一定程度的缓解，但是2012年5月，希腊大选的僵局使得希腊债务危机再度升级，左翼政党甚至表示"要在希腊边境布下地雷"，不承认之前希腊与欧盟达成的救助协议和财政整固计划。随后，虽然希腊人选择了妥协，但是现有的救援框架不能解决希腊的偿付能力问题，解决不了希腊增长和就业的难题。

时至 2012 年 10 月月底，由于希腊经济大幅衰退，偿付能力极差，部分市场人士预期欧盟和 IMF 等机构对希腊救助所形成的债务或将难逃展期甚至违约的困境。

四 法国债务问题的观察

2011 年之前，国际社会对法国的债务状况的预期相对较好，认为其经济增长水平相对良好，偿付能力比较合理。但是，随着债务危机的逐步深入，法国的债务问题同样引起了国际社会的广泛关注。特别是，意大利债务问题升级以来，法国 3A 主权信用评级遭遇了一定的质疑。

全球金融危机之前，法国的经济增长状况和财政状况相对良好，是欧元区相对稳健的成员国。加入欧元区之后，法国的经济产出水平与欧元区的平均水平相当，从 2001 年之后，法国和欧元区都经历了持续向好的增长情景，特别是 2005 年之后至全球金融危机之前，法国的增长状况好于欧元区。但是，美国金融危机对法国的冲击十分明显，法国陷入了超过 5% 的经济衰退。

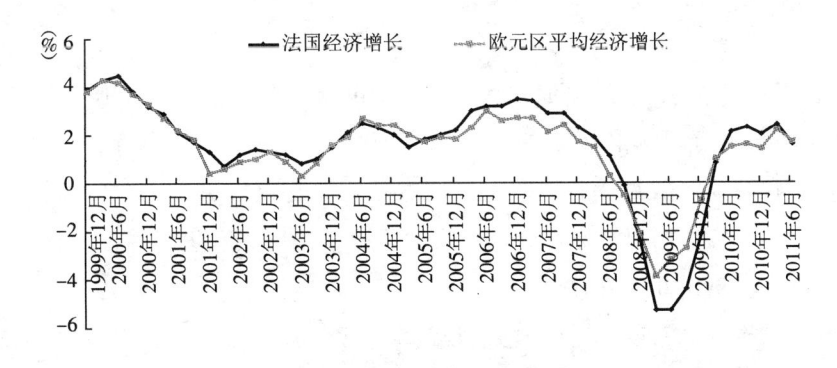

图 1-4 欧元区及法国经济增长水平比较

资料来源：*Bloomberg*。

全球金融危机的冲击和经济增长的下滑使得相对向好的法国财政状况迅速恶化。2008年，法国财政赤字占国内生产总值（GDP）的比例从2007年的2.7%上升至3.3%，再度超越《稳定与增长公约》的标准。2009年和2010年，法国财政状况迅速恶化，财政赤字占GDP的比例高达7.5%和7.1%。与此同时，公共债务水平也水涨船高。2003年，法国公共债务水平达到62.9%，为加入欧元区之后首度超过60%的标准，此后一直没有低于这个标准，但整体保持在相对稳定的水平，没有超过70%。2009年之后，法国公共债务水平一举从2008年的68.2%飙升至2009年的79%，2010年和2011年进一步恶化达到85.4%和87.3%。

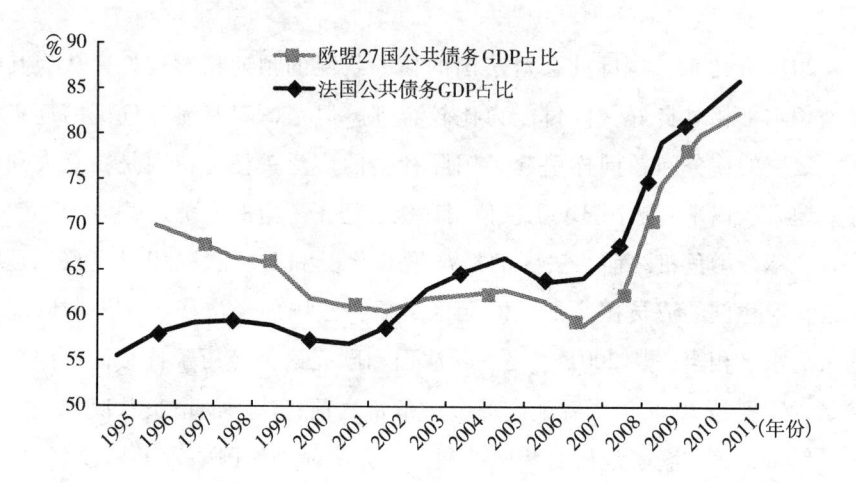

图1-5 欧盟、法国公共债务水平

资料来源：*Bloomberg*。

2011年以来，法国的债务状况引发了市场的重大担忧。特别是2011年9月之后，由于意大利债务问题的不断深化，意大利债务问题存在升级的重大风险性，而法国银行业是意大利债券的主要持有方，意大利债券收益率上升直接导致法国银行业资产负债表的恶化，法国兴业银行等被调低评级，法国的主权信用开始有所动摇。

2011年10月之后，法国国债收益率水平开始上升，与德国国债收益率的差价持续扩大，2011年11月8日收益率之差曾达到166个基点，创下欧元区正式运行以来新高。

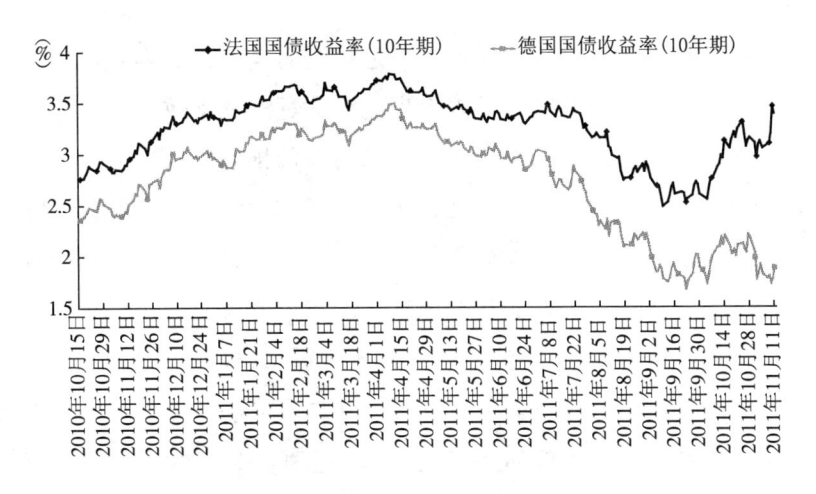

图 1-6　法国国债收益率水平

资料来源：*Bloomberg*。

五　欧债危机与美债危机的比较

2011年是全球经济的债务年，欧洲和美国相继陷入主权债务危机的泥潭，不仅给美欧两个经济体造成巨大的冲击，而且给全球经济和国际金融市场带来了实质的不稳定性，全球经济复苏和金融稳定面临新的风险。同时，日本、法国的债务问题也引发了全球性的关注，甚至日本和法国可能步美国后尘，被降低主权信用评级。[1] 为了更好地说明问题，作者在此进行美国和欧洲的债务问题的比较。

美国和欧洲的债务危机都是过度负债的体现，是相关政府收支不匹配，是经济体资产负债表的失衡。但是，美国和欧洲的债务危机存在较为明显的差异性。二者债务问题产生的根源、演进路线、危机的本质以及全球影响力都不完全相似。认识二者的差异性，对于我们理解美欧债务问题及其

---

[1] 2011年8月24日国际评级机构——穆迪已经下调日本的主权信用评级，从Aa2下调一档至Aa3。

未来演进都具有重要意义，同时对于夯实应对政策的基础也具有明显的现实意义。

美欧债务危机具有一定的共性。一是相关的政府没有实施审慎的财政预算制度，公共支出没有坚守量入为出原则，过度透支政府未来收入的信用。二是全球金融危机的爆发是债务危机引发的国际环境，为了应对危机之后的经济衰退，扩大政府支出是必然的选择，而财政收入在危机时期增长是有限的甚至是负增长，如此，就直接导致收支失衡。三是政府对财政赤字和公共债务水平提高的警惕性较差，或采取善意忽视，缺乏明确、合理和有效的财政整固计划，使得债务问题不断深化，最后引发危机。

美欧债务危机产生的诱发条件具有差异性。美国债务危机具有上述根源，但其引发却具有一定的偶然性。2011年上半年，全球对于美国主权债务违约并没有明显的市场预期，而主权债务危机的引发主要是美国政府和国会的巨大分歧，导致了"财政整固的政策不可预见性"，最后标准普尔意外地降低美国主权信用评级，引发了美国主权债务危机。欧债危机是其债务问题不断深化的结果，是欧洲债务问题普遍性的不断发酵。欧元区财政政策和货币政策的二元结构矛盾是欧债危机的制度基础，欧元区成员国货币政策是统一制定的，成员国只能更多地以财政政策来救援经济并促进增长和就业，欧洲债务问题更为普遍、严重，更具有必然性。2010年，欧盟27个成员国中有20国财政赤字占GDP的比例超过3%的安全警戒线，欧洲债务问题具有普遍性。

美欧债务危机的表现形式是不一样的。欧债危机的根源在于其成员国的收支失衡问题引发的债务支付困难，表现形式是典型的债务危机，是一种经济层面的危机。美国的债务危机主要根源于政治决策机制带来的市场预期的逆转，表现出的是一种信任或信用危机。严格意义上，美国债务危机一定意义上是一场政治博弈，是一出政治闹剧。这出闹剧的载体是美国债务，潜在的载体是美国的主权信用。两党将美国的主权信用玩弄于口水之争，而将债务人的利益搁置一旁，对民主政治的过度热衷实质上是对债务人利益的亵渎和玩弄。

两个经济体的债务危机的演进过程存在较大的差异性。欧洲债务问题从点到面、从小到大可以分为3个阶段：第一阶段是冰岛、中东欧国家的资产负债表型危机，主要是由于金融危机导致其银行部门资产缩水引发了资产债务表恶化；第二阶段是希腊债务危机爆发，欧洲债务问题的普遍性日益凸显，"欧猪五国"债务问题显现，是一种流动性危机或临时性偿付危机；第三阶段是欧洲债务问题向大中型成员国蔓延，西班牙和意大利的债务问题引发市场更大担忧，是债务危机内在的一种传染过程，同时也是偿付能力问题的进一步恶化，将可能演化为一种持续性的偿付危机。美国债务危机主要是一种脉冲性的或然危机，美国目前仍然没有面临明显的偿付困难，中短期内不会出现偿付危机。

美欧债务危机的应对方式是不一样的。欧债危机的应对之策主要在于解决债务偿付危机，是以欧盟和 IMF 为主导的国际救援模式。2010 年 5 月，欧元区同意启动对希腊救助机制，在未来 3 年内与 IMF 为希腊提供总规模为 1100 亿欧元的贷款。同时，欧盟和 IMF 同意设立欧洲金融稳定基金（European Financial Stability Facility），安排 7500 亿欧元援助计划，应对欧洲债务问题可能引发的风险。2011 年 7 月，欧盟针对希腊的第二轮救援仍然是在于解决希腊的债务偿付危机。2011 年年底，针对希腊的私人债权人的债务减计，使得希腊进行了实质性违约。2012 年的货币直接交易计划，相当于欧洲央行承担了一定的最后贷款人职能。由于美国主权债务危机是一种脉冲式的危机，其应对更主要由美国政府主导，主要着眼于中长期的财政整固计划，从收支两个方面来加强债务的可持续性。

两个危机的最后结局可能是天壤之别。由于美国的主权债务危机一定程度上是政治问题引发的，信用评级降低，反而有利于美国政策决策的改善和财政整固的进行，固然进程不会很明显，甚至在 2012 年年底仍将再次出现债务上限问题，但美国出现新的债务危机可能性不大。欧洲爆发新的债务危机的可能性还是存在的，甚至可能出现债务违约和债务重组。一是西班牙和意大利的问题尚未明朗化；二是希腊债务危机可能继续发酵，最终将走向"国家破产"的道路，即出现主权违约，希腊可能无法在国际救援的框架下实现偿付能力的实质性恢复，债务重组可能是最后的归途。

危机对两个经济体未来的改革影响大相径庭。由于欧洲债务问题的制度性根源是财政政策和货币政策二元结构矛盾，面对债务危机的考验，欧盟后续改革可能要选择两个不同的道路：一是一体化进程加速，将财政政策也统一至欧元区，实现财政和货币的一体化；二是一体化进程"向后退"，将不符合欧元区成员国标准的国家"开除"，即建立欧元成员国的退出机制。对于美国而言，危机的影响主要体现在两个方面：其一，国会两党的纷争不会肆无忌惮地滥用主权信用，对债务问题的决策或将更加审慎和有效；其二，财政整固计划有望加速，从收支两个方面同时进行相应的调整和改革，以夯实财政整固的基础。

美欧债务危机可以倚赖的外部资源差别很大。对于欧洲，其债权的持有很大一部分是欧盟内部持有，比如欧洲中央银行是希腊的最大债务人，其债务危机的解决主要依靠内部的资源，可以依赖的外部资源主要是IMF的救援机制，以及部分国家的贷款支持或债券的购买，这些都需要经过较为艰难的政治协调。而且随着欧洲危机的升级，其外部融资的难度大幅提升，其政策的弹性将减小。而美国可以利用其中心货币的霸权地位，可以倚赖更多的资源。在后布雷顿森林体系，美国作为核心国家，向外围国家输出流动性，同时承担负债，外围国家持有大量的美国债券，一定意义上已经形成了"中心－外围"共生模式。在这个模式中，外围国家实质上被美国绑架，不但不可能大肆抛售美国债券、卖出美国国债，甚至还需要源源不断购买美国国债，否则将面临更为巨大的债权损失。美国仍然是全球最核心的国家，美国国债仍是最主要的投资品种，全球做空美债的动力不足，美国不会因信用评级被降低而面临实质性融资困境或外部资源的枯竭，所以其在短期内不会发生债务危机。

主权债务危机的全球影响不尽相同。美国是国际经济体系的核心国家，其债务危机的系统性冲击更为明显：一是不利于美国经济和全球经济复苏；二是可能深刻改变美国国债的收益率，从而影响全球资本流动和资产价格；三是可能对大宗等金融市场造成明显的冲击。欧债危机也可能通过贸易、资本和总需求等层面影响全球，但欧洲债务大部分是区域内相互投资，其外溢效应的冲击程度相对较小。但是，如果欧洲爆发新的债务危机，比如希腊进行针对主权国家的债务重组或西班牙、意大利等大型经济体的信用问题引发危机，其冲击性也不可小视，特别是意大利债务问题值得极度警惕。从现实发展看，欧债危机的影响可能更为现实和急迫，可能继续深化和蔓延。

六 欧债危机的未来发展

2011年以来，欧债危机不断深化，特别是2011年第3季度以来，欧债危机存在向大型经济体传染和向银行业传染的趋势。2011年10~11月，意大利债务问题不断升级，面临重大的债务压力。所以就整体而言，欧债危机的未来发展存在重大的不确定性，仍然存在爆发欧洲整体性债务危机的风险，同时欧元区和欧盟的发展及团结同样面临巨大的风险。

2012年1月13日，国际三大评级机构之一的标准普尔（以下简称标普）决定下调17个欧元区成员国中9个国家的主权信用评级。此举或是欧洲主权信用危机再度升级的标志。2012年第1季度是欧债危机发展的重要节点，标普下调评级将严重影响欧元区相关成员国的融资能力，而这个季度是"欧猪五国"的偿债高峰。标普降级对欧洲可谓"雪上加霜"。

评级下调加大了欧洲银行业的资产负债表风险。由于9个成员国的主权信用评级被下调，则其相关债券收益率被迫上升、价格将下降，对于持有大量欧元区成员国主权债的银行业而言，根据以市定价和风险价值的原则，进行资产的减计是一个必然的举措，这就使得原本就较为脆弱的资产负债平衡面临新的风险——要么提高资本金水平，要么抛售相关资产，两个途径都会放大金融风险。好在2011年12月21日开始的第一轮长期再融资计划，给欧洲银行业提供了流动性保障，使得其资产负债表的风险大大降低，否则标普的降级行动对欧洲而言可能是一个大炸弹。

欧债危机的发展还取决于欧债危机救援的有效性。目前，基于欧洲金融稳定机制的救援体系相对是有效的，特别是针对爱尔兰和葡萄牙的救援，但是这个救援框架是无助于债务国偿付能力和经济增长能力的提升，短期内甚至给偿付能力和经济增长施加更大的压力，经济形势不利条件下的财政整固一定意义上是一种顺周期效应，负面冲击可能被放大。救援体系的有效性日益受到挑战：一是筹资风险不断放大；二是主权信用违约风险没有受到足够的重视和防范。同时，针对银行业的救援可能存在重大风险：一是要求银行业承担主权债务的减计；二是要求提高资本金水平至9%，这实际上也是一种顺周期效应的放大，对银行而言不是缓解资产负债表压力，可能是放大了资产负债表问题。

欧债救援的短期最为有效的"解决之道"可能是欧洲央行的无限度量化宽松,无限度地购买债务国国债。根据《稳定与增长公约》的规定,欧洲央行的主要职能是负责欧元区货币政策和物价稳定,同时兼顾经济增长和就业,核心是货币政策。但是,欧洲央行在法理上不具有最后贷款人职能。虽然,2010年5月通过的欧洲金融稳定机制中赋予了欧洲央行购买欧洲国家债券的权力,而且"不规定购买上限",但是,欧洲央行受到德国通货膨胀目标制的严格限制,实际上债券购买的行为不是没有上限的。欧债最后的一个市场化解决方案可能是欧洲央行学习美联储无限地购买问题债券,施行原则上可以无限度地定量宽松。如果局势恶化,欧洲央行可能以特定的方式采取实际意义上的定量宽松,以越过制度的藩篱。否则,需要欧洲央行从法理上被赋予最后贷款人职能,也需要德国的国会通过相关法案,做出重大的妥协。当然,无限度的定量宽松将可能带来欧元区或欧盟的通胀。由于目前欧元区的通胀压力已经明显存在,如果再无限度地量化宽松,与美元在国际货币体系的地位不一样,欧洲央行的宽松可能并不会导致全球性的流动性泛滥,而更多的流动性会在欧元区内部聚集,欧元区和欧盟的通胀严重性将会十分明显。如果欧债问题继续深化,特别是意大利甚至法国如果存在爆发危机的风险,那么在欧元区崩溃和通货膨胀之间选择,德国可能只能选择后者。现实中,德国也不断做出让步。

欧债问题的发展最后还会影响到欧元区的发展。动态地管理成员国资格可能是未来改革的方向,协调财政政策和货币政策的一致性是未来改革的重大任务,而这两个方面都将深刻影响欧洲的联合之路,将深远影响欧元区未来的发展。从目前的形势看,最差的成员国希腊退出欧元区是具有一定合理性和可能性的事件,而德国退出则是一个黑天鹅事件。如果德国最后妥协同意欧洲央行承担最后贷款人职能,并可以无限度地量化宽松,那么欧元崩溃将是极小概率的事件,但是欧元区不合格的成员国退出或强化管理机制是完善欧元体系的一个改革趋势。

2011年12月9日,除英国之外的欧盟成员国已经就更加严格的财政纪律以及提高金融稳定性工具有效性等方面达成一致,并出台了长期再融资计划(Long Term Refinancing Operation)。该再融资计划为3年,第一轮融资拍卖已经在2011年12月21日实施，规模高达4890亿欧元。这个再融资计划一定程度上就是量化宽松，但是采取抵押的方式而非直接购买的方式，越过了欧盟条约的约束，显示了欧洲央行巨大的政策智慧和政策弹性。2012年年初，欧盟启动了第二轮融资计划。两轮融资计划共计向银行体系注入资金超过1万亿欧元，有效地防范了欧债危机向银行业危机的转换。

在阻止了欧债危机向银行业危机转换之后，2012年9月6日欧洲央行表示该行将启动直接货币交易（Outright Monetary Transactions，OMP）计划，在二级市场无限量购买成员国国债，以压低成员国融资成本。这使得重债务国家的融资困境得到了极大的缓解。欧洲央行实际上承担了欧元区国家的最后贷款人。

长期再融资计划极大地缓解了欧洲银行业部门的融资风险和流动性风险，欧债危机演化为银行业危机的风险大大降低。直接货币交易计划使得债务国可以在金融市场获得持续的融资，并且成本将大为降低。一定意义上，欧债危机已经渡过了系统性风险集中爆发的阶段。为此，未来一段时间内，欧债危机的风险集中在向大型成员国蔓延、债务违约和重组以及欧元区和欧盟的中长期改革等方面。一是西班牙的债务问题；二是希腊的债务重组、财政整固以及政治风险；三是欧元区和欧洲的中长期改革；四是欧元区内部失衡问题，特别是国际收支失衡；五是如何解决增长问题。

第二章
爱尔兰的债务危机

克里特岛希腊人缔造了欧洲两千年的文明，而比这更加久远的就是公元前4000年～公元前2500年西欧的凯尔特人。虽然勇敢彪悍的凯尔特人曾经度过了漫长漂泊岁月，没有留下过多的文化遗产，但是，英国的巨石阵、爱尔兰的风笛以及亚瑟王的传说，都诉说着凯尔特人曾经的辉煌。

遗憾的是，现代金融危机之箭无情地射向了凯尔特之虎。与希腊人悠闲、懒散、享受的价值观不一样，爱尔兰人秉承了曾经的凯尔特人的勇敢、执著和冒险，通过房地产和金融产业的发展，缔造了爱尔兰人的经济繁荣。但是，无情的全球金融危机之箭射中了凯尔特之虎的咽喉，一波未平一波又起的债务危机之剑几乎斩断了爱尔兰的融资血脉，如若不是抢救及时，爱尔兰或已成为平阳之虎。

正像亚瑟王和他的12个圆桌骑士阻击日耳曼部落的侵犯一样，勇敢、智慧的爱尔兰人已经成功阻击了债务危机的野蛮进攻，逐步摆脱了金融危机和债务危机的围攻，经济复苏之路已经在爱尔兰岛循循展开，成为欧债危机爆发以来应对最为成功的经济体。与希腊旷日持久的特洛伊战争不一样，爱尔兰或者已经取得了克朗塔夫战役的胜利。

冰岛是欧债危机演进过程中第一个"破产"的欧盟成员国，主要是由于银行业危机导致的。希腊是欧洲典型债务危机集中爆发的体现，其最终的归途可能是债务重组，希腊是欧元区第一个"破产"的成员国。但是，欧债危机是具有极大的复杂性的，爱尔兰和冰岛一样，其国家破产也主要是由于资产负债表的危机。

与冰岛相似的地方是，爱尔兰此前的经济腾飞主要得益于虚拟经济的膨胀发展。全球金融危机之前，冰岛的银行业得到了快速的发展，而爱尔兰的主导产业则是房地产行业。相对而言，爱尔兰的经济增长更加具有内生性，房地产给爱尔兰带来了繁荣，也埋下了危机的伏笔。

爱尔兰在金融危机之前其房地产市场就已经开始调整，全球金融危机的到来，使得全球的房地产市场陷入了低迷，爱尔兰的房地产市场更是雪上加霜。房地产泡沫使得银行业的资产负债表出现恶化，进而导致银行业危机。爱尔兰政府最终无奈只好接手濒临破产的银行，从而使得银行危机演化为债务危机。爱尔兰的房地产泡沫及其引致的主权债务危机，这对于中国而言或许更加具有借鉴意义。我们无法保证，中国的房地产泡沫最终不是以一个危机的形式破灭。

一 爱尔兰的经济状况

爱尔兰是西欧的小型经济体，国土面积为7.03万平方千米，约合两个海南岛，人口为420万左右。

爱尔兰是个小国，但是其在全球的知名度是较高的。爱尔兰人是凯尔特人的后裔，凯尔特人在公元前2000年左右，以其凶悍的性格为欧洲所熟知，与日耳曼民族齐名，是欧洲古代文明之一。公元前385年，凯尔特人曾经洗劫了当时最为强大的罗马。凯尔特神话和希腊神话、北欧神话都为世人所熟悉，亚瑟王和他的12个圆桌骑士、深海巨人族、女神恩雅等都是著名的神话。

爱尔兰人以凯尔特血统为荣，他们赞扬自己的祖先："他们是战士，是艺术家，是铁匠，是木匠，是商人，是矿工，是建筑师……"爱尔兰的风笛，作为一种独有的乐器，演奏出了天籁之音，尤其是《凯尔特人》电视剧中的音乐，捧红了爱尔兰当代最著名的女音乐家——恩雅（Enya）。

在本轮金融危机之前，爱尔兰是全球最富有的国家之一，其人均GDP超过5万美元，成为欧盟第二富有的经济体，仅次于卢森堡。爱尔兰面积和人口虽然不多，但却是一个非常发达的新兴工业化国家，其中金融、服务、房地产、医药生物、信息通信产业等都非常发达。

爱尔兰拥有咨询服务商埃森哲、啤酒商健力士以及全球两大廉价航空公司之一的瑞安航空等著名企业，同时爱尔兰是全球很多科技企业的欧洲总部，比如微软、谷歌、脸谱（Facebook）、易买（Ebay）、亚马逊、惠普和戴尔等。爱尔兰银行业非常发达，爱尔兰银行和爱尔兰联合银行都是知名银行，其中爱尔兰联合银行在英国和美国的业务较广，爱尔兰联合银行美国分行是美国50大银行之一。

金融危机之前，爱尔兰的经济增长状况远远好于欧元区的整体水平。经过2000~2002年的短暂调整之后，爱尔兰又进入了一个高增长区间，平均增长速度仍然保持在5%以上，而这个阶段欧元区经济增长整体水平不到3%。爱尔兰经济的强劲表现，使得人们认为其经济增长就像凯尔特人那么"凶悍"，为爱尔兰赢得了"凯尔特之虎"的美誉。

图 2-1 爱尔兰经济增长

资料来源：*Bloomberg*。

二 爱尔兰的债务危机

1. 爱尔兰房地产泡沫

爱尔兰是一个岛国，其自然资源相对匮乏，在20世纪60年代之前，爱尔兰的经济是相对封闭的，主要的产业是农牧业，经济增长十分缓慢。20世纪60年代之后，爱尔兰开始对外开放，积极吸引外资来发展本国经济，由于与英国存在天然的联系，利用外资的成果较为显著。20世纪90年代之后，爱尔兰的经济开始腾飞，外资继续大范围地进入爱尔兰，诸如金融服务、工商专业服务，以及生物医药、通信电子等行业蓬勃发展，与此同时爱尔兰的房地产行业也迅速发展起来。

房地产的迅猛发展导致了房地产泡沫。1995~2007年，这10余年是爱尔兰房地产行业爆发式增长的主要阶段，房地产行业的产值在其经济产出中的比例上升了1倍，至2007年房地产行业的产出占GDP的比例超过了10%，就业人口占劳动人口的比例达到了13.3%。在爱尔兰信贷放松的过程中，爱尔兰全国住房价格上涨了4倍，衡量泡沫化程度的收入房价比从4增长到10。爱尔兰首都都柏林的房价与伦敦比肩，甚至在部分年度超过伦敦，执经合组织成员国之牛耳，2007年都柏林的房价收入比高达17。

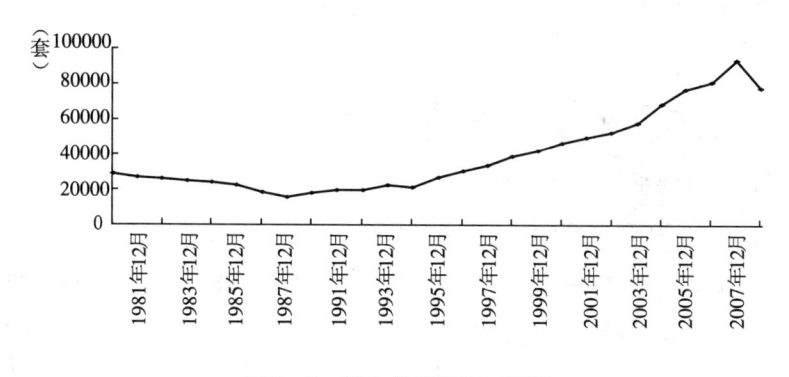

图 2-2 爱尔兰新屋开工情况

资料来源：*Bloomberg*。

美国次贷危机的爆发，宣告了全球建筑业周期的一个大拐点的到来。由于此前爱尔兰的住房和商业地产，不仅用于满足居民和一般性商业的需求，同时还是重要的投资品种，泡沫化程度较为严重。实际上，次贷危机之前，爱尔兰的房地产价格就出现了内生性的调整趋势。2006年9月，爱尔兰房地产价格上涨速度达到一个高峰，月度同比增长率高达16.9%，其后同比增长速度有所放缓，月度环比开始下跌。次贷危机来临之后，爱尔兰的房地产价格大幅加速下跌。2008年，爱尔兰全国新房建设量降至历史最低水平，比2007年同期减少近2/3，平均每套房屋价格下降超过2万欧元。房地产市场低迷导致整体投资下降，2008年爱尔兰固定资产投资同比下跌19.8%。

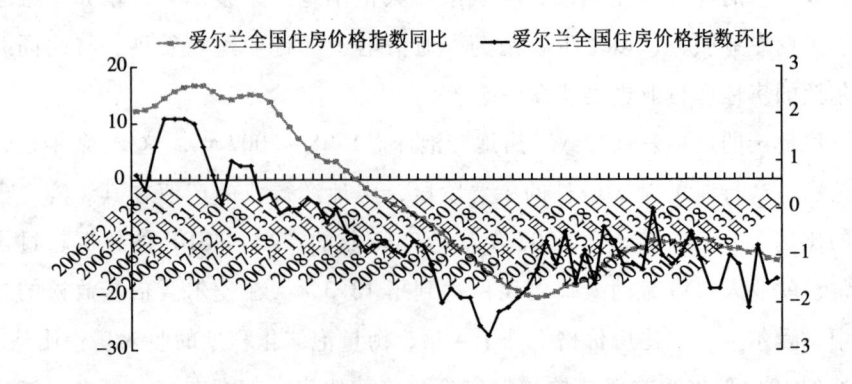

图 2-3 爱尔兰全球住房价格指数走势

资料来源：*Bloomberg*。

2. 泡沫危机引发银行业危机

值得注意的是，爱尔兰房地产行业的发展主要是基于货币政策的放松甚至刺激。在 20 世纪 90 年代中期之后，爱尔兰迅速放开对私人部门的信贷，尤其是居民抵押信贷，私人部门贷款从 1993 年年初至 1998 年年初上涨超过了 2.5 倍。同时，爱尔兰基准利率从 1992 年接近 12%，下跌至 1998 年的 4.06%。

爱尔兰房地产泡沫的破灭，直接损害了银行的资产负债表。次贷危机之后，爱尔兰的房地产价格加速下跌，截至 2010 年 9 月月底，爱尔兰全国住房价格指数已经从 2007 年的最高点下跌近 40%。同时，由于需求水平的不足，爱尔兰出现很多"烂尾楼"或"鬼镇"，房屋销售大幅降低。这样，主要由银行信贷支撑的房地产行业遭遇了严重的需求和利润冲击，房地产泡沫破灭。

房价大幅下跌导致的房地产泡沫破灭，直接给银行的资产负债表带来巨大的负面冲击，爱尔兰银行业不得不进行大规模的资产减计。截至 2010 年 9 月月底，爱尔兰五大银行需要减计资产规模超过 500 亿欧元，约为当期 GDP 水平的 30%。

房地产泡沫的破灭，导致了爱尔兰的银行危机。

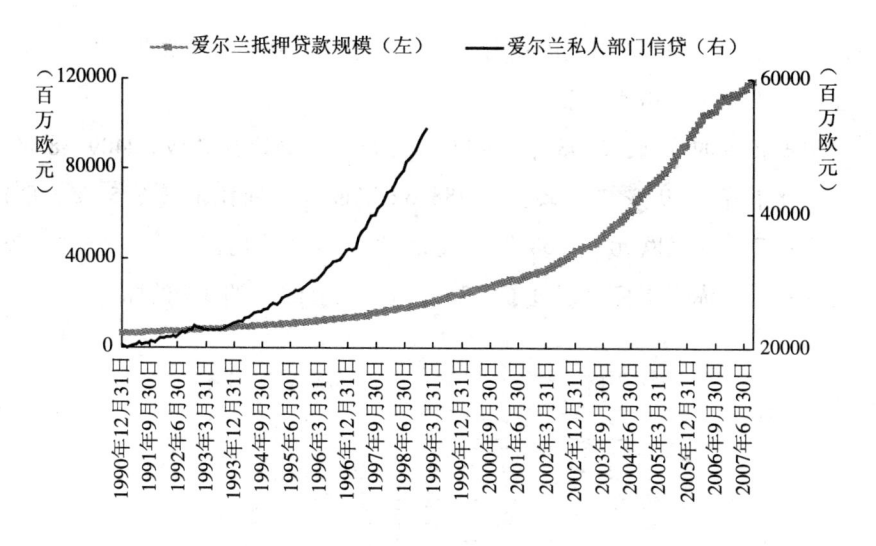

图 2-4 爱尔兰信贷增长趋势

资料来源：*Bloomberg*。

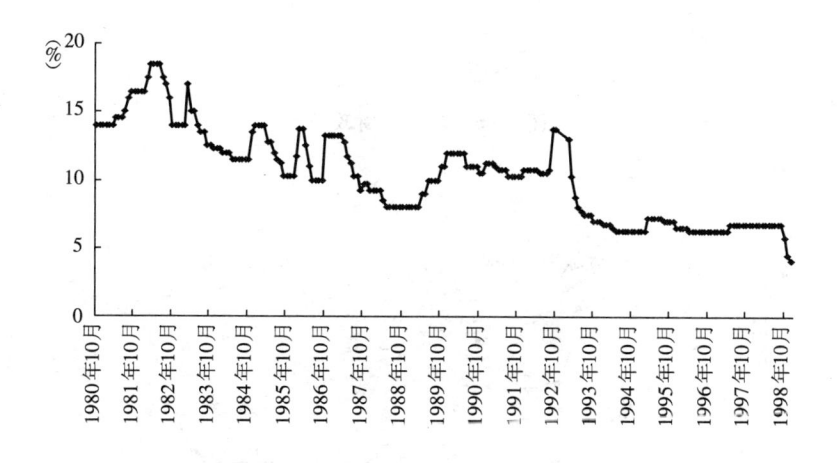

图 2-5 爱尔兰全球住房价格指数走势

资料来源：*Bloomberg*。

3. 财政赤字与债务危机

全球金融危机的爆发，恶化了爱尔兰的财政收支。2008年上半年，爱尔兰经济出现连续两个季度的负增长，成为欧元区第一个陷入衰退的国家，这也是爱尔兰在近30年来的首次衰退。从产业方面，房地产行业陷入了衰退,工业增长出现5%以上的负增长,固定资产投资大幅下跌近20%,失业率在两个季度之内由4%急速上涨至7%。

根据相关的统计,2008年1~11月,爱尔兰国库财政收入409.38亿欧元,同比下降12.07%;财政支出488.32亿欧元,同比增长8.57%;财政赤字高达78.95亿欧元,2008年财政赤字占GDP的比例达到6.9%。爱尔兰首次在财政赤字指标上超过了《稳定与增长公约》的3%的标准。

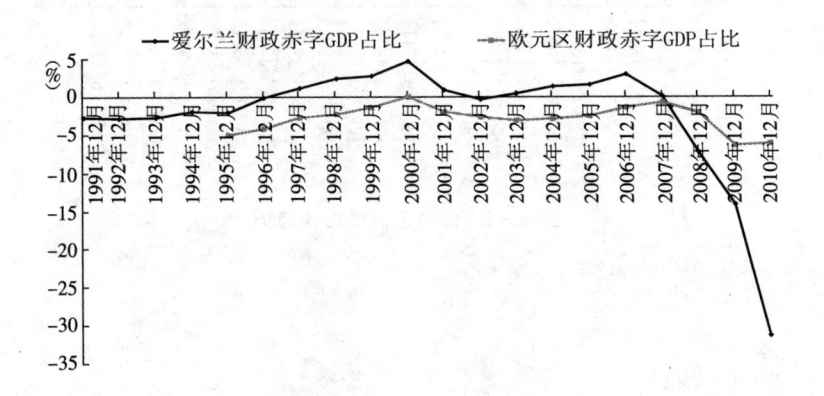

图2-6 爱尔兰财政赤字

资料来源:*Bloomberg*。

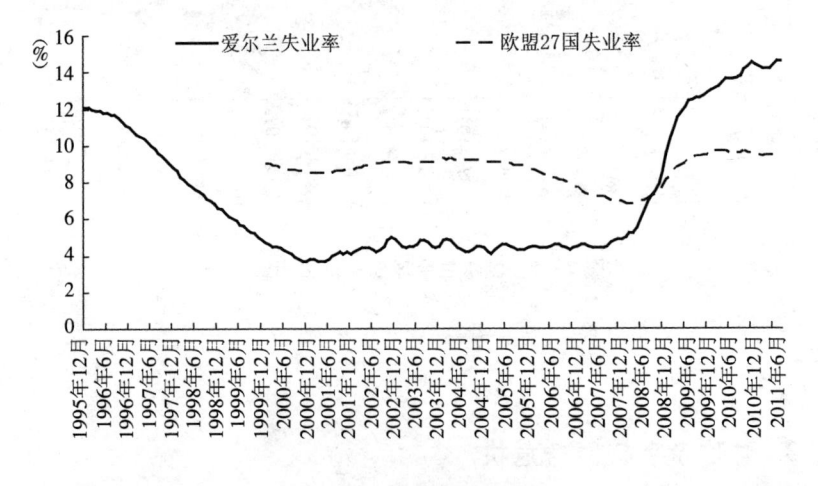

图2-7 爱尔兰失业率

资料来源:*Bloomberg*。

为了应对金融危机,爱尔兰的财政状况进一步恶化。2008年12月,爱尔兰出台了"经济复兴计划",主要的政策包括3个方面：一是减税,二是扩大支出和消费,三是支持新能源的发展。但是,该经济刺激计划并没有很好地遏制经济下滑的趋势,在房地产泡沫破灭的深化过程中,爱尔兰经济日益困顿。2009年,爱尔兰的财政赤字占GDP的比例进一步扩大至14.2%。

2008~2009年的财政状况恶化,并没有引发爱尔兰的债务危机。因为爱尔兰公共债务水平对国际警戒线60%的突破水平并不高,2009年爱尔兰公共债务占GDP的比例为64.2%,在欧元区国家是最低的一个经济体。此前,从1993年以来,爱尔兰的公共债务水平一直是在改善的,2007年其公共债务水平占GDP的比例仅为24.9%。

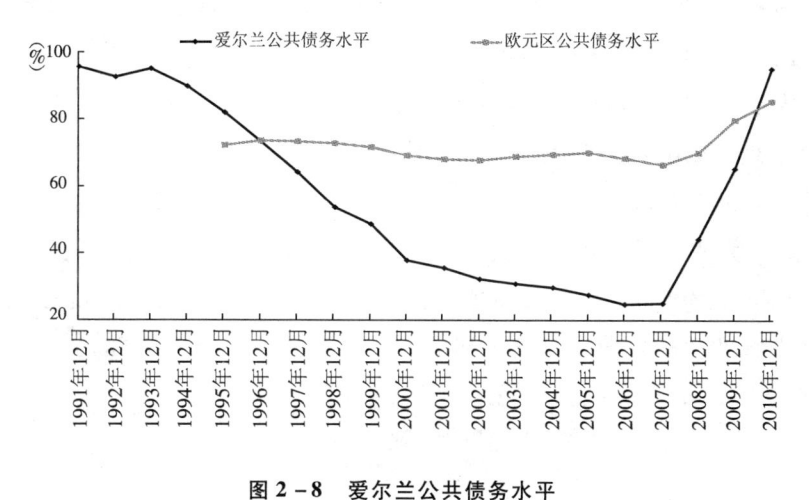

图2-8 爱尔兰公共债务水平

资料来源：*Bloomberg*。

房地产危机引发的银行业危机,直接将爱尔兰拉入了债务危机的困境。2009年之后,由于房地产泡沫破灭的冲击,爱尔兰各主要银行陷入了呆账坏账的泥潭,纷纷爆出了巨额的资产减计,爱尔兰金融体系的风险迅速膨胀,流动性立即枯竭。但是,此前爱尔兰政府并没有明确表示要救援银行业。当时,市场对爱尔兰政府的财政金融形势仍然乐观,避险资金要么以现金形式持有,要么流入风险程度低的国债市场,爱尔兰短期国债的收益率甚至出现降低的趋势。2010年中期,面对爱尔兰的财政和债务状况,爱尔兰政府表示根本不需要担心,爱尔兰国库仍然持有约200亿欧元的现金,根本不需要利用市场或欧洲金融稳定基金进行融资或救援。

但是，2010年9月，由于爱尔兰银行业的资产减计达到了高潮，爆出的资产损失可能超过500亿欧元，爱尔兰银行业可能因此陷入破产。为了挽救爱尔兰的银行业，爱尔兰政府决定通过注资或直接接管的方式来救援这些濒临破产的银行，政府相当于接管了相应的债务，为此，爱尔兰的财政赤字旋即扩大了500亿欧元。更严重的是，爱尔兰银行业持有大量的欧元区成员国的债券，债务危机的发展就进一步恶化了爱尔兰银行业的资产负债表，爱尔兰银行业的资金缺口又扩大。

2010年9月之后，爱尔兰政府为银行注资规模超过了450亿欧元，随着其他银行的资产重组的扩大，爱尔兰政府终于面临了巨大的资金缺口和高额的融资成本。2010年10月，爱尔兰10年期国债收益率攀升至9%，与德国同类债券的利差超过600个基点。

为了解决银行业危机和财政困境，2010年11月21日，爱尔兰正式向欧盟和IMF提出救援申请，成为欧洲主权债务问题的第二个求援国。爱尔兰债务危机正式爆发了。2010年11月28日，欧元区、欧盟和IMF共同决定，向爱尔兰提供850亿欧元的资金支持，以救援爱尔兰的债务危机和银行危机，遏制危机的继续蔓延。从爱尔兰政府提出申请到欧元区、欧盟及IMF批准救援方案仅花费1周时间，足以看到当时爱尔兰局势的紧张程度。

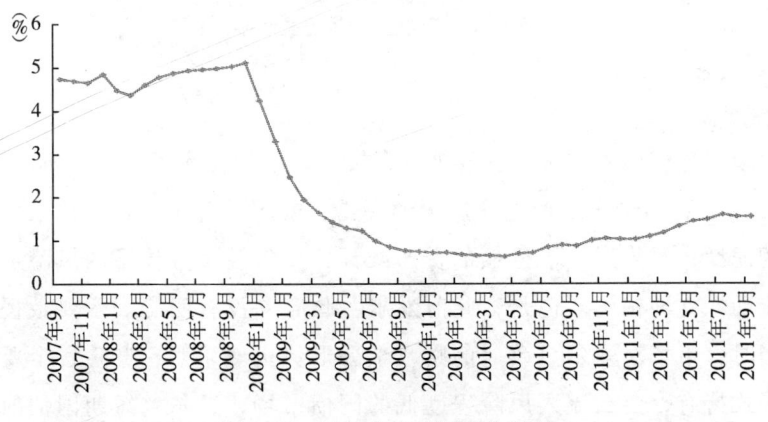

图2-9 爱尔兰短期国债收益率

资料来源：*Bloomberg*。

4. 爱尔兰债务危机的特点

与传统型债务危机的收支失衡相比较，爱尔兰的债务危机更像是一种临时性的资产负债表危机，最后的表现也是流动性危机。爱尔兰主权债务规模不大，国债未清偿规模为 400 亿欧元左右，是欧元区公共债务水平最低的成员国之一。爱尔兰的债务危机主要是由于房地产泡沫破灭导致的银行业危机所引发的，是爱尔兰政府救援银行业即刻使得财政收支的急速恶化，而不是长期的财政收支恶化的累积结果。

爱尔兰的财政状况长期良好，本次债务危机是一次脉冲式的危机。1996~2007 年的十余年间，除了 2002 年，爱尔兰的财政收支一直是盈余的，这在欧元区是相对少见的。从 1993 年以来，爱尔兰的公共债务水平一直是在改善的，2007 年其公共债务水平占 GDP 的比例仅为 24.9%，是欧元区公共债务水平最低的成员国之一。如果没有银行业的接管和重组，爱尔兰高达 200 亿欧元的国库资金，足以应对到来的主权债务，根本不可能发生债务危机。

但是，银行业危机引发的债务危机，将爱尔兰拉入到一个中期的衰退之中。由于银行业危机是由房地产泡沫破灭导致的，而且截至 2011 年 10 月月底，爱尔兰的房价仍然在下跌的过程中，银行业的资产负债表仍然面临巨大的减计压力，为此，银行业危机不可能短时间内解决。同时，爱尔兰的经济增长潜力已经被房地产泡沫的破灭削弱，未来经济增长前景相对暗淡，财政收入改善的速度和空间都相对有限。这些因素决定了爱尔兰的债务危机不可能是一个短期问题。

三 对爱尔兰债务危机的救援

银行业危机导致了爱尔兰的求援。由于爱尔兰政府在 2010 年 10 月之前都表示，不需要考虑 IMF 和欧盟的救援，也不需要考虑大规模的市场融资，甚至在 2010 年 11 月 15 日，在面对媒体关于爱尔兰与 IMF、欧盟商讨救援事宜的质问，爱尔兰政府仍然信誓旦旦地表示不可能发生爱尔兰求援的情况。但是，一周之后，2010 年 11 月 21 日爱尔兰政府"意外地"正式向欧盟和 IMF 提出救援申请，成为欧洲主权债务问题的第二个求援国。由于求援的突然性，爱尔兰债务危机一度也引发了市场的动荡。

由于爱尔兰局势的危急，同时有了希腊的救援经验，欧盟和 IMF 更加迅速地行动。2010 年 11 月 28 日，欧元区、欧盟和 IMF 共同决定，向爱尔兰提供 850 亿欧元的资金支持，以救援爱尔兰的债务危机和银行业危机。

在爱尔兰债务危机的救援中，欧盟和 IMF 认为其目标有 3 个：一是在全面检查银行业的基础上立即强化其稳健水平；二是进行强有力的财政整固计划，以重建爱尔兰的财政可持续性，在 2015 年之前达到欧盟的标准；三是经济增长促进改革，尤其是劳动力市场的完善，以重建一个有力、可持续的增长。在救援的资产使用方面，银行业重组计划耗资规模为 350 亿欧元，财政整固和经济增长改革资金安排为 500 亿欧元。

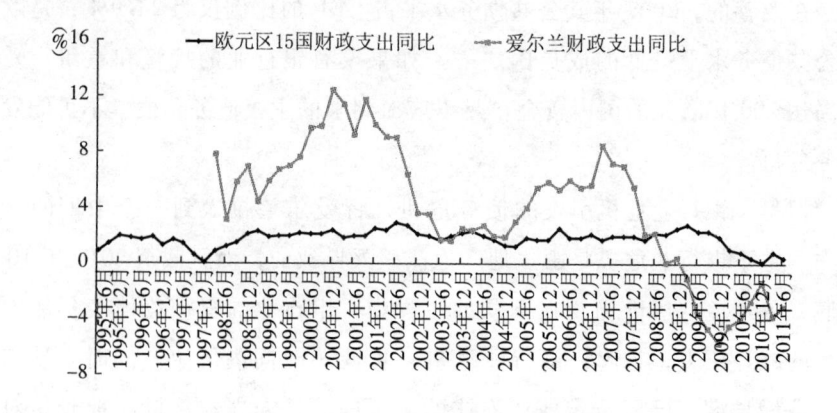

图 2-10　爱尔兰的财政支出增长情况

资料来源：*Bloomberg*。

从融资的安排看，850 亿欧元的救援计划分别为爱尔兰政府和欧洲救援体系所承担，其中爱尔兰财政部和国家养老金储备基金承担 175 亿欧元，外部融资为 675 亿欧元：IMF 提供 225 亿欧元，欧盟金融稳定机制（EFSM）为 225 亿欧元，欧洲金融稳定基金（EFSF）为 177 亿欧元，同时英国、丹麦和瑞典分别提供 38 亿、4 亿和 6 亿欧元的双边贷款。

850 亿欧元将在 3 年内分批提供，偿还期限为 7 年半，利率略高于 5%。

由于爱尔兰的债务危机是一次资产负债表危机，欧盟和 IMF 的救援资金相对其资产减计规模已经相对充分。根据未来爱尔兰资金的需求看，至

2012年年底到期债务规模为163.7亿欧元，利息为55亿欧元，财政赤字为700亿欧元（考虑了银行业重组的资金需求），其整体的资金缺口为918.7亿欧元。欧盟和IMF的救援规模为850亿欧元，净资金缺口为68.7亿欧元。如果财政赤字保持在一定水平，再考虑爱尔兰的增税和财政紧缩等提供的多余资金（从2009年已经开始在进行），爱尔兰经济增长的基础仍然较为扎实。爱尔兰在2012~2013年不会面临明显的资金缺口。

爱尔兰债务危机继续恶化的可能性不大，其财政整固和经济复苏之路相对平坦一些。2011年，爱尔兰就实现了1.4%的正增长，2012年前3个季度累计同比增长1%，2012年11月月初，爱尔兰财长预测2013年爱尔兰将增长1.5%左右。我们认为，由于爱尔兰债务危机是一种资产负债表危机，其经济基本面相对其他重债国更稳健，经过救援和财政整固，爱尔兰经济或将率先复苏，并稳步走向可持续道路。

第三章
葡萄牙债务危机

债务的魔爪从爱琴海伸向了伊比利亚半岛,"温暖港口"葡萄牙成为第三个倒下的欧元区国家。在1415~1580年掀起全球大探险狂潮的葡萄牙人,手握金色浑天仪,却无法把握葡萄牙经济之船的方向,最后搁浅在债务的礁石上。

与15~16世纪葡萄牙海洋探索之旅的巨大成就不一样的是,葡萄牙在加入欧元区之后的经济成就并不显著。在全球金融危机的冲击下,本已捉襟见肘艰难度日的葡萄牙无奈继续债台高筑,当债务危机的浪潮从爱琴海跌宕至"温暖的港口"时,葡萄牙的债务之船终于抛锚搁浅了。

在债务风暴跌宕起伏之时,葡萄牙债务之船虽然已经被欧盟和IMF等水手修好,但是,可能仍然无法抵御债务风暴的侵袭。即便是葡萄牙最优秀的航海家之一——巴托罗缪·迪亚士的再世,葡萄牙之船也很难立即在浩渺的大西洋中扬帆起航,更难以迅速绕过经济和债务的"好望角"。

与希腊相似,葡萄牙在欧元区中是一个小型的成员国,但是葡萄牙的债务危机具有典型意义。一方面,葡萄牙在欧元区的联合过程中,是受益相对较少的经济体,其经济增长虽然速度不低,但整体质量相对较差,没有良好的附加值高的主导产业,其竞争力在欧元区中相对落后。另一方面,葡萄牙债务危机是欧债危机中典型的收支不匹配的情况,和希腊相似,是一种典型的债务危机。

不过,葡萄牙的债务危机的解决相对顺利,葡萄牙财政整固的趋势相对向好，这是与希腊最大的区别。希腊在债务危机的救援中，不管是政府还是民众的抵制心理极其明显，2011年10月31日，希腊政府竟然要对刚刚通过的新救援计划进行全面公投，太过于小题大做。葡萄牙政府和民众对于财政整固计划的抵制程度较低，这也和葡萄牙相对落后的福利体系相关。我们通过深入了解葡萄牙的债务危机进展及救援，对于典型债务危机的救援理解，可能会更加合理而有效。

一 葡萄牙的经济状况

葡萄牙是一个仅有9.2万平方千米面积的小型经济体，人口1065万，在欧元区也是中小型成员国。葡萄牙具有相对完善的产业结构，其主要支柱产业是服务、矿产能源、纺织服装、建材木材、电信电子、旅游、农林渔酒等。但是，葡萄牙的产业结构基本都是处在全球和欧盟产业链的上游，附加值相对较低，竞争力也不强。

1986年，葡萄牙加入了欧共体，经济迎来了新一轮发展高潮。葡萄牙坚持了以服务业为主导的多样化发展模式，积极进行市场化和私有化改革，开放了金融服务业和电信服务业等重要行业。葡萄牙软木闻名于世，年产量约20万吨，占世界总产量一半以上，出口居世界第一。

但是，在欧盟中，葡萄牙的经济实力相对较低，其人均GDP水平为欧盟均值的70%~80%。2010年，葡萄牙经济总产出为340亿欧元，占欧元区总产出的2%。葡萄牙与欧盟的经济联系非常紧密，其最大的贸易伙伴均为欧元区成员国，前3个贸易伙伴分别是西班牙、德国和法国。

全球金融危机之后，葡萄牙的经济增长状况恶化。一是葡萄牙经济增长水平陷入衰退的困境，IMF在《世界经济展望》中预测，2011年和2012年葡萄牙经济将陷入衰退，分别增长-1.5%和-0.5%。经济增长的乏力，使得就业水平大幅降低，2010年葡萄牙失业率达到11.1%。IMF预计2011年和2012年，葡萄牙的就业仍然难以改善，失业率将分别高达11.9%和12.4%，就业状况的不佳，使得葡萄牙居民负债水平偏高，私人债务占GDP的比例高达240%。经济增长乏力，使得葡萄牙的内外经济失衡，出现了内部储蓄投资缺口之后，在外部同样产生经常项目失衡，葡萄牙经常账户逆差居高不下，2010

年经常项目逆差占 GDP 的比例高达 9.9%，2011 年和 2012 年葡萄牙经常项目赤字占 GDP 的比例可能略有下滑，分别为 8.7% 和 8.5%。

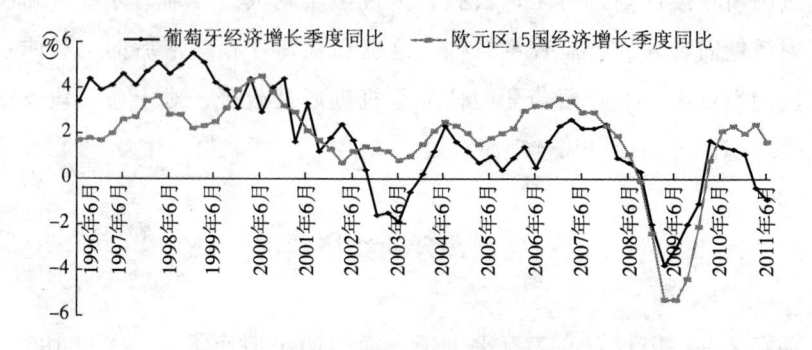

图 3-1 葡萄牙经济增长情况

资料来源：*Bloomberg*。

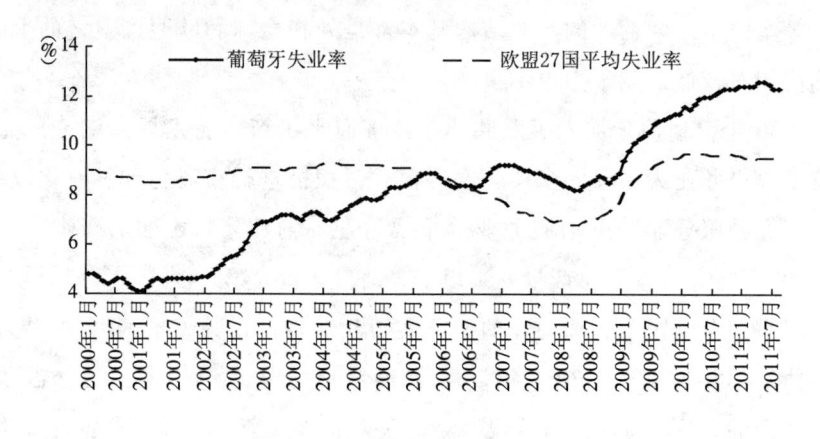

图 3-2 葡萄牙失业率水平

资料来源：*Bloomberg*。

二 葡萄牙的债务危机

1. 财政赤字

美国次贷危机之前，葡萄牙的经济增长相对欧元区其他成员国要慢，但仍然保持 2%~3% 的正增长。次贷危机引发的全球性金融危机，直接打破了葡萄牙经济的脆弱的内部均衡，经济增长大幅下跌，2009年上半年陷入了高达5%的衰退，这在葡萄牙经济增长历史上都是极其少见的。

经济增长速度大幅下跌之后，葡萄牙失业率大幅度提高，2001年之后，由于葡萄牙经济增长相对较慢，失业率就持续上升，从2001年1月的4%逐步上升至2007年年底超过约9%的水平。金融危机又进一步提高了失业率水平，2011年5月葡萄牙失业率超过12%，达到12.6%，是1980年以来之历史新高。葡萄牙居民深受全球金融危机和欧债危机的冲击，生活质量也大大下降。

经济增长下跌直接导致了葡萄牙财政收支的困境。一方面，为了应对金融危机对葡萄牙经济造成的巨大冲击，葡萄牙积极扩大财政支出，以挽救经济增长恶化、失业率上升的颓势；另一方面，由于经济增长下挫、就业水平降低，财政收入则大幅下降，原本较差的财政状况更是雪上加霜。

最后的结果就是葡萄牙财政收支进一步失衡，公共债务水平进一步提升。

金融危机的爆发使得葡萄牙的财政状况进一步恶化。金融危机之前，虽然葡萄牙财政支出的波动幅度较大，但是，财政赤字的状况一直差于欧元区的平均水平，除了1999年、2000年和2002年，葡萄牙财政赤字水平都不符合欧元区低于3%的标准，2005年财政赤字占GDP比例达到了5.9%。

金融危机之后，葡萄牙财政赤字进一步恶化，2009年和2010年财政赤字占GDP比例高达10.1%和9.8%。

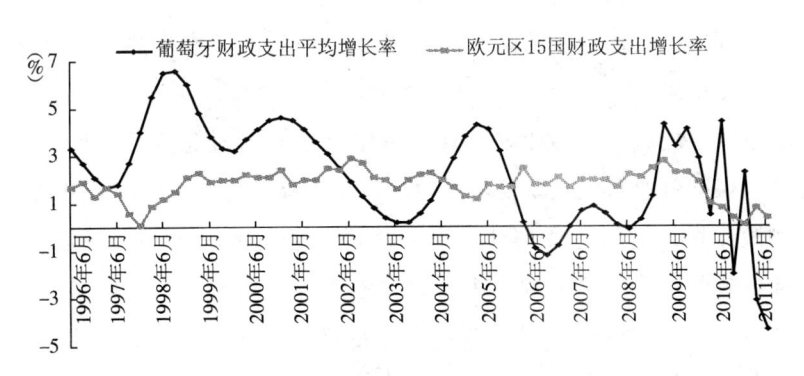

图3-3 葡萄牙财政支出的变化

资料来源：*Bloomberg*。

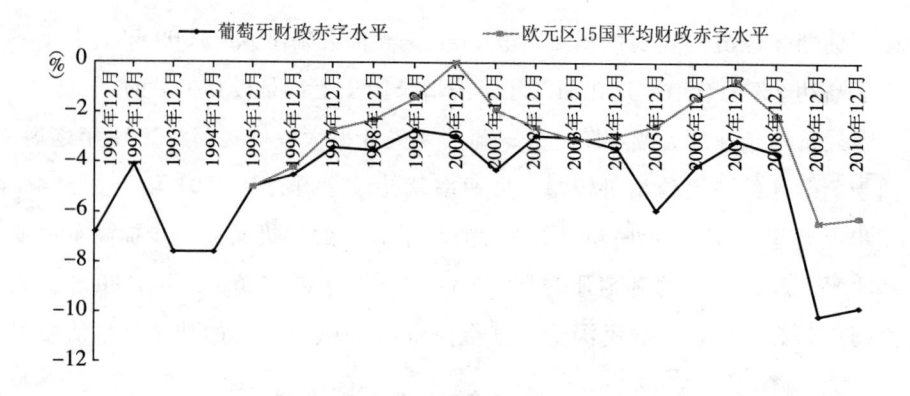

图 3-4 葡萄牙财政支出的变化

资料来源：Bloomberg。

虽然长期以来，葡萄牙的财政赤字水平比较高，但是葡萄牙在欧元区正式运行以来其公共债务水平保持在相对稳定的基础上。2005 年之后，葡萄牙公共债务水平达到了 62.8%，为欧元正式运行以后首次超过了《稳定与增长公约》规定的 60% 的标准，但是在 2007 年之前，葡萄牙的公共债务水平整体都是低于欧元区的平均水平。

此前，相对于希腊财政数据造假等情况，葡萄牙的财政状况相对审慎，财政纪律相对较好。2005 年，葡萄牙进行了一次范围较广的财政和结构改革，这次改革在 2006 年和 2007 年取得了良好的效果，财政赤字水平明显降低，2005 年葡萄牙财政赤字水平为 GDP 的 6%，而 2007 年该数据降低至不足 4%。只是全球金融危机的爆发，使得葡萄牙不得不中止财政和结构改革，并将葡萄牙拉入了更深的债务危机泥潭。

一定程度上，葡萄牙的财政赤字攀升，公共债务水平恶化是金融危机冲击的直接结果。

金融危机之后，葡萄牙政府首要工作目标转向避免企业倒闭、稳定金融市场、保障就业水平及恢复经济增长，并出台了资金规模占 GDP 1.5% 的经济刺激计划，主要通过公共投资和减税来进行的。美国金融危机之后，葡萄牙的公共财政支付大幅扩大，财政赤字急速攀升，加上偿付能力的减弱，葡萄牙的公共债务水平急速提高，并超过了欧元区的整体水平。2010 年，葡萄牙公共债务占 GDP 的比例高达 93.3%。

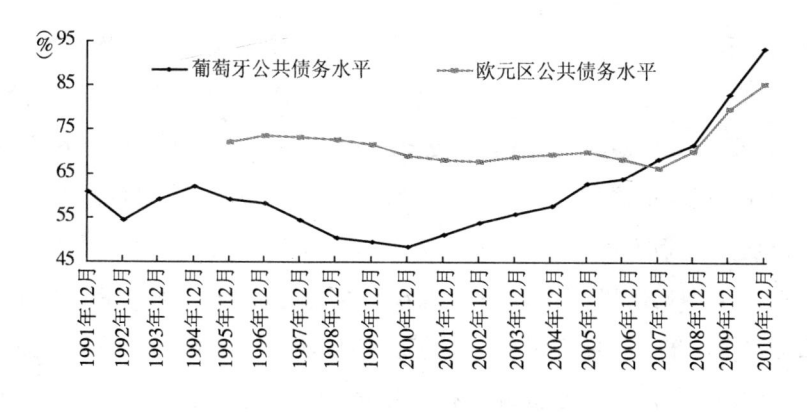

图 3-5 葡萄牙财政支出的变化

资料来源：*Bloomberg*。

2. 债务危机的引发

2008 年之后，由于经济增长乏力，财政赤字扩大，葡萄牙的偿付能力不断弱化，公共债务水平大幅提升，葡萄牙成为存在偿付风险的经济体。欧盟和欧元区在谈及欧洲债务问题的时候，基本都会以希腊、葡萄牙和意大利等财政状况和公共债务水平相对较差的成员国作为讨论的对象。

2008 年 7 月《新闻周刊》就发表了《为什么猪（Pigs）不会飞?》（Why Pigs can't Fly），该文就痛陈了葡萄牙、意大利、希腊和西班牙等经济体的长期债务问题。"欧猪"的概念在此时就已经出现了。

2009 年 12 月 16 日，经济学家爱德华·休（Edward Hugh）在纽约大学教授、"末日博士"鲁比尼（Roubini）的咨询公司 Roubini Global Economics 发表题为《奥地利是否会加入荣誉的 PIIGS 公司》（Is Austria Set to Join the Honourable Company of PIIGS?）。PIIGS 首度出现在公众的视野之中。由于 PIIGS 与 PIGS 读音相似，中国的学者和媒体就将其翻译为"欧猪五国"。随着这个概念的兴起，葡萄牙成为了国际社会广泛关注的一个存在债务问题的经济体。

2010 年 4 月，欧盟统计局发布了各成员国的经济财政数据，葡萄牙的财政赤字和公共债务水平持续恶化。2010 年 4 月 27 日，国际评级机构——标准普尔将葡萄牙的长期主权信用评级从 A + 降至 A -。2010 年 5 月月初，穆迪将葡萄牙 Aa2 级主权信用评级列入负面观察名单，并提出有可能下调两档的警告，其后 7 月 14 日穆迪认为葡萄牙经济增长乏力以及近两年来持续上升的债务不断加剧政府财政困难，而下调了葡萄牙主权债券信用等级，从 A1 降至 Aa2，以反映国际上对欧元区国家能否支付其巨额债务的关注。在国际评级机构的降级中，葡萄牙债务问题首度引发实质性困境。

但是，较高的债务水平并不一定会引发债务危机，比如日本公共债务水平占 GDP 的比例超过了 200%，并没有发生债务危机。如果一个经济体公共债务水平比较高，而它又具有足够的偿付能力，一般而言是不会发生债务危机的。在希腊债务危机爆发和国际评级机构纷纷下调其主权信用评级之后，葡萄牙政府仍然认为其债务问题不会引发危机，其融资能力和偿付能力足以应对到期债务。

2011 年以来，欧洲债务问题随着欧元区和欧盟成员国财政赤字和公共债务水平的公布陷入更大的困境。2010 年，欧元区平均财政赤字和公共债务水平占 GDP 的比例分别为 6.2% 和 85.4%，财政赤字水平略降 0.2 个百分点，但是公共债务水平再创欧元区创立以来的历史新高。欧债问题引发了全球性的金融动荡。

市场预期的转变和金融市场的困顿使得欧元区成员国的主权债务的风险溢价大幅提高，其信用违约掉期水平大幅攀升，市场流动性也明显逆转，欧元区成员国的融资成本大大提高，融资可得性则相应大大降低。欧元区成员国的债务问题进一步发酵，葡萄牙的偿付能力受到了重大压力。幸运的是，2011 年 2 月，虽然风险溢价比 2010 年同期上升了 100 多个基点，但是葡萄牙仍然成功拍卖了 45 亿欧元国债。

2011 年 3 月 31 日，葡萄牙统计局公布了 2010 年的经济和财政数据，葡萄牙的财政和债务状况继续恶化。由于此前国际评级机构的连续降级和自身财政状况的恶化，葡萄牙主权债券的风险溢价持续上升，葡萄牙融资难度不断提高。葡萄牙政府在 2011 年 4 月 6 日拍卖 2012 年 3 月到期的短期国债，平均收益率竟然高达 5.902%，远高于德国 30 年期的国债收益率，利差接近 400 个基点。当时，葡萄牙 6 个月和 12 个月期国债收益率分别达到 5.11% 和 5.9%，比一个月前的国债拍卖的收益率分别高了 210 和 160 个基点。由于融资难度上升，葡萄牙的融资成本大大提高，并且达到了难以持续的风险水平。

更重要的是，葡萄牙的主权债很大一部分是由国内的银行持有的，但是由于收益率不断提升，葡萄牙国债在银行的资产负债表中已经成为了高风险资产，银行出于风险控制原则无法继续大量购买葡萄牙国债。由此，葡萄牙国债的需求缺口不断扩大。

葡萄牙的大额到期债务将葡萄牙逼到了绝境。2011年4月15日，葡萄牙需要偿付的到期债务为42亿欧元，其后6月15日到期债务规模为70亿欧元。2011年，葡萄牙到期债务额为284.54亿欧元。而2011年4月葡萄牙的偿付能力不到20亿欧元，融资的缺口却迅速扩大，葡萄牙遇到了临时性的偿付危机。

2011年4月6日，葡萄牙看守政府总理苏格拉底宣布，由于无法偿还即将到期的大额债务，葡萄牙向欧元区和欧盟申请救助，希望欧洲金融危机基金为其提供融资，以偿还到期债务，避免出现债务违约。葡萄牙债务危机正式爆发。葡萄牙债务危机的爆发，使得欧债危机从希腊、爱尔兰正式蔓延至葡萄牙，葡萄牙成为第三个需要救助的欧元区成员国，危机的普遍性再次凸显。

3. 葡萄牙债务危机的特征

从近20年来葡萄牙的经济增长和财政状况看，葡萄牙债务危机的爆发具有一定的必然性和偶然性。从必然性看，葡萄牙的经济增长速度较低，财政收支处于一个相对脆弱的平衡上，财政收支的弹性较小，抵御风险的能力较低。但是，整体上，葡萄牙的财政收支相对是审慎的。从偶然性看，葡萄牙的财政和债务状况的恶化应该是全球金融危机的直接后果。

从本质上讲，葡萄牙的债务危机是一次流动性危机。2011年4月，由于葡萄牙的偿付能力无法满足短期债务到期的偿付需求，出现了流动性困难，是一次流动性危机。葡萄牙融资成本的大幅上升和融资需求缺口的急速扩大，不仅和葡萄牙自身经济和财政状况相关，同时也与国际评级机构的降级行为和欧债危机整体深化特别是希腊债务危机升级是相关的。如果仅仅是考察葡萄牙自身的财政和债务状况，其融资成本上升应该不会那么快，融资缺口也不会那么大。葡萄牙经济增长速度虽然较慢，但是其具有的工业基础和内生增长的动力比希腊相对更强。

三 对葡萄牙债务危机的救援

1. 救援的过程

从葡萄牙债务危机的演进过程看，2010年4~7月国际评级机构下调葡萄牙主权信用评级为其债务危机的爆发埋下了引信。2011年3月和4月，葡萄牙和欧盟统计机构的统计数据公布直接点燃了葡萄牙债务危机。

2011年4月6日，葡萄牙政府正式向欧盟和IMF发出救援的申请。由于当时苏格拉底为葡萄牙看守政府的总理，《葡萄牙宪法》未赋予该政府与欧盟和IMF协商经济调整计划的权力。但是，由于希腊债务危机和欧债危机对全球金融和经济体系造成了明显的冲击，欧盟和IMF都迅速行动。根据当时的媒体报道，认为葡萄牙3年内将获得600亿~800亿欧元的援助资金。

2011年5月5日，葡萄牙看守政府宣布已与IMF、欧洲央行及欧盟达成救助方案。未来3年，葡萄牙将获得780亿欧元援助资金。葡萄牙的救援实际上是冲破了《葡萄牙宪法》的藩篱，体现了当时欧债危机的严重性，以及救援政策的相对弹性。为此，当时的葡萄牙看守政府总理苏格拉底被认为是一个"负责任的领导人"。

2011年5月16日，欧盟批准了针对葡萄牙的救援方案。

2011年5月20日，IMF批准了对葡萄牙260亿欧元的贷款计划，并将立即向葡萄牙发放61亿欧元贷款。

2011年6月5日，葡萄牙反对党取得议会选举的胜利，随后看守政府总理苏格拉底辞职。新政府总理科埃略表示，将尽快与欧盟及IMF磋商救援的细节。

2011年6月28日，葡萄牙新政府向议会提交了年度财政机会，承诺实现减少预算赤字的政策目标，同时遵守国际责任。在这个财政整固5年计划中，葡萄牙新政府承诺严格遵守欧盟和IMF 780亿欧元的援助条件，实行有效的财政整固政策，比如上调产品增值税、降低社会保险中公司上缴份额、出售国有公司资产等。

2011年9月13日，IMF根据2011年8月的第一次季度审查结果，向葡萄牙提供了39.8亿欧元的第二笔贷款。

2. 救援的内容及条件

从葡萄牙向欧盟和IMF提出申请之后3周，葡萄牙和欧元区、欧盟以及IMF迅速达成了救援的方案，其重点在于流动性支持、葡萄牙相应的财政紧缩计划，以及葡萄牙的金融部门的偿付能力和流动性支持。

对葡萄牙的780亿欧元的援助资金将被分为3个部分，即欧洲金融稳定基金、欧盟金融稳定机制以及IMF各出资260亿欧元。葡萄牙从欧盟和IMF获得的780亿欧元贷款的平均利率将在5.1%左右，其中付给IMF的利息为3.25个百分点，付给两大紧急救援机制的利息在5.5~6个百分点。这批期限总计7年半的贷款，前3年平均利率在5.0%左右，余下时间的利率在5.2%左右。

其中，2011年的救援资金安排为：IMF发放126亿欧元贷款，欧盟提供252亿欧元贷款，总规模为378亿欧元。但是，欧盟、IMF可以根据实际情况做出相应的调整，同时贷款发放需要根据审查的结果来进行。

在资金的利用上，葡萄牙的救助将与希腊是一样的。在每次放款之前，欧盟、欧元区和IMF都将组织进行审议，评估葡萄牙救援的有效性以及葡萄牙财政整固计划的进展，综合评估流动性和市场的环境，以决定是否进行下一次放款。

在救援计划中，作为欧盟和IMF援助葡萄牙的条件，葡萄牙需要在2013年将财政赤字占GDP的比例减至3%，2011年和2012年财政赤字分别降低至5.9%和4.5%，葡萄牙需要进行实质性的财政整固以重建财政的可持续性。

葡萄牙还需要在促进经济增长和竞争力方面加强改革和实行相应的政策。一是冻结政府部门的工资上涨，至2013年每个政府雇员减少养老金支出1500欧元；二是改革失业的福利政策，减少减税幅度；三是进行一项广泛的私有化计划，减持国有资产。

在金融部门的流动性和偿付能力提升上，主要是体现在资本金注入。

将实行银行支持计划,为银行部门提供最高为 120 亿欧元的资本金支持,使得葡萄牙银行部门在 2012 年年底之前一级核心资本充足率提高到 10%。

3. 救援的有效性

由于葡萄牙的债务危机本质上是属于流动性危机,为此,欧盟和 IMF 的救援相对有效地解决了葡萄牙的债务危机。IMF 分别于 2011 年 6 月 21 日和 9 月 13 日向葡萄牙提供两笔贷款,总规模略超 100 亿欧元,已经较好地解决了葡萄牙的偿付危机。在目前的情况下,IMF 和欧盟的救援是有效的。

但是,葡萄牙经济增长动能相对不足,失业率仍然很高,财政整固计划面临的压力非常大,欧盟和 IMF 的救援中短期内可以解决葡萄牙的偿付危机或流动性危机,但是偿付能力的实质性提升还有待于经济增长的加速、经济结构的调整以及财政收支的改革。为此,葡萄牙债务危机可能难以在中短期内迅速解决。

更重要的是,由于希腊债务危机中,私人部门"自愿地"进行债务减计,减计规模占私人部门对希腊债务总规模的 53% 强。这相当于是希腊对私人部门的主权债务违约,对私人部门"赖账"超过 53%。这将大大缓解希腊未来的偿付压力。这个"自愿"的债务减计,实际上开了欧债危机违约的先河。

如果葡萄牙债务危机久拖未决,葡萄牙也有动力效仿希腊,成为第二个违约国。因此,葡萄牙债务危机在 2011 年年底至 2012 年年初甚至存在重大的违约风险。

时至 2012 年,由于欧洲央行的强力政策,使得葡萄牙银行业和葡萄牙政府的流动性危机得以暂时解决,2012 年 10 月月底,葡萄牙 10 年期国债收益率降低至 5%,融资困难已经大大缓解,2012 年 1 月该收益率曾经达到 22% 的历史性高点。

如果欧洲央行的政策得以持续,葡萄牙的融资问题将大大缓解,将为其财政整固和经济增长赢得时间,葡萄牙债务危机的救援有效性成果将得以保持。

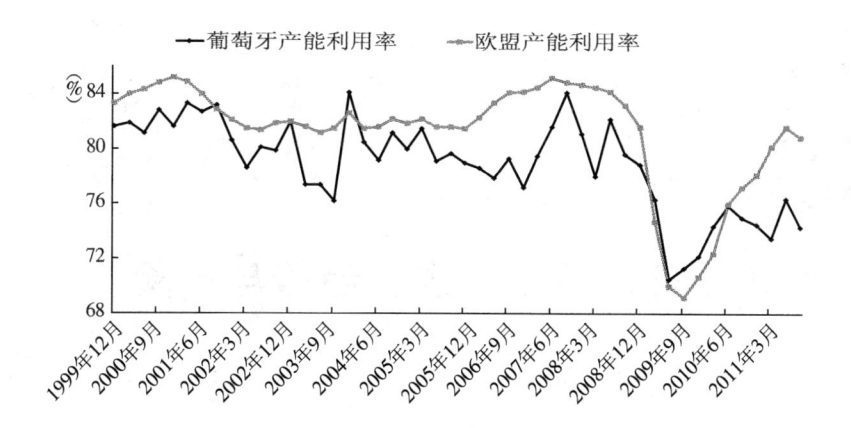

图 3-6　葡萄牙产能利用率走势

资料来源：*Bloomberg*。

第四章
意大利债务问题：演进、趋势与风险

亚平宁半岛，阿尔卑斯山，西西里岛；罗马帝国，恺撒大帝；文艺复兴，达·芬奇；黑手党，教父；靴子国土，足球；永恒之城罗马，时尚之都米兰，水上花园威尼斯。这块犹如皮靴形状的"小牛生长乐园"，这个传说由母狼喂养的孪生兄弟建立起的帝国，沉淀了欧洲最为悠久和繁荣的文化和文明之一，同时又散发着最为现代的时尚和激情。

这个拥有47项世界遗产的全球第七大经济体，逐步地陷入了债务的泥潭之中而无法自拔。这个拥有2.6万亿欧元主权债务的全球第三大债券市场，成为全球金融机构避之不及的角斗场。风雨飘摇中的意大利国债市场，或许正在酝酿一场血雨腥风的"大屠杀"，磨刀霍霍指向这只意大利债务之猪。

一个从游艇歌手到传媒大亨、足球之王的传奇人物，曾经引领意大利的新世纪之路，但是当债务危机来袭之时，曾经的贝卢斯科尼也不知道意大利将走向何方，只得将总理之位让给一位备受尊崇的经济学家蒙蒂。意大利债务风波远未平息，债务的达摩克利斯之剑高高悬起。对于意大利人，最为温馨的浪漫莫过于贝卢斯科尼2011年年底发行的《真爱》；对于意大利，最为欣慰的言语莫过于贝卢斯科尼对其曾经的电视台主持人、世界上最美丽的部长玛拉的表白：With you, I would go anywhere。

2011年11月以来，欧债危机继续深化，逐步向大中型经济体传染。2011年年底的欧盟峰会和G20法国峰会刚刚落幕，意大利的债务问题却不断升级,可能成为爆发债务危机的又一个欧元区成员国。

由于意大利是全球重要的经济体,其主权债券市场规模为2.6万亿美元(1.9万亿欧元),位居全球第三,美国和日本主权债务规模分别为13.58万亿美元和11.46万亿美元(2010年)。虽然意大利债券市场规模相对美、日较小,但是由于欧元区和欧盟内部的密切关联性以及欧洲银行业在全球的重要地位,如果意大利爆发债务危机,可能极大地冲击欧盟和欧元区(特别是法国)、国际金融体系、全球经济以及欧元统一货币体系,同时也可能给中国的经济和金融体系造成明显的冲击。

一 意大利的经济与财政状况

意大利虽然是全球第七大经济体,但是其经济增长速度相对较低,在欧元区算是低增长的成员。加入欧元区之后不久,意大利的经济增长就持续落后于欧元区的整体水平,从2001年第3季度之后,意大利的经济增长水平都在欧元区的平均水平之下,整体增长幅度大致在1%~1.5%的低增长水平。美国金融危机爆发之后,意大利经济受到更大的冲击,其经济出现了超过6%的负增长,其后的经济复苏也比欧元区整体更加艰难。

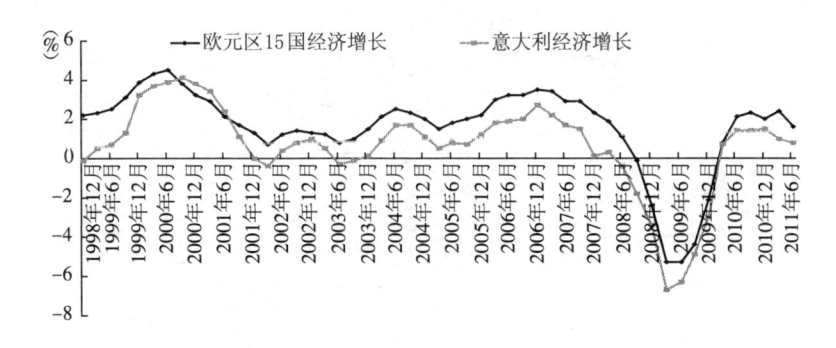

图4-1 意大利经济增长

资料来源:*Bloomberg*。

低增长的意大利经济,使得其财政状况没有改善,甚至不断恶化。加入欧元区以来,意大利的财政状况也是一直比欧元区的平均水平差,同时，其公共债务水平一直保持在很高的水平上，从 20 世纪 90 年代初期以来，意大利的公共债务水平一直没有低于 100%，可以说意大利的债务问题是积重难返。

2011 年，意大利经济增长仅为 0.4%，2012 年又会出现明显的衰退，2012 年 9 月经合组织把意大利年度增长率从 -1.7% 进一步调低至 -2.4%。

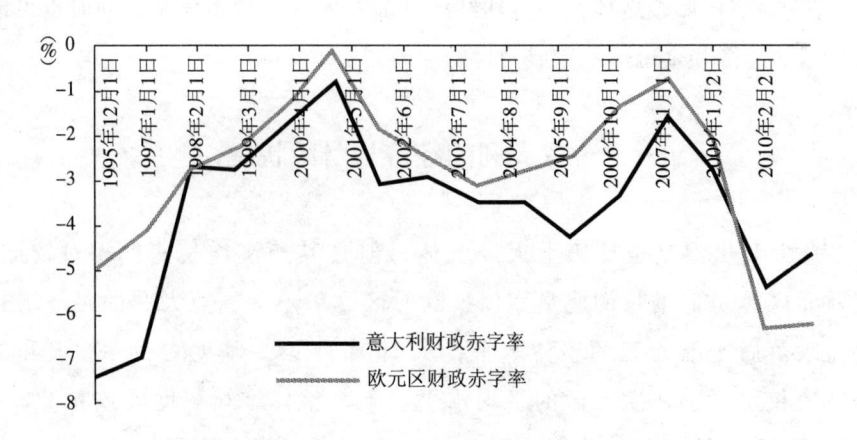

图 4-2 意大利财政赤字占 GDP 比例

资料来源：*Bloomberg*。

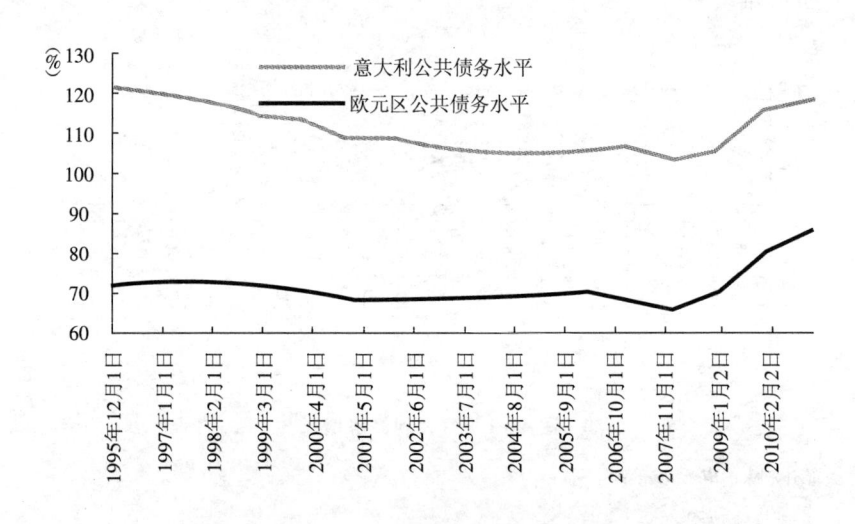

图 4-3 意大利公共债务总规模占 GDP 比例

资料来源：*Bloomberg*。

二 意大利债务问题的发展

一直以来，意大利的经济增长在欧元区中算是落后的，其财政状况一直比较差。2001~2006年，意大利是欧元区成员国中基本没有达到《稳定与增长公约》关于财政赤字和公共债务水平指标的大型成员国。长期以来，意大利的经济增速都比欧元区平均水平要低，从2001~2007年，其增速差距保持在0.5~1.0个百分点。2011年第1和第2季度，欧元区经济同比增长2.4%和1.6%，而意大利仅增长1%和0.8%。2011年，意大利仅增长0.4%，欧元区增长1.5%。

全球金融危机使得意大利的财政状况再度恶化。虽然仍然比欧元区的整体情况更差，但是意大利财政状况在2007~2008年略有好转，财政赤字占其GDP的比例分别为1.6%和2.7%，是2001年以来首度达到欧元区的标准。但是，随着全球金融危机的到来，意大利的财政状况再度恶化，2009年和2010年财政赤字占GDP的比例高达5.4%和4.6%，为欧元区运行以来最差纪录；2011年下滑至3.9%，但仍高于3%的警戒线。

意大利非审慎财政状况一直为市场所诟病。由于财政状况没有明显好转，同时意大利经济增长乏力，意大利公共债务水平持续在高位水平，被认为是欧元区债务水平最高的经济体之一。2000年以来，意大利公共债务占GDP的比例没有一年低于100%，2007年最低水平为103.1%，远远超过欧元区60%的标准。

2008年7月第二周的《新闻周刊》发表了《为什么猪（Pigs）不会飞？》（Why Pigs can't Fly），该文就痛陈了葡萄牙、意大利、希腊和西班牙等经济体的债务问题。关于债务问题的"欧猪"的概念在此时首度出现了。随着这个概念的兴起和欧债危机的持续演化，意大利成为了国际社会广泛关注的焦点。

2011年，意大利债务问题不断深化。2011年之前，意大利认为其偿付能力没有问题，融资渠道比较顺畅，融资成本相对较低。但是，2011年以来，随着希腊债务危机的不断升级，存在债务问题的经济体的国债收益率不断上扬，其主权信用违约掉期的风险溢价不断上升，市场开始担忧希腊债务危机会传染至大中型经济体，特别是意大利和西班牙。

2011年9月，是意大利债务问题急转直下的拐点。意大利的国债收益率不断上升，2011年9月月底，意大利10年期国债收益率升至6.7%，为欧元区成立以来之历史高点。2011年10月，国际评级机构——惠誉下调意大利主权信用评级，至此国际三大评级机构都下调了意大利的信用评级。

2011年11月7日，欧洲LCH清算所要求上调意大利债券交易保证金触发了意大利债券收益率的大幅飙升。该清算所为欧洲最大的清算所，它为了保护交易对手免受违约风险，要求提高意大利债券的交易保证金。此后意大利国债收益率大幅飙升，直接突破7%高位，将意大利国债拉入一个危险水平。

2011年11月8日，意大利议会关于2012年政府预算报告的投票将意大利债务问题推向一个更加危险的境地。由于意大利议会部分议员的倒戈，使得贝卢斯科尼政府的微弱多数受到削弱，虽然最后以微弱多数（308席）通过了预算报告，但未达到议会过半数席位（315席）的规定。这意味着国会可以对贝卢斯科尼政府提出信任投票，而且如果举行信任投票，贝卢斯科尼政府下台几乎是必然的。

2011年11月9日，时任意大利政府总理贝卢斯科尼表示将辞职。意大利债务问题再度引爆，11月9日意大利国债收益率创出欧元区正式运行以来最大单日涨幅，10年期国债收益率飙升75个基点，达7.48%，再度创下意大利国债收益率之新高，与德国国债的利差扩大到572个基点，也是欧元区运行以来之新高。2011年，意大利公共债务水平达到了GDP的120.7%。

2011年11月13日贝卢斯科尼辞职之后，意大利著名经济学家蒙蒂担任意大利政府总理。蒙蒂通过与欧盟、IMF等机构紧密合作，出台相应的财政整固计划，并适当关注经济增长，意大利债务危机出现了短期的缓解。意大利国债收益率也明显回落，2012年第1季度末，意大利10年期国债收益率已经回落至5%以下。至2012年10月月底，意大利10年期国债收益率为3.5%左右的水平。

《英国每日电讯报》在2012年9月预测，2012年意大利公债水平将进一步提高至GDP的126.4%。

三 意大利债务问题的未来趋势

从意大利 2011 年年底的情况看，意大利债务问题可能继续深化，当时爆发债务危机的可能性正在逐步累积。

一是现政府已经失去了对财政金融事务的掌控权，无法出台更为有力和有效的财政整固方案和债务问题应对方案。

二是现政府如果下台，临时政府对债务问题应对的不确定性更大，整体是不利于市场预期的稳定。

三是投资者对意大利政府和市场失去信心，可能引发意大利资产的抛售潮，意大利国债收益率将进一步飙升，意大利未来的财政应对的融资困难将更加凸显。

四是从市场趋势看，意大利国债高于 7% 的收益率水平，是无法持续的。如果意大利没有有效的应对之举，意大利国债的违约风险极大。为此，意大利爆发债务危机的可能性逐步提高。

蒙蒂的上台使得意大利债务问题摆脱了流动性危机的冲击。由于 2011 年 11 月，意大利国债收益率大幅飙升，加上 2012 年第 1 季度到来的偿债高峰，使得意大利的局势十分危急。蒙蒂政府上台之后，就着手进行财政整固，开始一项总规模为 300 亿欧元的财政紧缩计划，蒙蒂政府的强力举措使得市场对意大利的风险溢价明显回落，为意大利赢得了时间。

2012 年以来，意大利兼顾了财政紧缩、经济增长和结构改革。意大利总理办公室在 2012 年 7 月 6 日发布公告称，意大利政府批准了在未来 3 年内削减 260 亿欧元支出的最新紧缩计划，新政策将在 2012 年、2013 年和 2014 年 3 年中分别削减 45 亿欧元、100 亿欧元和 115 亿欧元支出。而为了减轻民众对财政紧缩政策的不满，意大利政府还决定将增值税率由 21% 提高至 23% 的政策实施时间至少推迟一年。在减少公共支出方面，政府将改革公立医院并裁撤 64 个省级政府。而为了国家的经济结构和长远发展，蒙蒂政府在推出紧缩措施的同时，将结构性经济改革作为政府的首要任务，先后出台了《拯救意大利法案》、《意大利增长法案》以及《简化意大利法案》。

但是,从债务本身和经济基本面的角度出发,意大利的债务问题无法短期内解决,最后还是需要通过财政整固和经济增长来逐步缓解债务风险。同时,蒙蒂政府是一个技术型政府,在一定程度上没有执政根基,容易受到政治斗争的影响。

一是意大利债务问题较为严重。2009年和2010年,意大利财政赤字占GDP的比例分别为5.4%和4.6%。2010年年底,意大利公共债务水平占GDP的比例为120%,远远超过欧元区85%和欧盟80%的平均水平,分别为85%和80%。而且2011~2012年意大利财政状况可能难以有效改善,债务水平仍将保持在高位。甚至2013年意大利的财政状况,也很难有实质性改善。

二是意大利国债规模大,短期债务规模较大,到期债务规模巨大。根据Blooberg的动态数据,截至2011年9月月底,意大利未清偿本息总规模为2.18万亿欧元。2010年,意大利国债规模为1.91万亿欧元,其中短期国债1352亿欧元,但是2011年10月至2012年12月31日,意大利需要偿还的债务规模为3490.59亿欧元,其中2012年第1季度需要偿还的债务规模为1129.41亿欧元。意大利在2012年年底之前的到期债务规模巨大,偿还压力较大。当然,对于意大利的利好是,2012年9月,欧洲央行已经觉得出台直接货币交易计划,可以在二级市场上无限量地购买成员国的国债,这使得意大利的国债需求缺口被填补了,5年期国债收益率下降至3.5%左右。

表4-1 近期意大利到期债务规模

单位:百万欧元

时间	到期债务规模	利息
2011年第4季度	37311	2428
2012年第1季度	112941	18103
2012年第2季度	59961	9157
2012年第3季度	62826	18956
2012年第4季度	76020	8832
2013年第1季度	21163	17989
2013年第2季度	47758	7870

续表

时间	到期债务规模	利息
2013年第3季度	47380	18102
2013年第4季度	38234	7257
2014年第1季度	14934	16540
...	...	
总计	2119365.662	

注：数据来源为 *Bloomberg* 的动态数据，该数据的更新时间为 2011 年 11 月 11 日。

三是意大利经济增长潜力较低，偿付能力无法迅速提高。在 2010 年经历较低增长水平之后，2011 年的意大利经济增长仍然没有改善，2011 年上半年经济同比增长为 0.9%，第 2 季度环比增长仅为 0.1%，此前第 1 季度环比增长也仅为 0.3%。2011 年 5 月，意大利国内工业订单指数为 103.4，环比下跌 0.8%。2011 年 7 月，意大利工业产值指数为 95.3，同比下跌 4.6%，环比下跌 0.7%。2011 年意大利消费信心指数为 112.8，为 2009 年 4 月以来之新低，更严重的是，未来信心指数只有 87.5。2011 年，意大利经济增长仅仅为 0.43%，经济的低增长，限制了财政收入的增加，以及财政状况的改善，所以意大利的财政问题很难在短期内改善。

2012 年以来，意大利的经济增长仍然没有改善。IMF 预计意大利在 2012 年将陷入高达 2.3% 的负增长，同时 2013 年将可能继续保持 0.7% 的负增长。虽然意大利总理蒙蒂在 2012 年 8 月认为意大利债务危机已经接近尾声，但是在 2012 年 10 月主题为"应对高额债务和增长停滞"的《世界经济展望》中，IMF 强调意大利必须具有在不增加主权债务的条件下协调经济平衡发展和提高竞争力的政策，同时必须保证获得持续的融资能力，才可能从衰退的泥潭中慢慢走出。意大利经济增长的未来之路必将坎坷。

四 意大利债务问题与潜在的系统性风险

欧债危机未来的风险主要体现在两个方面，意大利是"集大成者"。一方面，欧债危机将从中小经济体向大中型经济体传染，其潜在冲击将更大，意大利债务问题的发展决定了欧债危机未来的严重性以及系统性风险的大小。

另一方面，欧债危机存在从债务危机向银行危机转换的可能性，如果出现债务重组将可能导致银行资产负债表恶化，甚至引发银行危机，这更具系统性风险，更具负面的外溢效应。而意大利主权信用评级被降低，也将对银行业造成一定的负面影响。

意大利是全球第七大经济体，其风险外溢效应将十分明显。如果意大利发生债务危机，那对欧债危机的救援体系将是实质性冲击，将引发欧洲层面的系统性风险：一是意大利作为救援主体承诺的救援资金787.85亿欧元将无法兑现，欧洲金融稳定基金的规模将大幅缩水；二是意大利可能成为被救援的对象，欧洲救援体系的压力将急剧加大。此外，风险的全球外溢效应将显现，一旦发生危机，将形成"意大利-欧元区-欧盟-全球"的风险传染渠道，同时从"国债市场-债券市场-银行市场-全球金融市场"这个链条传导，可能引发全球新的系统性金融风险。

意大利的债券市场具有系统重要性，可能引发银行业风险。意大利国债规模为1.91万亿欧元，是全球第三大债券市场，仅次于美国和日本。如果意大利债券市场出现问题，比如意大利主权信用评级被降低，那可能引发债券收益率大幅提高，债券价格大幅降低，最终将恶化持有人的资产负债表。

根据中国国务院发展研究中心的研究，2010年年初，意大利国债的外国银行持有比例大致为18%，其中欧洲银行占绝大部分。如果根据这个比例，大约有3438亿欧元的国债为外国银行持有。

根据欧洲银行监管局的数据，参加2011年欧洲银行压力测试的90家欧洲大银行其2010年年底的资本金为12089亿欧元。

在主权信用评级的冲击下，一旦意大利的债券市场出现问题，将使得意大利和欧洲银行业的资产负债表大大恶化，可能引发欧洲银行业的巨大风险。银行资产负债表恶化的程度，取决于持有意大利国债的规模以及国债价格的下跌程度。如果意大利10年期国债收益率长期处于6%以上的水平，那意大利的融资成本将会很高，意大利的偿付能力将进一步削弱。

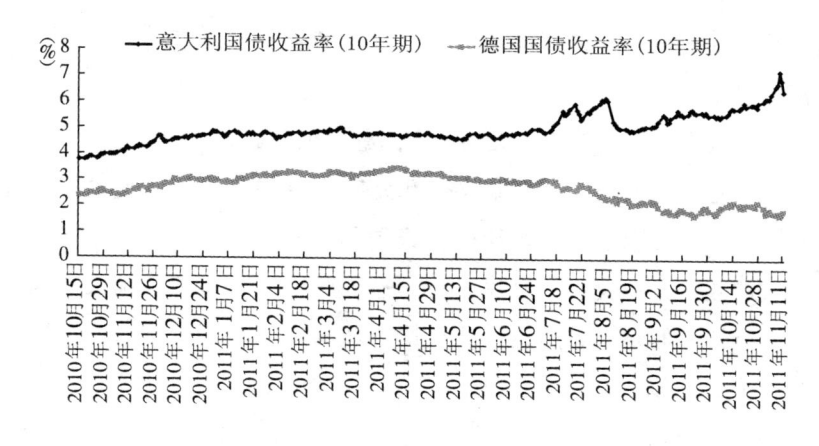

图 4-4　意大利 10 年期国债收益率

资料来源：*Bloomberg*。

潜在的意大利债务危机将导致全球经济复苏更加曲折。作为全球第三大债券市场，意大利是欧洲危机未来发展的重大决定力量，随着意大利主权信用评级被降低，意大利债务问题的不确定性加大。但是，从 2012 年以来的政策框架看，其主权信用评级的降低仍不足以导致债务危机。虽然，2012 年 9 月以来，意大利局势进一步缓解，但是，如果意大利债务问题继续发酵，直至发生债务危机，那欧债危机或将成为系统性危机。意大利和欧洲的债务危机和金融稳定面临新的不确定性，甚至是系统性风险，同时欧洲和全球经济的复苏将更加坎坷。

值得特别注意的是，潜在的意大利债务风险可能将法国拉入债务泥潭，引发更大范围的系统性冲击。由于法国经济增长状况比较差，财政和债务水平较高，特别是财政赤字，市场预期法国将步意大利后尘，面临国债收益率大幅飙升的压力。2009 年和 2010 年，法国财政赤字占 GDP 比例高达 7.5% 和 7.1%，公共债务水平分别为 79% 和 82.3%（低于欧元区平均水平）。意大利债务问题深化以来，法国国债收益率也明显上扬，2011 年 11 月第二周，法国国债收益率上升了 36 个基点，法德 10 年期国债收益率利差扩大至 166 个基点，创出欧元区运行以来之新高。如果意大利没有爆发债务危机，法国相对有效的财政整固计划、银行卖空令以及相对较低的公共债务水平，使得法国具有一定的弹性来应对债务问题；但是，如果意大利爆发债务危机，将会使得法国增长就业、银行业稳定和私人部门投资消费等面临更大不确定性,其债务问题解决的空间被挤压,最后可能被拉入到债务的泥潭之中。2012年1月13日,国际评级机构——标普下调了意大利主权信用评级两个级别,使得意大利债务问题狼烟又起,风险继续累积。

最后,意大利债务问题可能改变欧元区的发展格局。此前关于欧元区崩溃的讨论主要集中在希腊可能退出或被踢出欧元区,特别是希腊竟然对欧盟峰会的救援方案要进行全民公投,这种政治违约实际上加大了欧元区分裂的可能性。但是,希腊退出或被踢出欧元区,与意大利对欧元区发展的影响是天壤之别。意大利如果爆发债务危机,可能导致欧元区的崩溃,欧元统一货币体系可能面临重大挑战。

时至2012年年底,意大利债务危机并没有演化成为新的系统性危机。这主要得益于3个方面:一是意大利蒙蒂政府对财政整固更加重视,政策更加得力且有针对性,同时政策更加综合,兼顾了财政整固、经济增长和结构改革;二是欧洲央行出台了长期再融资计划,极大地解决了包括意大利银行业在内的欧洲银行业的流动性问题,将债务危机向银行业危机转换的渠道有效阻断;三是欧洲央行的直接货币交易计划可以无限量地购买包括意大利在内的欧元区成员国国债,使得意大利的国债需求缺口消失,风险溢价进一步下跌,从2012年9月月初至10月月底不到两个月的时间,意大利5年期国债收益率大幅降低1.5个百分点,至3.5%左右的可持续水平。

但是,由于意大利的经济增长仍然是低迷的,意大利的偿付能力并没有实质性提高,意大利债务危机及其系统性风险仍然值得警惕,2012年意大利债务将进一步提升至GDP的125%以上。一是意大利的融资问题为欧洲央行所"解决",但是欧洲央行的行为是债务货币化,必将导致通胀风险,可持续性将是一个明显的问题;二是意大利债务问题本身仍是一个巨大风险,公共债务水平并没有因财政整固而明显降低,而由于债务及利息负担更大而扩大;三是经济增长低迷,偿付能力无法提升。为此,意大利的经济增长低迷、财政风险和政治稳定性都将约束欧债的实质缓解进程。

第五章
债务重组或是希腊的归途[①]

欧洲的夏天依旧阳光明媚,但懒散的希腊人没有成群结队地跑去爱琴海晒太阳,而是都跑到政府大楼前罢工了。数据造假、财政失衡、福利过高,希腊正在偿还它混迹江湖的亏欠。作为家庭的第三代总理,希腊前总理乔治·帕潘德里欧因债务危机、公投危机和国会压力做出了"负责任"的辞职行为,或许他也正在偿还他父亲作为总理在1981~1989年以及1993~1996年极大地推进福利社会的旧债。危难之际,帕帕季莫斯接过了帕潘德里欧留下的烂摊子,他曾做过欧洲央行的副行长,拥有MIT的经济学博士学位,人们对其寄予厚望。

然而,国内政治和民众的抵触情绪,使得希腊债务危机的解决异常艰难。帕帕季莫斯就像是特洛伊战争中的阿喀琉斯,但财政整固和由此带来的福利损失就是帕帕季莫斯的"阿喀琉斯之踵"。最终,民众用手中的选票之箭结束了他的希腊总理生涯。

2012年夏天的大选波澜不惊,经过两轮艰难的选战之后,支持紧缩的新民主党领袖萨马拉斯最终就任希腊总理。尽管如此,民主社会中的民众情绪宣泄仍使所有的政治和政策改革犹如一江春水,随时可能付诸东流。

如何解开希腊债务危机围城的大门,是对希腊和欧盟政治精英的巨大考验。从历史的镜像中,远在千山万水之外的阿根廷,导演了一场成功的"布宜诺斯艾利斯战役",货币贬值和债务重组正是他们取胜的特洛伊木马。随着2011年年底以来的大规模债务减计,希腊的特洛

[①] 朱振鑫、靳飞等对本章进行了修订。

伊木马似乎也已经进入战斗模式。但从根本上说,希腊对债务危机的战争还需要另一只木马,那就是经济增长。

一 对希腊危机的两轮救助

2008年以来的全球金融危机对欧洲造成了巨大冲击,也使得希腊债务危机和欧洲债务问题浮出水平。2009年5月,希腊就遇到了债务问题,欧盟强力声援后,局势得到一定的缓解。但半年后,希腊财政赤字并未改善,其财政赤字占GDP的比例升至12.7%,公共债务占GDP的比例高达113%。2009年12月,全球三大国际评级机构——惠誉、标准普尔和穆迪先后下调其主权信用评级,希腊债务问题爆发了。

2010年4~5月,IMF和欧元区主导了对希腊债务危机的第一轮救援。2010年4月12日,欧元区就救援希腊的具体条款达成了一致意见。IMF也表示将提供融资支持。2010年5月月初,欧元区同意启动对希腊救助机制,在未来3年内与IMF为希腊提供总规模为1100亿欧元贷款,以满足希腊未来的资金缺口,其中欧元区国家出资总额为800亿欧元。欧元区和IMF的救援基本可以填补希腊2010年年度的融资需求,约500亿欧元。

更为重要的是,在救援希腊的过程中,欧洲建立了金融稳定机制。由于欧盟27个成员国中有20国财政赤字占GDP的比例超过3%的安全警戒线。财政赤字和公共债务在欧洲已经成为一个普遍性的问题。更由于欧洲国家的一部分债务被外国投资者持有,欧洲债务问题又引起了全球金融市场的恐慌。在希腊债务危机爆发和欧洲债务问题普遍性的应对中,欧元区国家政府同意设立欧洲金融稳定基金(European Financial Stability Facility),作为7500亿欧元援助计划的核心内容和机制,该基金主要任务在于应对欧洲债务问题可能引发的风险,主要承担债务问题的救援操作。

随着欧盟第一轮救援的实施,希腊债务危机得到一定程度的缓释。但是,由于希腊的偿付危机只是临时性缓解,希腊还面临源源不断的到期债务,而其财政状况并没有根本改观,其偿付能力没有实质性提高,2010年年底希腊债务占GDP的比例又进一步提升至142.8%。2011年5月月初,已经接受了530亿欧元救助资金的希腊,又面临着137亿欧元的到期债务支付。希腊由于财政紧缩和经济增长下滑,支付能力实际在降低。面临巨额的到期债务,希腊无奈要求降低欧盟对其援助计划的贷款利率,同时要求债权人延迟债务偿还期限。

希腊债务危机一波未平,一波再起。希腊债务危机在2011年5月月底至6月月初再次爆发。2011年5月23日,希腊总理帕潘德里欧表示,希腊无法在2012年重返资本市场进行再融资。2012年,希腊需要融资约270亿欧元,2013年还需要再融资300亿~400亿欧元。

同时,欧盟、IMF和欧洲央行的三方审查团就2010年5月通过的1100亿欧元救助计划进行的第五次放款(120亿欧元)前审查时指出,希腊没有严格按照2010年5月的援助协议进行必要和有效的财政紧缩和经济改革计划,援助计划已经偏离预定轨道。这意味着原定于2011年6月发放的120亿欧元可能无法如期履约,而2011年6月希腊面临137亿欧元到期债务。基于此,希腊10年期国债收益率飙升至16.4%,而德国10年期国债收益率降至6个月之新低,为2.96%。2011年6月月初,国际评级机构——穆迪将希腊的主权信用评级从B1降低至Caa1,未来5年债务违约风险上调至50%。希腊债务危机再起狼烟。

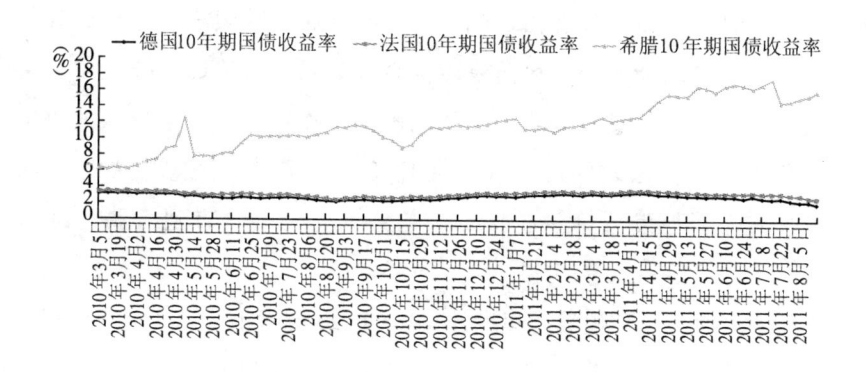

图 5-1 希腊债务融资成本走势

资料来源:*Bloomberg*。

为了获得第五笔援助款,希腊议会不得不在民众抵触情绪高涨的情况下通过紧缩措施和私有化计划。2011年6月29日和30日，希腊议会投票通过了财政紧缩方案，就2012~2015年减少支出、增加税收、出售国有资产、裁员、降低行业薪资水平等具体计划达成共识，从而为获得120亿欧元的援助款扫清了障碍。7月2日，欧元区财长发表正式声明表示于7月15日前向希腊支付援助资金。其中，欧元区各国支付87亿欧元，IMF支付剩余的33亿欧元。

希腊债务危机再起波澜的同时，欧元区开启并主导了第二轮救助计划。2011年6月月初，欧元区就如何救助希腊的新一轮计划达成临时性协议，但要求私人部门出资约300亿欧元。当时市场预期整个救援规模约650亿欧元。临时性协议要求希腊的私人部门债权人将即将到期的债务置换成为期限更长的债务，这实际上是债务重组的一定形式。

但是，对希腊第二轮救援计划由于IMF原总裁卡恩的丑闻以及欧元区内部的争论，进展并不顺利，预期2011年6月月底之前达成协议的第二轮救援计划，于2011年7月21日才正式出台，欧元区国家将向希腊提供1090亿欧元的融资，另外私人部门提供370亿欧元。不过，救援的总规模远超出市场的预期。这也说明了，希腊债务问题的严重性更甚。

在第二轮援助计划刚刚提上日程后，一场政治闹剧却悄然上演。2011年10月31日，希腊总理乔治·帕潘德里欧宣布就欧盟第二轮援助计划进行全民公投。希腊债务违约风险骤然高企：如果希腊选民在公投中否决欧盟新的援助计划，这意味着希腊将要面临债务违约。帕潘德里欧的决定不但在内部引起了党派之间的分歧，而且还引发了德、法等国领导人的不满。欧盟宣布暂停发放第一轮援助款的第六笔资金，直到希腊内部争议平息。

迫于各方面压力，帕潘德里欧于2011年11月4日宣布放弃全民公决。第二轮援助计划绝处逢生。然而，帕潘德里欧政府却陷入信任危机，不得不黯然下台。11月11日，由欧洲央行前副行长卢卡斯·帕帕季莫斯领导的为解决债务危机而组建的过渡性联合政府成立。

经历长达4个月的谈判后，直到2012年2月21日，欧元区17国财长才最终批准对希腊的第二轮援助计划，同时要求希腊在2020年之前将债务占GDP的比例控制到121%以下。本轮援助资金的规模为1300亿欧元。3月14日，向希腊发放援助的所有国家和议会程序最终完成，援助计划得到欧元区成员国的正式批准，欧盟领导人和国际货币基金组织（IMF）于当日签署官方文件。IMF官员表示，将在2015年额外提供82亿欧元的援助资金。第二轮援助计划的资金规模增加至1382亿欧元。其中，300亿欧元将作为对私人债权人的赔偿支付，350亿欧元用于希腊政府回购债券的抵押，480亿欧元用于对银行系统注资。援助计划签署后，希腊10年期债券收益率从35%急剧跌至18%，暂时避免了希腊在2012年3月的偿债高峰中发生债务违约或破产的风险，为该国解决债务问题提供了喘息空间。

然而，2012年5月提前举行的大选再次引发了市场对希腊债务问题的担忧。

2012年4月11日，希腊总理帕帕季莫斯发表电视讲话，表示联合政府已经完成过渡性任务，同时宣布正式解散议会并于5月6日举行大选。5月7日，大选结果公布后，支持率排名前两位的党派——新民主党和左翼联盟均组阁失败，支持率排名第三的泛希腊社会主义党放弃组阁，本次选举以失败收场。受此影响，市场信心一落千丈，希腊退出欧元区呼声渐高。花旗银行首席经济学家表示，希腊于2013年退出欧元区的概率在50%~75%之间。5月8日，希腊拍卖13亿欧元26星期短期国债，收益率达4.69%，高于4月拍卖时的4.55%。欧盟领导人表示，如果希腊政府拒绝救助协议，将停发援助款。

2012年6月希腊举行第二次大选，支持紧缩政策的中间右翼新民主党在选举中获胜。各国均对此表示欢迎。2012年7月2日，伴随着最后一笔规模为10亿欧元的援助款的落实，对希腊的第二轮援助资金全部发放到位。虽然因此赢得了少许喘息的机会，但是希腊的债务问题短时间难以从根本上解决。

鉴于希腊经济增长前景黯淡，即便短期不出现违约，长期出现违约的风险依然高企。

市场甚至预期，2012年11月希腊政府可能又面临流动性问题，政府可能因没有资金而被迫关门。

二 希腊的债务重组

主权债务重组（Sovereign Debt Restructuring）是指债权人与债务国对现有债务债权关系及债务的本息支付的重新安排。对于外部型主权债务违约，债权人主要是外国政府、国际金融组织或银行等，但一般是政府作为债权人或债权人代表。主权债务重组的主要目的是使得债务国能够短期内缓解或解除债务负担，缓解偿付危机，以通过市场等方式获得流动性，最终支付全部或部分债务本息。

主权债务重组主要包括5种方式：一是本金延期支付、利息减少支付；二是本金延期支付、利息全额支付；三是债务减免，包括要求对本金和利息的全部或部分减免；四是再融资，用新债偿还旧债；五是债务结构重组，用新的更好的利率和期限结构债务来改变此前较为不利的利率和期限结构。债务人的债务重组安排是主权债务重组的主要内容，严格意义上，第四和第五项主要是间歇性违约，或软重组，如果短期内获得融资或进行了债务结构重组，就可以恢复偿付能力。一般而言，债务重组计划多是5种方式的有机集合体。

由于债务重组实际上是一种主权违约，严重危及国家信用，主权债务重组一般被认为是债务国最后的选择，没有办法的办法。因此在2011年5月之前，欧元区、欧盟以及希腊都矢口否认希腊债务危机会踏上债务重组的不归路。

对希腊债务进行某种形式的重组是救援当局和希腊极可能实行的政策选择。在2011年5月中旬召开的欧盟财长会上，欧盟首次明确提及希腊可能进行某种形式的债务再安排或债务重组。欧元区集团主席容克在2011年5月17日指出，希腊进行某种形式的债务"软重组"是可能的，不排除进行债务"重新打包"的可能性，即修改债务债权协议的内容特别是贷款利率和期限，但欧元区不会考虑希腊债务重组。

希腊债务"软重组"即将开始。容克的计划实际上是债务重组中的债务利率和期限结构重组，严格意义上是属于主权债务重组的范畴。欧洲中央银行是希腊最大的债权人之一，持有希腊500亿欧元的债券，欧洲央行就质疑容克的观点并指出，坚决反对任何形式的债务重组，"软重组"和"硬重组"没有实质性的区别，都是希腊的主权违约。虽然在2011年6月月初，欧元区就希腊第二轮救援达成临时性协议时，欧元区仍强调不考虑希腊债务重组，但是，其救援机制安排中就要求希腊私人部门债权人将马上到期的债务置换为更为长期的债务，这实际上是对债务的期限结构进行了重新安排。2011年7月21日出台的正式救援方案中，私人部门370亿欧元的贡献实际上也是来自债务的期限互换。为此，随着第二轮救援的实行，希腊的债务重组即将开始，至少"软重组"即将开始。

希腊债务的软重组遵循的是"维也纳模式"。维也纳模式是IMF在2009年救助中东欧国家采取的救援措施，当时包括匈牙利、罗马尼亚、拉脱维亚和塞尔维亚等国家。这个模式的运行是债务人（当时主要是银行）以自愿的方式选择继续持有或增持负债国的债券，但其偿还期被延长，而且不能要求额外的风险补偿。这实际上是本金的延期支付、利息的部分减免，是债务重组的一种方式。不过，由于不增加债务国的短期偿还压力（甚至可以缓解偿付压力）以及最终不增加利息支出，使得债务国的偿付能力在中长期得以逐步改善和提高，这可能是一个可以兼顾债权人和债务人双方利益的模式。

2012年2月24日，希腊公布议会22日通过的私人投资者债券互换协议，这项协议构成了欧盟第二轮援助计划的核心。根据协议规定，持有特定希腊政府债券的私人投资者在协议清算日获得新政府债券。债券面值为原面值的31.5%，从2012年2月24日开始计息，期限为30年。债券前3年的利率最低为2%，随后5年为3%，2021年的年利率为3.65%，剩余21年的年利率为4.3%。利息用欧洲金融稳定基金（EFSF）的6月期短期票据支付。参与本次债券互换的流通面值为2060亿欧元。国际评级机构——穆迪预计，希腊债券置换计划对私人投资者造成的损失达70%以上。

希腊债务的硬重组并非没有可能，市场认为需要针对希腊债券贬值30%做出风险准备。一般地，硬重组是指本息的全部或部分减免。虽然，欧元区和IMF的救援大大缓解了希腊违约的可能性，但其债务硬重组也并非没有可能。国际评级机构——穆迪就认为，希腊在未来5年违约的可能性提高到50%。希腊债务硬重组导致的面值损失市场预计为30%左右。德意志银行研究认为需要对希腊主权债务违约进行资金安排，以应对希腊主权债券贬值20%～30%引致的风险。花旗银行认为，未来1～2年内希腊债务重组可能引发其债务价值损失30%～50%，债务重组时间越晚，损失越大。瑞士信贷亦指出，如果希腊、爱尔兰、葡萄牙减计32%的债务，欧洲商业银行将产生2000亿欧元的亏损，这相当于欧洲银行业在计提贷款损失拨备前的一年利润。

根据历史的经验，希腊的债权人需要对债务重组特别是硬重组做好充分的准备。历史上最大的债务重组是2001年阿根廷债务危机，违约规模为1320亿美元，阿根廷提出的债务重组计划甚至要求减免票面价值的75%，以净现值计算，偿付比例仅为面值的10%，最后的妥协大致是支付票面价值的50%。

三 如何摆脱"国家破产"的厄运

对于"国家破产"，学术界并没有非常明确且被广泛认同的定义。2001年年底IMF就主权债务重组机制进行研究，对国家破产做出了如下定义：一个国家资不抵债，或者负债规模高于产出规模。也有研究者是根据情景来定义国家破产的，主权债务违约、政府更迭导致的主权违约以及国家消亡导致的主权违约都属于国家破产的情况。对于主权违约导致的国家破产主要分为两种情况：一是国家的负债大于资产，比如冰岛；二是国家收支失衡无法履行到期的债务本息支付责任，大部分债务危机都是这个情形。

根据经济逻辑的分析和历史经验，一旦一个经济体面临"国家破产"风险，出现偿付危机或流动性危机，最后可能引发更为严重的系统性危机。

"国家破产"风险将可能引发3种类型的危机：由于资产减计导致的银行或金融危机、由于资源配置紊乱和私人部门总需求萎缩导致的经济危机，以及由于外国投资者信心崩溃引发的货币危机。

目前，希腊的公共债务约占GDP的160%多，因此从资产负债表的角度上看，希腊在技术上已经破产。如果希腊在未来的到期债务中无法履行支付责任，将会在国家破产的泥潭中越陷越深。

国家破产的解决途径主要有4种模式：

（1）自救。由于主权危机是一种偿付危机，更是一种流动性危机，为此，应对主权违约的首选之策就是获得新的流动性，以提高偿付能力。一般地，获得流动性的方法主要有：一是向其他国家或国际金融组织申请短期贷款，在短期内获得新的流动性，来缓解支付压力；二是在资本市场上发行新的债务凭证，以发行新债的资金收入来偿付旧债的本息，当然这需要的前提条件是该国仍然能够获得资本市场的信用认可；三是出售资产，获得一定的额外收入，来进行支付；四是增加税收，特别是关税，来增加政府的收入；五是减少支出，削减公共支出，降低债务水平。

（2）武力解决。外部型主权违约的原始应对方式多以协商加武力威胁方式解决。由于特定国家面临破产风险，在国际法尚未建立的条件下，债权人无法通过法律获得债权的合法收入，债权人只能与债务国进行协商，同时以武力相威胁。不过，武力解决的方式在第二次世界大战之后就鲜有案例。

（3）传统的国际救援机制。一般是以国际金融组织和发达国家为救援主体、以短期紧急贷款为主要方式的传统国际救援方式。不过，国际金融组织和发达国家的救援和贷款往往具有条件性，一般是要求受援国进行财政紧缩和经济结构改革，比如私有化、市场开放、增加税收等。

（4）债务重组。由于传统的国际救助方式存在道德风险、未来违约以及有效性等问题，同时还存在对国家主权的侵蚀等弊端，在东亚金融危机之后受到了较多的质疑，特别是以IMF作为最后贷款人的救援机制的条件性被认为是加剧危机而不是缓解危机。

20世纪80年代以来，以市场力量来解决主权违约的趋势日益明显，形成了以传统国际救助为基础、以市场手段为主要方式的主权违约应对机制，主要是通过债务重组来进行。

此外，国际社会还有专门的"组织"协调主权债务重组，比如巴黎俱乐部是官方债权人的非正式组织，主要协调发达国家发放或担保的债权进行重新安排或再融资。伦敦俱乐部主要是国际商业银行重新安排其对债务国债权的非正式组织。

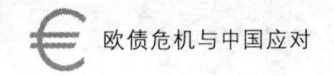

四 希腊"退欧"的两难困境

实际上,作为欧元区成员国的希腊还拥有另一种选择:退出欧元区,重启德拉克马,然后通过货币贬值恢复竞争力。学界对于这一问题的讨论已经连篇累牍,有人甚至为"希腊退出"创造了专门的术语"Grexit"(将希腊的英文单词 Greece 和退出的英文单词 Exit 结合起来)。对希腊本国来说,是否"退欧"的确是决定国家命运的关键。但在这个生死抉择面前,希腊似乎陷入了进退两难的困境。

从支持希腊退出欧元区的角度来看,希腊面临的是资不抵债危机,似乎唯有退出欧元区才是出路。对一个负债国而言,政府债务能够可持续的动态条件是,未来的经济增长率不低于该国债务的利率。希腊的10年期国债利率目前已经突破20%,但经济增长前景黯淡。希腊央行在2012年3月公布的报告中预测,2012年经济将收缩4.5%,这是希腊自2008年以来连续第五年衰退。解决希腊债务问题的关键要看其能否实现经济增长。但是,若留在欧元区内,希腊没有任何可以选择的政策工具,难以通过经济增长逐渐化解债务问题。单靠自身的努力,希腊根本无法还清债务,债务负担将越来越重。

(1)希腊无法通过财政政策实现经济增长。为了减少债务压力,希腊实施了与两次援助"配套"的财政紧缩政策。但在当前的形势下,财政紧缩不仅无法缓解债务压力,反而会导致恶性循环:财政紧缩政策将加深经济衰退、经济衰退导致债务压力继续增加。希腊债务问题爆发以来,使希腊的经济状况进一步恶化。与2009年相比,希腊整体经济累计下滑了14%,居民的收入水平减少了1/4,失业率飙升至20%,其中青年人的失业率更是高达50%。

(2)希腊也无法通过货币政策和汇率政策实现经济增长。加入欧元区后,希腊丧失了货币政策的独立性,因而无法通过量化宽松手段稀释债务。欧元区货币统一之后,希腊也无法下调本币汇率以提高出口竞争力。即使欧洲央行下调欧元汇率,但是由于欧元相对于其他主要货币大幅贬值对所有成员国的影响是对称的,而希腊的出口目的地多是欧元区成员国,所以希腊的贸易条件不会因为欧元贬值发生实质性的改善。

（3）希腊留在欧元区内无法通过转移支付得到其他国家的支持。理论上来讲，通过区域内大规模的转移支付，可以起到立竿见影的效果，但是实施转移支付则意味着德国等债权国承认希腊财政紧缩路线的失败。对于紧缩政策，德国一向立场坚定。而且，一旦市场捕获欧元区放松紧缩政策的信号，欧元区的政策公信力和一致性将受到质疑，不确定性风险将进一步升级。

（4）希腊难以通过自身的结构性改革促进经济增长。希腊的主导产业是旅游业和航运业，而这两个行业在全球金融危机之后都遭受重创。希腊缺乏具有竞争力的制造业，能够用于出口的产品占其 GDP 的比例尚不足 7.5%。从当前希腊的政治局势来看，过于激进的结构性改革势必引发更大的社会动荡，并进一步加剧市场恐慌。

在这种走投无路的情况下，鲁比尼等学者才建议希腊背水一战，退出欧元区重启德拉克马，并通过货币贬值来实现经济增长，进而彻底摆脱债务危机。

历史上确实有类似的成功案例。2002 年 1 月，面对不断飙升的融资成本和 IMF 苛刻的救助条件，无力偿还外债的阿根廷政府宣布放弃盯住美元的联系汇率制，比索大幅贬值 70% 以上。尽管 2002 年大幅衰退了 10.9%，但阿根廷经济很快便触底反弹。从 2003 年到此次全球金融危机爆发之前，阿根廷不仅连续 5 年实现了 8% 以上的高速增长，还成功地通过债务重组，在 2006 年之前偿还了所有的拖欠债务。鲁比尼指出，尽管希腊"退欧"会造成市场的短期动荡，但如果希腊能效仿阿根廷，采取适度的债务重组和短期管制措施，便可以将损失控制在合理范围之内，进而在长期内获得远大于成本的收益。

不过，这种观点似乎误读了阿根廷的成功。阿根廷的确依靠出口迅速恢复了经济增长，但货币贬值并不是阿根廷的救命草。本身特殊的产业结构以及外部需求的高涨才是阿根廷经济迅速复苏的决定性原因。阿根廷是一个大宗商品出口国，它是世界上最大的豆制品出口国，素有"大豆共和国"之称，玉米、蜂蜜、铁矿石等大宗商品也在国际市场上占有重要地位。21 世纪初，伴随着发达国家的经济繁荣和新兴经济体的迅速崛起，大宗商品尤其是农产品需求进入扩张周期。根据联合国粮农组织的统计，2002～2008 年间国际大宗商品价格整体上涨了近两倍，其中占阿根廷出口 25% 以上的大豆价格更是从 100 美元/吨飙升到 500 美元/吨以上。正是在这种旺盛需求的推动下，阿根廷的大豆等大宗商品出口才能获得年均 10% 以上的增长，进而带动经济迅速复苏。

在全球金融危机之后，希腊很难再像阿根廷一样，赶上一个良好的外部环境。根据世界银行的预测，未来 5 年全球经济增长率仅为 2%～3%，远低于 2003～2007 年间 4% 的平均增长率。随着发达国家的主权债务危机一再恶化，全球总需求可能进一步萎缩。

更重要的是，希腊不是阿根廷。即便外部需求强力复苏，希腊也难以复制阿根廷的成功。

（1）希腊的出口增长潜力远不如阿根廷。阿根廷是世界上最重要的大宗商品出口国之一，但希腊缺少像阿根廷那样富有竞争力的出口产业，近 10 年来其年均出口增速不足 5%，贸易逆差占 GDP 的比率一直维持在 10% 左右的高位。

（2）希腊过于依赖进口，货币贬值会带来较为严重的负面影响。希腊进口占 GDP 的比例已经连续 13 年保持在 30% 以上，其中约有 60% 是初级产品进口。如果货币大幅贬值，一方面会显著推高企业的生产成本，导致更多的加工制造企业破产；另一方面可能会引发严重的输入型通胀，加剧国内的经济和社会动荡。

（3）如果希腊退出欧元区，也就自动退出了欧洲的自由贸易协定，且可能招致其他欧洲国家的贸易制裁。希腊的主要出口市场是欧洲。据 OECD 统计，2011 年希腊出口的 51% 都流向了欧盟国家。希腊退出欧元区之后，将丧失欧盟内部的一些补贴和优惠条款。如果进入欧洲市场受阻，希腊的出口将受到重创。欧盟已明确表示，如果希腊退出并使货币大幅贬值，欧盟将对希腊施加同等幅度的关税，以抵消贬值带来的出口价格优势。

（4）退出货币区和单纯的解除汇率挂钩有着本质区别。一方面，希腊已经放弃了本国独立的货币和支付体系，若退出欧元区，短期内的动荡调整可能比阿根廷更为剧烈和持久。阿根廷在宣布放弃货币局制度之后，货币汇率陷入剧烈动荡，贬值幅度一度高达 300%，由此引发的银行挤兑和资本外逃迫使政府采取了"银行假期"等管制措施,金融系统基本瘫痪。希腊不仅难以避免相同的厄运,而且还需要承担重新印钞、重建支付体系等过渡措施带来的额外成本,这必将加剧短期内的经济紧缩,并为长期内的经济复苏增添更多的不确定性。

(5)希腊的主权债务问题远比阿根廷严重。根据IMF的预测,2012年希腊公共债务占GDP的比率将高达172%,这几乎相当于2001年阿根廷的3倍还多,希腊债务违约对私人部门资产负债表的直接冲击必定会远远超过阿根廷,进而限制私人部门的需求复苏。进一步看,2011年希腊的外债占GDP比例高达152%,超出当时阿根廷的两倍以上,这显著增大了债务重组谈判的难度。阿根廷的债务重组花了3年多时间才彻底完成,希腊的债务重组可能会更加漫长。这必然会阻碍希腊国际市场信誉的恢复,使其难以通过吸引外资、增加投资来推动经济复苏。如此看来,希腊似乎不应幻想着复制阿根廷的奇迹。正如阿根廷经济部前部长卡瓦略所说:"10年前的阿根廷不应成为希腊退出欧元区的论据,很多经济学家误解了阿根廷。"

综上所述,我们可以得出两点结论:一方面,希腊若想彻底摆脱债务危机,"退欧"似乎已经成为一个"合理"选择;另一方面,即便选择"退欧",希腊的经济前景也不容乐观。这样一来,希腊便陷入了进退两难的困境,爱琴海的阴霾短时间内可能难以散去。

五 希腊"退欧"仍有一定可能

希腊面临的两难困境使其是否"退欧"的问题变得扑朔迷离。但根据我们的判断,短期内希腊退出欧元区的可能性较小,而长期内希腊退出仍有一定的可能性。

短期来看,每一次政治上的动荡都会增加希腊离开欧元区的概率。尽管2012年6月17日的第二轮大选成功产生了支持紧缩的联合政府。但对于希腊而言,仍然没有摆脱之前的两难困境:一方面,留在欧元区可以依靠外部融资聊以度日,但是国内民众无法忍受紧缩条件,期望可以在5年内将财政盈余从-13%变为10%,只会激发民众疯狂的反抗情绪,引发其政局混乱。另一方面,退出欧元区意味失去欧元救助,面临众多不确定性,经济政治风险过高。因此,希腊的民众在未来一段时间还会在进退两难的矛盾中痛苦地煎熬,并不断引发政局动荡;而每一次政治上的风波都在动摇德国和其他欧元区国家的信心。一定程度上,按照《马约》标准希腊已经不具备继续留在欧元区的条件,一旦市场开始对希腊退出欧元区表示担忧,其潜在风险就会被市场不断揭示,直至自我实现。

长期来看,希腊能否留在欧元区的关键在于希腊在欧元区中能否保持可持续的公共债务水平。为此,我们建立了下面这个简单的分析框架分解希腊的公共债务问题:根据经典的财政稳定理论,公共债务的可持续性与财政盈余密切相关,二者之间存在下述关系:

$$B_t - B_{t-1} = r_t B_{t-1} - S_t \tag{5.1}$$

其中,B_t和B_{t-1}分布代表当期和前一期的国债余额,r_t代表国债利率,S_t代表当期的财政盈余。

将上式两边同时除以GDP,我们可以获得:

$$b_t - b_{t-1} = \frac{r_t - g_t}{1 + g_t} b_{t-1} - s_t \tag{5.2}$$

从上式我们可以发现,财政盈余s_t可以表示为国债余额与利率、经济增长率:

$$s_t = \frac{r_t - g_t}{1 + g_t} b_{t-1} \tag{5.3}$$

在稳态时,一国财政盈余至少要等于上式右边,才能保证财政稳定和可偿付性。根据(5.3)式,我们可以将影响一国财政稳定的变量分为4个要素:

国债余额b_{t-1}:上一期的国债余额代表一国财政的历史存量负担。

财政盈余s_t:财政盈余代表一国财政的流量收支变化。

实际利率r_t:代表一国国债余额的成本。

经济增长率g_t:代表一国未来的偿债能力。

根据以上4个经济变量,一国陷入债务危机后会有两种完全不同的解决手段:

（1）依赖财政政策，实施紧缩政策。德国是这一政策的坚定执行者。自欧元区陷入主权债务危机以来，由于在统一的货币框架下，各国实行独立的财政政策，欧元区经济一直处于恶性循环中：财政赤字恶化，投资者信心下降，金融市场风险增加，重债国融资成本上升，财政赤字进一步恶化，最终导致国家违约风险上升，并引发投资者对欧元区解体的担忧。为了解除这一封闭的恶性循环，德国等欧元区领导人认为只有通过紧缩财政，执行严格的财政纪律，才能够打消企业和消费者对政府财政健康状况的担忧，最终促进长期内经济健康增长。在这一调整框架下，欧元区国家可以通过降低劳动力成本重获竞争力，以内部贬值的方式降低债务水平，实现可持续增长。这其中的传导链条是：

财政紧缩 ⟹ 增加财政收入盈余 s_t ⟹ 降低国债余额成本 r_t ⟹ 提高经济增长率 g_t ⟹ 进一步提高财政偿付能力 s_t。

（2）依赖货币政策，实施通货膨胀政策。主权债务违约从来就不是什么新闻，大多数陷入主权债务危机的国家都是以违约加上通货膨胀的方式，重新获得经济竞争力。莱因哈特和罗格夫梳理了过去 800 年的主权债务危机，指出所有陷入债务危机的国家，最终都是依靠货币政策走出了债务的泥潭。重债国只有在违约的同时，实施剧烈通货膨胀，才能消除历史存量债务，并以对外贬值的方式重获竞争力，促进经济增长。因此，在处理债务危机的历史经验中，货币政策才是不折不扣的主角。这其中的传导链条是：

通货膨胀加债务违约 ⟹ 降低国债余额、对外汇率贬值 ⟹ 降低国债余额成本 r_t，提高经济增长率 g_t ⟹ 进一步提高财政偿付能力 s_t。

下面，根据维持财政稳定的 4 个要素，以及希腊的具体情况，我们分别模拟希腊留在欧元区实施财政紧缩和退出欧元区、实施通货膨胀各类情形下，公共债务偿还能力的变化。

若希腊执行财政紧缩政策，留在欧元区，它可能会在两方面得到外部援助：其一，通过债务重组降低国债余额；其二，通过欧洲央行或欧洲稳定机制（ESM）入市干预，降低国债收益率。我们针对这两种情形分析希腊留在欧元区能否保证公共债务可持续。

（1）情形一：希腊留在欧元区，执行债务重组方案。

我们以10年期国债名义收益率与通货膨胀率之差为希腊的国债实际利率，当前欧元区的通胀率被控制在3%以内，假定因为严格执行紧缩计划，市场信心逐渐恢复，国债名义收益率从当前的28%降至18%；则实际利率为15%；在此基础上，我们根据不同的经济增长率和债务重组计划，来估算未来希腊若要实现债务可持续，需要实现多少财政盈余：

表 5-1 希腊留在欧元区需要达到的财政盈余情景分析之一

经济增长率	60%	80%	100%	120%	140%	160%
5%	0.0571	0.0762	0.0952	0.1143	0.1333	0.1524
3%	0.0699	0.0932	0.1165	0.1398	0.1631	0.1864
0	0.0900	0.1200	0.1500	0.1800	0.2100	0.2400
-3%	0.1113	0.1485	0.1856	0.2227	0.2598	0.2969
-5%	0.1263	0.1684	0.2105	0.2526	0.2947	0.3368
-10%	0.1667	0.2222	0.2778	0.3333	0.3889	0.4444

注：以（5.3）式为基准，假定国债实际收益率为15%，表中第一行代表国债余额，第一列代表经济增长率，其余部分为希腊当局需要达到的财政盈余。

首先，我们确定希腊财政盈余的上限。IMF最新公布的世界经济展望表明希腊在未来5年内最高的财政盈余水平为4.44%，这一预测在希腊债务重组后才发布，并假定希腊将会留在欧元区，因此，可以IMF的预测作为希腊财政盈余的忍耐极限[1]。在此基础上，我们分析希腊债务重组后的财政稳定情况。从表5-1中，我们发现，即使最乐观的预测也要求希腊财政盈余达到5.71%；而最悲观的预测则要求希腊财政盈余达到44.44%。显然，这与希腊当前财政赤字达-2.34%的情形相去甚远，也高于IMF对希腊未来5年内财政盈余的最高预测值4.44%。

接下来，我们具体分析债务重组对希腊债务可持续性的影响。债务重组是解决希腊债务危机的一个重要措施：自2008年以来，希腊经济陷入衰退，IMF预测在2013年以前都不会恢复经济增长。因此，我们以0%为经济

---

[1] 当然，IMF的预测也会随着经济发展的前提假定而变化，但是作为一个简单的静态分析，我们可以用4.44%作为希腊的财政盈余的极限值，毕竟当前希腊社会的主要矛盾就在于财政紧缩力度过大，再进一步提高财政紧缩力度必然会引发社会不满，民众会选择退出欧元区。

增长的基准,当希腊国债重组后从 160% 降至 100% 时,希腊需要达到的财政盈余从 24% 下降至 15%,但仍然超过了希腊承受范围以内。进一步,我们假定欧元区经济顺利复苏,希腊经济增长达到潜在经济增长水平 3%,此时,债务重组计划依然只能将财政盈余从 18.64% 降至 11.65%,仍然超过希腊财政盈余的忍耐极限 4.44%。因此,仅仅依靠债务重组无法解决希腊债务可持续性问题。

(2) 情形二:希腊留在欧元区,欧洲稳定机制(ESM)发挥防火墙作用,且欧洲央行实施证券市场计划,在公开市场购买希腊债券,压低其国债收益率。

假定希腊 2013 年顺利返回国际金融市场,其间欧洲央行入市购买希腊国债,将希腊 10 年期国债实际收益率压低至 8%。此时,希腊需要达到的财政盈余情况见表 5-2。我们假定希腊通过债务重组将国债余额从 160% 降至 100%,且经济增长达到 3%,此时希腊的财政盈余的要求是 4.85%,这仍然要高于 4.44% 的极限值。而这已经是对希腊未来经济最乐观的预测,要达到这一标准至少要严格紧缩至 2015 年,即便如此,希腊的公共债务负担也难以为继。

表 5-2　希腊留在欧元区需要达到的财政盈余情景分析之二

经济增长率	60%	80%	100%	120%	140%	160%
5%	0.0171	0.0229	0.0286	0.0343	0.0400	0.0457
3%	0.0291	0.0388	0.0485	0.0583	0.0680	0.0777
0	0.0480	0.0640	0.0800	0.0960	0.1120	0.1280
-3%	0.0680	0.0907	0.1134	0.1361	0.1588	0.1814
-5%	0.0821	0.1095	0.1368	0.1642	0.1916	0.2189
-10%	0.1200	0.1600	0.2000	0.2400	0.2800	0.3200

注:以 (5.3) 式为基准,假定国债实际收益率为 8%,表中第一行代表国债余额,第一列代表经济增长率,其余部分为希腊当局需要达到的财政盈余。

根据上述情景分析,即使希腊进行债务重组,执行紧缩的财政政策且欧洲央行入市干预,希腊仍然无法满足其债务可持续的要求。这表明,仅仅依靠欧元区当前的宏观经济政策已无法拯救希腊。这也反映了欧元区面临的制度困境:在缺乏必要的财政风险分担机制的同时,各成员国受制于统一的货币政策。这导致重债国面对无法消化的巨额债务时,无人与之分担,更无法实施通货膨胀政策化解债务。

(3) 情形三:希腊退出欧元区,以通货膨胀的方式化解公共债务。

我们以阿根廷在 2001 年违约为基准:假定希腊大幅违约,将公共债务降至 60%。采用德拉克马作为流通货币,并推行 50% 的通货膨胀,将国内实际利率降为 8%[①];我们依然根据不同的经济增长率和债务重组计划来估算未来希腊若要实现债务可持续,将要实现多少财政盈余。

表 5-3 希腊离开欧元区的财政盈余情景分析

经济增长率\国债余额	60%	80%	100%	120%	140%	160%
4%	0.0231	0.0308	0.0385	0.0462	0.0538	0.0615
3%	0.0291	0.0388	0.0485	0.0583	0.0680	0.0777
2%	0.0353	0.0907	0.0588	0.1361	0.0824	0.1814
1%	0.0416	0.0554	0.0693	0.0832	0.0970	0.1109
0	0.0480	0.0640	0.0800	0.0960	0.1120	0.1280
-10%	0.1200	0.1600	0.2000	0.2400	0.2800	0.3200

注:以 (5.3) 式为基准,假定国债实际收益率为 8%,表中第一行代表国债余额,第一列代表经济增长率,其余部分为希腊当局需要达到的财政盈余。

从表 5.3 中,我们可以发现,若希腊退出欧元区后,能够如阿根廷一般通过违约将国债余额降至 60%,实施通货膨胀将国内实际利率降至 8%,那么只要其能通过贬值走出衰退,达到 1% 的经济增长率以上,就只需达到 4.16% 的财政盈余目标即可;进一步,若经济增长能够达到危机前的平均增长率 4%,则只需 2.31% 的财政盈余即可。这显然要比留在欧元区中实现财政可持续的条件要宽松。

虽然上述模拟只是对希腊离开欧元区的一个简单的比较静态分析,但是已经足以说明希腊留在欧元区的尴尬处境。对于已深陷债务危机无法自拔的希腊而言,无论是去是留都需要实施价格调整机制解决融资成本高企的难题。但是在欧元区逼仄的经济框架内,只能以财政紧缩、降低工资水

---

① 阿根廷违约后平均 3 年内实际利率为 7.3%,资料来源:世界银行。

平的方式，实施内部贬值调整，这种调整机制对于其他尚未完全丧失市场信用的国家可能有效，但对于希腊这类已经病入膏肓，依赖外部供血勉强度日的病人来说，只能徒增烦恼。纵观现代主权债务危机史，没有任何一个深陷债务危机的国家可以完全依靠财政紧缩的政策走出危机；而事实上，在解决主权债务危机的舞台上，只有货币政策才能真正扮演好光彩夺目的主角。因此，短期内，由于欧盟对一体化的捍卫使得希腊退出面临一定的舆论和法律障碍，但是我们认为希腊在长期仍有一定概率退出欧元区。

六 希腊"退欧"对欧元区意味着什么

希腊如果退出欧元区，会对欧洲市场造成多大冲击？摩根大通认为希腊退出欧元区造成的直接损失在 4000 亿欧元左右，其中包括：欧盟和 IMF 持有的 2400 亿欧元希腊国债、TARGET 2（即第二代泛欧实时全额自动清算系统）中欧元系统对希腊的 1300 亿欧元风险敞口，以及欧元区银行约 250 亿欧元的潜在损失。但是，欧盟和 IMF 过去的援助已经是沉淀成本，欧洲银行业短期内仍然没有问题。而且，希腊退出造成的损失是一次性的，远胜于对欧洲经济的长期折磨。

问题的关键在于，希腊退出会对西班牙和意大利造成多大的影响？市场认为，如果希腊退出，恐慌情绪的蔓延会在欧元区内部形成"多米诺骨牌"效应。投资者会从重债国撤资，并转而投向风险较小的国家，西班牙和意大利将会是首先倒下的两张骨牌，欧元区将很快分崩离析。

事实上，我们认为，希腊的退出不会对市场造成太大的冲击。第一，希腊经济规模较小，其 GDP 占整个欧元区的比例仅为 2%，因此希腊的退出不会产生系统性风险，对欧盟贸易的影响也是微乎其微；第二，整个事态的发展不会太突然，希腊真的要退出的时候，市场肯定已经有了足够的心理准备，并做好了有针对性的应急预案；第三，希腊的退出对欧元区银行系统造成的冲击是可控的，在必要的境况下，欧盟方面可以实行资本管制等紧急措施，防止银行挤兑形成"羊群效应"；第四，希腊退出后，欧盟可以更加专注于解决西班牙和意大利等陷入流动性危机的重债国。

对于西班牙和意大利而言，希腊的退出或许反而是一个好消息。西班牙和意大利的问题在本质上不同于希腊，这两个国家面临的是资金周转不灵造成的流动性危机。西班牙的债务问题是由于房地产泡沫崩溃，而导致银行坏账增加；意大利的问题是由于出口水平下滑以及政府金融监管不当，导致财政收入下降和债务规模增加。但是，与希腊相比，单从两国的财政状况来看，并不足以将融资成本推到如此高的水平。西班牙近期通过的预算法案表明，2012 年预算赤字占 GDP 的比例为 5.8%，稍高于此前欧盟为西班牙设定的 4.4% 的目标。但是，西班牙赤字较高但债务并不高。西班牙 2011 年年末公共债务占 GDP 的比例仅为 68%，低于同期欧元区的 87.2% 平均水平。虽然意大利 2011 年债务的 GDP 占比高达 120%，在欧元区仅次于希腊，但是财政赤字并不高，2011 年意大利的赤字占 GDP 的规模仅为 3.9%。有分析指出，意大利的赤字规模将在 2012 年进一步收窄。事实上，正是希腊债务状况恶化的经济和政治"溢出效应"增加了市场对欧债问题的担忧，诱发了国际评级机构对重债国评级的系统性下调，从而推高了相关重债国的融资成本。因此，西班牙和意大利的流动性问题在很大程度上是由希腊传染的。在这种情况下，希腊退出，即等于切断传染源，能起到釜底抽薪的效果。

希腊被隔离后，欧盟当局配合以适当的政策，可以重塑市场信心，使市场相信西班牙和意大利等国家不会再被传染。欧盟可以进行如下操作：首先，继续加固和扩容金融"防火墙"。欧洲已经有规模达 4400 亿欧元的临时性危机救助机制——欧洲金融稳定机制（EFSF），2012 年 7 月又将启动取代 EFSF 的永久性机制，即欧洲稳定机制（ESM）的纾困基金。充足的资金不但可以为重债国提供流动性，还可以为有关国家的融资能力形成隐性担保，从而降低融资成本。其次，重启长期再融资计划（LTRO）。2011 年 12 月和 2012 年 2 月，欧洲央行先后两次推出 3 年期长期再融资计划，融资总规模超 1 万亿欧元。两轮操作起到了积极效果，有效缓解了银行业流动性紧张的局面，有关国家的短期国债收益率显著下降。最后，对西班牙和意大利政府债券市场提供支持。欧盟在 2012 年年初曾强势购入葡萄牙国债，令该国国债收益率下将近 150 个基点。西班牙和意大利在近期均有大规模债务到期，需要到债务市场上再融资，欧盟可以择时进行一定程度的干预，以提振市场信心。

总之，随着欧盟和欧洲央行出台长期再融资计划和直接货币交易计划，希腊银行、金融财政体系受到了保护和救援，加上欧盟和德国的团结决心，希腊短期内退出欧元区的风险明显下降，可是在中长期仍然存在一定的可能性。假定希腊退出欧元区，虽然在短期内会对欧元区国家造成冲击，但从另一个角度看可能会对欧债问题的解决带来积极影响。而且对欧元区来说，希腊退出并非世界末日，只是壮士断腕，尤其对欧元和欧元区的未来发展，也是非常有利的。

第六章
西班牙债务危机[①]

伊比利亚半岛、地中海巴利阿里群岛、大西洋加那利群岛，还有非洲的梅利利亚，辐射范围如此广阔的领地讲述了15世纪以后西班牙帝国曾经的辉煌。时至21世纪，西班牙语是世界上使用人数第三多的母语，达5亿多的人口。

18世纪的哈布斯堡王朝与波旁王朝的西班牙王位继承战争拉开了西班牙没落的序幕，西班牙先后失去了比利时、卢森堡、米兰等。随着19世纪法国拿破仑的入侵，西班牙几乎抗争了100年，1898年美西战争使得西班牙失去了北美洲的殖民地。但是，西班牙斗牛士的灵魂却散布至全球。

西班牙斗牛士的精神，也无法挽回西班牙经济的颓势及其政策的错误。依靠房地产行业的过度繁荣，西班牙在21世纪初期享受了经济周期繁荣的福利，但是，美国次贷危机宣告了房地产行业周期性大拐点的到来。西班牙房地产、银行部门直至政府开始陷入犹如15世纪之后的沦落，直至债务危机的风险逐步显现……

西班牙政府于2012年6月5日发出明确信号，希望欧盟机构直接救助该国银行业。这是西班牙首次承认需要外部援助。这一幕是如此的似曾相识。回想当初，接受欧洲临时性救助基金救助的希腊、爱尔兰和葡萄牙，都是先矢口否认，再羞羞答答地暗示，最后明确提出需要救助。所不同的是，希腊、爱尔兰和葡萄牙的经济规模都相对较小，而西班牙是南欧第二

[①] 本章由伍桂、郭强、倪蔚丹等进行修订。

大经济体。

进入 2012 年以来，西班牙信用评级连遭国际评级机构下调，而融资成本居高不下。西班牙经济发展前景再次引发市场担忧。目前，西班牙已经向欧盟申请规模为 1000 亿欧元的资金援助。如果希腊危机对世界经济来说，相当于投在广岛的原子弹，那么一旦西班牙全面陷入危机，将是一颗氢弹。西班牙是否会成为欧洲不可承受之重？

一　西班牙的经济和财政状况

西班牙是欧元区具有系统重要性的成员国。西班牙是欧元区第四大经济体，国土面积为 50.6 万平方千米，人口为 4603 万左右。西班牙的制造业、旅游业发达，是世界最大的造船国之一，也是最大的汽车生产国之一。

1. 依靠房地产业支撑的经济繁荣

西班牙过去几年经济增长速度很快。2008 年全球金融危机爆发之前，西班牙是为数不多的连续十几年经济保持高速增长的西方国家，1994～2007 年期间，其 GDP 年均增速达到 3.5%，最高的时候达到 5.05%。但是，西班牙的经济繁荣，是靠房地产业支撑的。在西班牙的房地产业最为繁荣的时候，这里几乎成了欧洲最大的建筑工地。从 20 世纪 90 年代中期到 2008 年国际金融危机爆发之前，在短短十几年的时间里，西班牙的地价上涨了 5 倍，而在 2008 年顶峰时期，西班牙房价比 2000 年上涨了 2.4 倍。房地产业的繁荣令住房建设支出占西班牙 GDP 的比例从 1997 年的 6.7% 攀升至 2006 年的 12.5%，带动了就业，刺激了建筑、建材、金融业和相关服务业的发展。

2. 房地产泡沫的破灭导致西班牙失业率高企

全球金融危机的爆发，戳破了西班牙的房地产泡沫。截至 2012 年第 1 季度，西班牙的房价从 2008 年的峰值已经下跌超过 20%，而且下跌的趋势还在延续。尤其是西班牙国家统计局 2012 年 6 月 14 日公布的数据显示，

2012年第1季度西班牙房价同比下跌12.6%，这已经是连续第16个季度下跌，创下了2008年以来的最大跌幅。

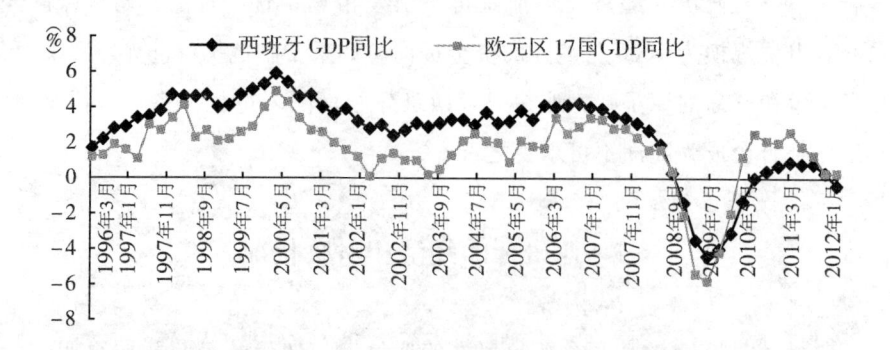

图6-1　西班牙与欧元区17国经济增长率的比较

资料来源：*Wind*。

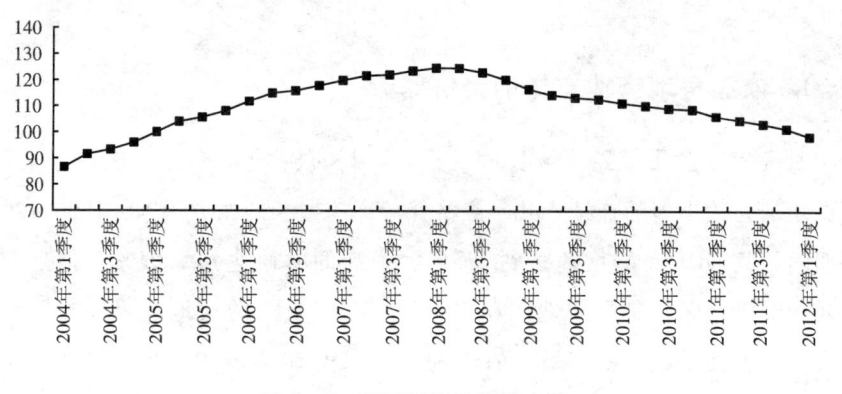

图6-2　西班牙房价指数走势

资料来源：*Bloomberg*。

房地产泡沫的破灭，导致大量劳动力被解雇，西班牙失业率长期居高不下。

2012年5月，西班牙国内失业率已升至24.6%，是欧盟成员国中的最高水平，超过同期欧盟平均失业率（10.3%）和欧元区平均失业率（11.1%）的两倍，而西班牙国内年轻人的失业率更是超过50%。

西班牙实行双轨制的劳动力市场合同：2/3的就业人口签订长期合同，另外1/3签订临时合同。解聘长期合同雇员的成本非常高，因而长期合同灵活性较差。而且西班牙劳动力市场还画地为牢，地区间的劳动力流动困难。僵化的劳动市场制约了西班牙的经济增长。西班牙经济在2008年第2季度与第3季度连续出现环比负增长，从而正式步入衰退。此轮经济的下滑持续了7个季度。

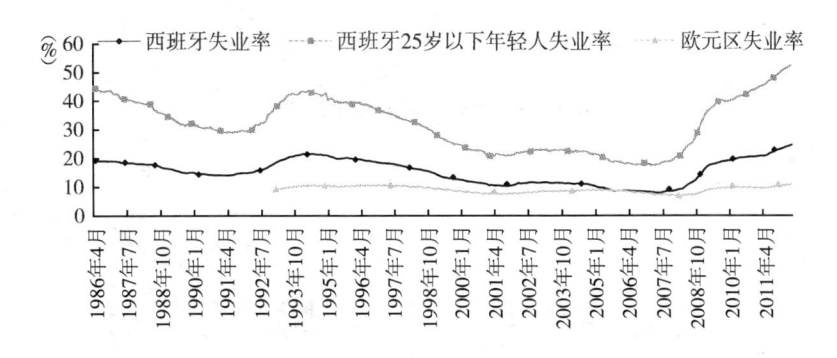

图6-3 西班牙与欧元区失业率的比较

资料来源：Wind。

3. 陷入二次衰退的经济与捉襟见肘的财力

金融危机的爆发使得西班牙的财政状况急剧恶化。

金融危机之前，西班牙财政状况呈现出持续改善的趋势，除了1995~1997年，西班牙财政赤字水平均符合欧元区低于3%的标准。自2001年起，西班牙财政状况开始好于欧元区的平均水平。尤其2005~2007年，西班牙还实现了财政盈余，财政盈余占GDP的比值分别为1.3%、2.4%和1.9%。

金融危机之后，经济增长下滑令西班牙财政转为赤字，其财政盈余占GDP比例从2007年的1.9%迅速恶化至2009年的-11.2%，之后该比值缓慢改善。

2011年，西班牙财政赤字率为8.5%，但仍高于欧元区整体的4.1%，在"欧猪五国"（PIIGS）中亦是处于较高的水平。

西班牙在2012年的财政预算仍面临很大风险。2012年5月20日，西班牙将2011年的赤字率由8.5%上调至8.9%，进一步偏离了6%的目标值。

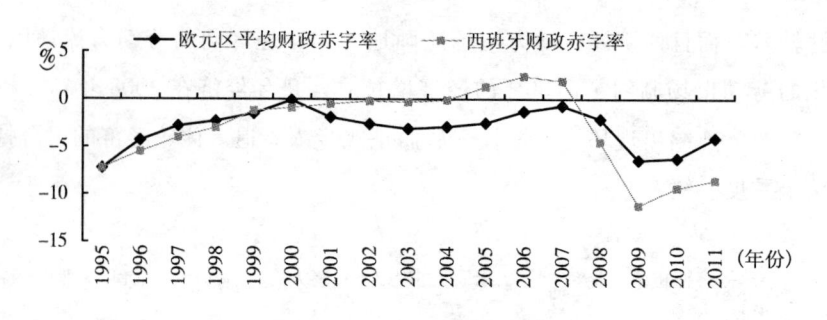

图6-4 西班牙财政支出的变化

资料来源：Wind。

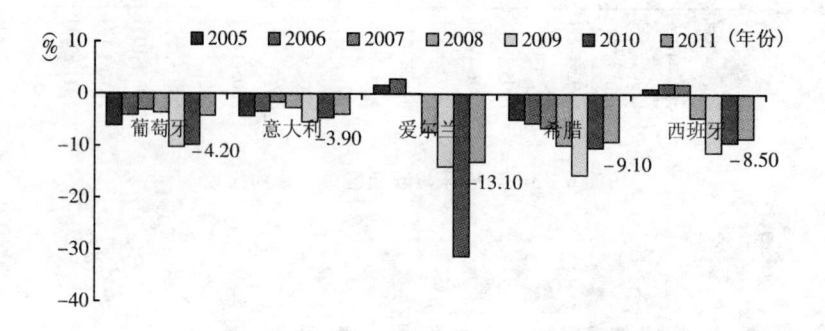

图6-5 西班牙财政赤字率与PIIGS其他国家的比较

资料来源：Wind。

西班牙是欧盟财政契约的第一个挑战者，其曾在2012年3月2日将2012年度财政赤字占GDP比例目标提高至5.8%，后迫于欧盟压力下调至5.3%，并同意在2013年之前将赤字占GDP比例降低至欧盟新财政契约的标准3%。但是，2012年西班牙仍有可能难以完成将赤字率削减至5.3%的目标。

2011年，西班牙政府的财政赤字规模为913亿欧元，根据西班牙政府2012年4月3日提交的预算案要求，增税和减支的总额须达到270亿欧元，才能将该国2012年的财政赤字比率降至5.3%。

西班牙国家统计局数据显示，2012年第1季度，西班牙政府财政收入为234.66亿欧元，支出431.62亿欧元，财政赤字约为197亿欧元，比2011年同期增长50亿欧元。这些数据意味着2012年仅前3个月的赤字就超过了西班牙全年指标的1/3。

实施财政紧缩措施对西班牙具有特殊的挑战性：其一，西班牙高企的失业率会增加保障性支出，从而令赤字再度飙升。财政紧缩会令西班牙进一步陷入衰退，而经济的衰退会导致失业率继续攀升，从而可能带动西班牙社会保障制度预算赤字再次飙升。目前，欧盟正在考虑将西班牙的减赤目标延后一年。其二，失业率高涨的同时实施财政紧缩政策可能导致更多的国内政治动荡。西班牙国内对财政紧缩政策的不满情绪已日益高涨。2011年12月上台的西班牙首相拉霍伊在刚接任后3个月，西班牙便爆发了全国总罢工，抗议政府的劳工改革及财政撙节措施。西班牙媒体《El Pais》2012年6月10日公布的民调结果显示，高达78%的西班牙人对拉霍伊几乎没有任何信心；同时高达85%的选民对社会党领袖丧失信心。其三，西班牙经济已陷入二次衰退，其无法在不加剧经济疲态的情况下令持续存在的财政赤字快速削减。西班牙GDP在2011年第4季度和2012年第1季度连续两次的环比负增长，标志着其正式成为第11个步入二次衰退的欧洲国家[①]，这距离西班牙从前一次衰退中走出不到2年。2012年，西班牙还难以走出衰退。西班牙央行预计西班牙2012年GDP增长率为-1.5%，而IMF的预测值是-1.7%。西班牙将成为所有发达国家中经济衰退最严重的国家。

二 西班牙债务问题的由来

1. 西班牙的主权债务风险

自欧元区成立以来，西班牙公共债务状况持续改善，公共债务占GDP的比例由1998年的64.1%降至2007年的36.2%。但是金融危机打破了这一持续向好的进程（国研网金融研究部，2012）。2008年，西班牙公共债务占GDP比例升至40.2%，2011年西班牙公共债务规模同比增长14.3%至7349.61亿欧元，公共债务占GDP的比例升至68.5%，超过1996年所创的债务占GDP之比67.4%的纪录，不过仍低于欧元区整体的

[①] 欧洲步入二次衰退的其他10个国家是：希腊、意大利、葡萄牙、爱尔兰、比利时、丹麦、荷兰、捷克、斯洛伐克、英国。

87.2%，在整个欧元区属于较低的水平。和其他几个欧猪国家相比，西班牙债务占 GDP 的比例是最低的。单就公共债务占 GDP 的比例来看，西班牙的主权债务状况并不是很恶劣。

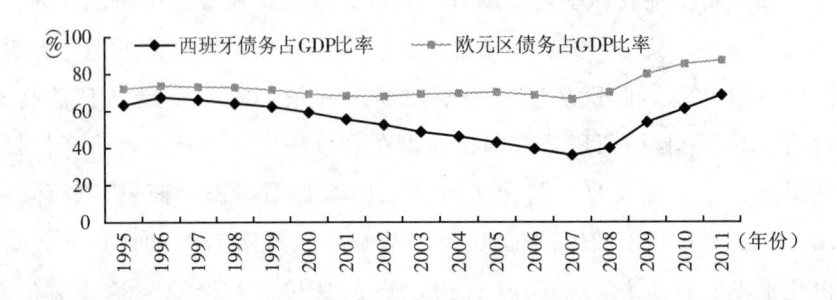

图 6-6 西班牙公共债务占 GDP 比例的变化

资料来源：Wind。

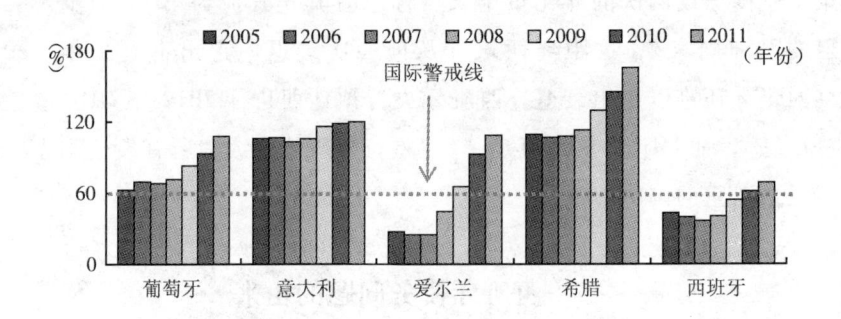

图 6-7 西班牙与 PIIGS 其他成员国公共债务占 GDP 比例的比较

资料来源：Wind。

国际评级机构的连续降级和西班牙自身财政状况的恶化，令西班牙主权债券的风险溢价持续上升，西班牙融资难度不断提高。在 2012 年 6 月降级动作最为高调的惠誉已将西班牙长期本、外币发行人违约评级调至 BBB，仅比垃圾评级高两级，评级展望为负面。债券市场对西班牙的信心严重丧失，导致其融资成本进一步提高。西班牙政府在 2012 年 6 月 26 日的国债发行结果显示，不仅认购倍数下降，中标收益率更是创下 2011 年 11 月以来的新高。其中：西班牙 10 年期国债收益率上升 23 个基点，至 6.87%；两年期国债收益率上升 42 个基点，至 5.29%。西班牙国债二级市场收益率也达到了难以持续的风险水平。自 2012 年 5 月西班牙国内资产规模第三大银行 Bankia 被西班牙政府部分国有化以来，西班牙 10 年期国债收益率不断刷新欧元时代以来的最高水平，2012 年 6 月中下旬曾一度超过 7% 的生死线。西班牙财政部 2012 年计划通过定期标售中长期国债为国库筹资总共 860 亿欧元，目前已筹到其中的 56.8%，即还需要发售约 370 亿中长期国债。如果债券市场大门对西班牙关闭，那么该国政府唯一的选择就是寻求全面救助，而不仅仅是银行业救助。

表 6-1 西班牙主权信用评级概况（截至 2012 年 6 月 30 日）

评级	穆迪			标普			惠誉		
西班牙主权信用评级	2012 年 6 月 13 日	Baa3	负面	2012 年 5 月 29 日	BBB+	负面	2012 年 6 月 7 日	BBB	负面
	2012 年 2 月 13 日	A3	负面	2012 年 1 月 13 日	A	负面	2012 年 1 月 30 日	A	负面
	2011 年 10 月 18 日	A1	负面	2011 年 12 月 5 日	AA-*-	负面	2011 年 12 月 16 日	AA-*-	负面
	2011 年 7 月 29 日	A1	负面	2011 年 10 月 13 日	AA-	负面	2011 年 10 月 7 日	AA-	负面
	2011 年 3 月 10 日	Aa2	负面	2010 年 4 月 28 日	AA	负面	2010 年 5 月 28 日	AA+	负面
	2010 年 9 月 30 日	AA1	负面	2009 年 1 月 19 日	AA+	负面	2003 年 12 月 10 日	AAA	正面

西班牙实体经济的衰退和金融市场的脆弱性是造成市场对西班牙反应激烈的根本原因。随着西班牙经济的支柱产业房地产的泡沫破灭，不仅西班牙国内失业率居高不下，而且西班牙的银行业也受到拖累。在此前房价高涨的带动下，西班牙的银行业对开发商和房屋主发放了大量贷款。西班牙的银行体系对居民的住房贷款占比一直在 35% 以上，银行对房地产开发贷款在 2007 年之后超过了 17%。两项相加，和房地产相关的贷款占银行业

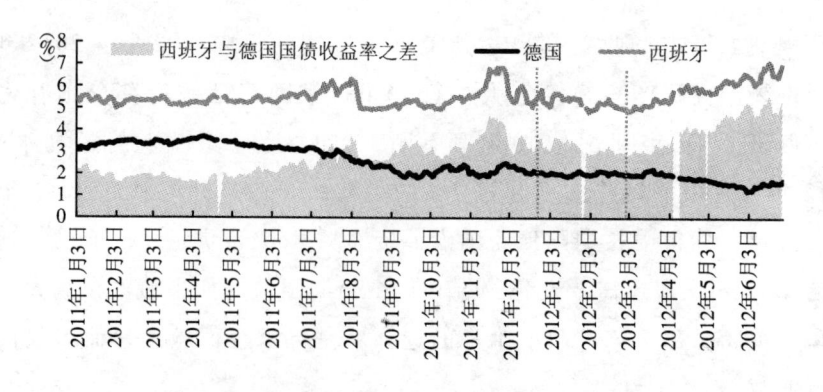

图 6-8 西班牙与德国 10 年期国债收益率的比较

资料来源：Wind。

表内贷款的比例超过了 50%。西班牙中央银行公布的数据显示，西班牙银行体系在全球金融危机中因房地产投资泡沫破裂而损失超过 1800 亿欧元，西班牙银行体系的不良贷款率已从 2007 年的 0.9% 迅速攀升至 2012 年 4 月的 8.72%，为 1994 年 4 月以来的新高。

还有一个不可忽视的方面是，西班牙的主权债很大一部分是由其国内银行持有。西班牙银行业是 2011 年该国新发行债务的主要买家，截至 2012 年 4 月月底，西班牙银行持有的西班牙政府债券同比上涨 17 个百分点至 1460 亿欧元，约占其国债总量的 30%。由于收益率不断提升，西班牙国债在银行的资产负债表中已经成为了高风险资产，银行出于风险控制原则无法继续大量购买西班牙国债。因此，西班牙国债的需求缺口不断扩大。另外，国际清算银行统计显示，法国与德国是西班牙国债最重要的外国投资者，分别持有西班牙国债 1461 亿美元和 1779 亿美元。如果西班牙申请全面救助，将会影响到欧元区核心国金融稳定，全面触发欧债危机。

2. 西班牙的地方债务与私人债务风险

不断膨胀的地方债务也在侵蚀着西班牙经济。截至 2011 年第 3 季度末，西班牙地方债务已经从 2010 年的 1440 亿美元涨至 1760 亿美元，涨幅 22%，占 GDP 的比例升至 18%。西班牙 2012 年第 1 季度的财政赤字规模为 197 亿欧元，比 2011 年第 4 季度增长 73.2%。造成西班牙财政赤字迅速扩大主要的原因是，中央政府为了保证各自治区和市政府的流动性，对地方政府的拨款在2012年第1季度增长了近40%，2012年3月还额外注资逾80亿欧元。另外，偿还债务利息总额大幅增加。根据西班牙媒体报道，西班牙17个自治地区需要为2012年到期的约360亿欧元债务再融资，还需要额外的150亿欧元来填补预算赤字缺口。2012年5月5日，标普下调西班牙9个自治区评级，前景展望均为负面。由于西班牙经济前景黯淡，中央政府财政赤字和债务压力攀升，对地方政府的财政支持能力受到削弱，预计一些地方政府可能将因开支激增和税收下降而债台高筑。

私人债务风险是悬在西班牙上空的达摩克利斯之剑。据欧洲统计局的数字，包括家庭和非金融企业部门的私人部门债务水平在2010年年底占到GDP的227.3%，是公共债务的4倍。根据麦肯锡的调查，2011年，西班牙非金融类私人部门的债务占GDP的比例高达134%，仅次于爱尔兰，而美国对应比例是72%。2011年，西班牙私人部门和政府债务总额为GDP的3.63倍，仅次于日本（5.12倍）和英国（5.07倍），而美国对应的比例是2.79倍。西班牙私人债务，存在着巨大的风险隐患。

三　西班牙的银行业危机

1. 一场被推迟的危机

西班牙经济与竞争力大臣路易斯·德·金多斯（Luis de Guindos）于2012年6月25日正式向欧元集团主席容克致信申请资金援助，以对西班牙银行业进行资产重组。极具讽刺意味的是，长期以来，西班牙的银行监管都以稳健著称。西班牙央行不仅负责制定监管政策，而且自1989年经授权制定被监管银行的会计规则，协调会计准则和监管政策的目标差异。这种特殊的制度安排让西班牙一直走在银行监管创新的前沿。西班牙是全球第一个明确实施动态拨备（dynamic provision）制度的国家。早在2000年7月，西班牙央行便开始实施动态拨备制度，并于2004年对动态拨备制度进行了修改，以使其符合欧盟当时统一实施的国际会计准则（IFRS）。改进后的银行逆周期动态拨备制度还为后来的新巴塞尔协议所采用，成为当今世界最有参考价值的逆周期贷款损失拨备制度的范例。西班牙的银行体系倡导全面透明，坚持公开有关的数据，尤其注重对涉及房地产的风险披露，关注对批发性资金的依赖性，并会大幅冲销其最有问题的资产。动态拨备制度使得西班牙银行具有更高拨备充足率和资本缓冲能力：2006年美国银行体系的拨备覆盖率为176%，而西班牙银行体系则达到255%。2008~2009年，西班牙银行业甚至被认为以最小的代价成功逃过了全球金融危机。

然而，事实证明，西班牙银行业并没有逃过危机，只是推迟了危机的爆发时间。即使是在动态拨备制度下，西班牙银行业也并没有完全披露损失。西班牙的动态拨备制度是基于银行过去的贷款损失经验，利用贷款违约率的跨周期历史信息来设定动态拨备的充足性水平，采取"以丰补歉"的方式逆周期计提贷款损失拨备。这种处理方式并非是会计准则下的标准记账方式。通常情况下，按照会计准则，进行坏账计提准备的前提是能够准确认定具体的坏账金额。由于动态计提准备金的缓冲作用，西班牙银行业的真实损失可能被掩盖数年时间。等到超额准备耗尽，已是沉疴在身。2012年5月，西班牙资产规模第三大银行Bankia将其2011年利润从盈利4090万欧元修正为亏损33亿欧元，并进一步被西班牙政府国有化，就是很好的证明。数据显示，Bankia银行账下不良房地产贷款高达550亿欧元，占总资产的比例将近30%。在获得西班牙政府45亿欧元援助后，Bankia仍面临严重的资金困难，遂于5月25日要求政府再度提供190亿欧元的援助资金。现在，西班牙银行业已成为整个欧洲经济中的定时炸弹。

2. 西班牙银行业的旧病新愁

引爆西班牙银行业危机的罪魁祸首是房地产泡沫的破灭。根据西班牙中央银行发布的数据，西班牙商业银行对房地产业的风险敞口总计3380亿欧元，西班牙银行体系在全球金融危机中因房地产投资泡沫破裂而遭受的损失达到1874亿欧元。西班牙银行体系的不良贷款率已从2007年的0.9%迅速攀升至2012年4月的8.72%，规模相当于1527.4亿欧元，为1994年4月以来的新高。

西班牙的银行体系还面临着巨大的资本金缺口。欧债危机爆发之后，欧盟领导人经过艰难谈判，最终在 2011 年 10 月 26～27 日欧盟特别峰会第二次会议上达成共识，要求所有的欧洲银行在 2012 年 6 月月底前将一级核心资本金充足率提高到 9%。如果按照这一标准，保守估计，西班牙银行业的资本缺口约为 260 亿欧元，占 GDP 的 2.5%。摩根士丹利的估计更为悲观，他们认为西班牙资金缺口可能将高达 550 亿欧元，占 GDP 的 5%。

2012 年 6 月 9 日，国际货币基金组织（IMF）发布的西班牙银行业评估报告显示，西班牙核心银行系统具备一定的抗风险能力，但系统中某些部分比较脆弱。即使出现进一步的局势恶化，预计西班牙的大银行仍能获得足够的资本以应对情况的进一步恶化，但部分银行需要额外资金以抵御风险，这些资金共计约 400 亿欧元，而清理整顿西班牙全国银行业还需要 900 亿欧元。6 月 21 日，接受西班牙政府委托对西班牙银行体系进行压力测试的独立咨询机构——奥纬咨询（Oliver Wyman）与罗兰贝格（Roland Berger）公布了西班牙银行业的审计结果。美国咨询机构——奥纬咨询（Oliver Wyman）估计，在不利的经济情境下，西班牙银行业将需要 510 亿～620 亿欧元资金，而德国咨询机构——罗兰贝格（Roland Berger）估计的资金需求规模为 518 亿欧元。两家咨询机构的评估结果基于占西班牙国内银行业务 85% 的 14 家西班牙银行截至 2011 年 12 月 31 日的数据。

西班牙政府和银行之间互相依赖的关系也给西班牙银行体系带来不可忽视的潜在风险。西班牙银行业是 2011 年该国新发行债务的主要买家，截至 2012 年 4 月月底，西班牙银行持有的西班牙政府债券约占其国债总量的 30%。持续恶化的西班牙主权信用不仅会削弱政府支持银行的能力，对银行自身的偿债能力也将产生负面影响。西班牙政府在为当地银行纾困的同时，未来有可能反过来向银行机构求助。

西班牙银行业局势的恶化，在短期内也是受到了市场恐慌情绪的打击。国际评级机构接二连三出手调降西班牙主权债务与银行业评级，令西班牙融资成本节节攀高。金融市场吃紧导致西班牙银行业的融资大多是依靠欧洲央行借款，截至 2012 年 5 月，西班牙银行业向欧洲央行的净借款升至 2878.1 亿欧元，总借款额已升至 3246 亿欧元的历史新高。

表 6-2　西班牙银行业信用评级概况（截至 2012 年 6 月 30 日）

评级	穆迪	标普	惠誉
西班牙银行业信用评级	2012 年 6 月 25 日：下调 28 家西班牙银行的长期债务和存款评级，下调幅度为 1～4 级不等	2012 年 5 月 25 日：下调 5 家西班牙银行信用评级至垃圾级	2012 年 6 月 12 日：将 5 家西班牙银行置于负面观察名单，下调 18 家西班牙银行的长期发行人违约评级
		2012 年 4 月 30 日：下调西班牙 11 家银行信用评级，其中 2 家下调至垃圾级	
	2012 年 5 月 17 日：下调 16 家西班牙银行信用评级，下调幅度为 1～3 个等级	2012 年 2 月 13 日：下调 15 家西班牙银行信用评级，其中 11 家展望为负面	2012 年 6 月 11 日：下调西班牙前两大银行评级至 BBB，前景展望为负面
		2011 年 12 月 15 日：下调 10 家西班牙银行信用评级，展望为负面	

资料来源：根据 Wind 资讯整理。

3. 欧盟的药方

2012 年 6 月 9 日，对于西班牙来说无疑是值得铭记的一天。欧盟委员会主席巴罗佐和副主席雷恩联合发表声明，宣布欧元集团支持西班牙政府对其金融部门坚决进行结构重组，将在西班牙政府提出正式申请后，为西班牙银行业提供不超过 1000 亿欧元的救助资金，贷款的平均利率或在 3%～4%。西班牙政府遂于当地时间 6 月 9 日夜宣布向欧盟申请援助。但是，关于救助西班牙的诸多细节仍未确定，包括救助的成本以及救助资金的来源。6 月 21 日，接受西班牙政府委托对西班牙银行体系进行压力测试的奥纬咨询（Oliver Wyman）与罗兰贝格（Roland Berger）公布了西班牙银行业的审计结果，随后，西班牙经济与竞争力大臣路易斯·德·金多斯于 6 月 25 日正式向欧元集团主席容克致信申请资金援助，以缓解由房地产泡沫和宏观经济阻碍而引发的危机，实现西班牙银行业的资产重组。欧元集团于6月27日发表声明，认可西班牙政府委托独立咨询机构作出的510亿~620亿欧元的援助需求评估，并声明对西班牙的财政救助将首先由欧洲金融稳定机制（EFSF）承担，直到欧洲稳定机制（ESM）正式生效后，再由ESM接替。EFSF的期限是从2010年6月至2013年6月，永久机制ESM将从2013年7月起替换EFSF。

EFSF和ESM救助方式的最大不同，在于ESM贷款在债务偿还方面比主权债享有优先权，因而会影响西班牙主权债投资人的利益。私营主权债持有者可能因此抛售西班牙国债，从而导致西班牙国债收益率节节飙升。另外，欧盟条约规定不得向各成员国银行直接注资，因而欧盟的救助基金只能借钱给政府，而不能直接借款给银行。在这种情况下，西班牙银行业有序重组基金（FROB）是唯一能够接受欧盟救助资金的机构，西班牙银行业只能通过FROB获取资金。但问题是西班牙政府本身财力捉襟见肘，通过EFSF与ESM间接援助西班牙银行1000亿欧元贷款，相当于使西班牙国债增加10%，主权债务情况的恶化将使西班牙不得不支付更高成本且更难以向国际投资者融资。要想彻底清理西班牙银行业，更好的办法是通过转移银行的不良资产，关闭一些银行或重组那些有可能在危机之后活下来的银行。

2012年6月28~29日的欧盟峰会给西班牙银行业注入了强心剂。欧元区领导人在此次峰会上达成协议：其一，允许救助基金绕过西班牙政府直接注入西班牙的银行系统。这意味着西班牙政府不会因承担救助银行的负担而出现主权债务情况的恶化。其二，ESM贷款相比西班牙的主权债不享有优先权。这避免了出现西班牙私营债权人因利益受到威胁而大举抛售西班牙债券的情况。其三，ESM可通过购买重债国国债来压低其融资成本。这有利于西班牙重返债券市场融资。此外，根据协议，在救助基金注入西班牙银行系统前，欧元区需要由欧洲央行牵头，建立统一的银行监管机制。以德国为首的北欧债权国将通过新的银行监管机制获得对欧元区银行业的更大控制权。如此一来，欧元区领导人有望迅速而且强制性地推动受困银行重组，正如美国在2008年推出不良资产救助计划（TARP）。

但是通过欧盟的两大救助基金EFSF与ESM救助西班牙银行业，仍然还存在诸多问题悬而未决。其一，EFSF 剩余的有效放贷规模不到 2500 亿欧元，ESM 实际有效救援资金规模为 5000 亿欧元，整体救助规模可达 7000 亿欧元，其中 800 亿欧元可以现金支付，余下 6200 亿欧元由欧元区各国承诺可随时支付款与担保募集。由于 ESM 的资金来源是由欧元区各国按规模出资，其中 30% 的注资将来自意大利和西班牙，这实际上是一种自己为自己提供救援资金的方式。因此，目前为西班牙提供的 1000 亿欧元援助只是欧盟口头的承诺，最终这笔援助如何到位，仍是未知数。其二，目前 ESM 还在等待着欧元区 17 个成员国中的 13 个国家通过。而且欧盟于 2012 年 7 月 2 日表示，要使 ESM 直接参与银行资本重组，必须获得欧盟所有成员国的一致同意。其三，救助基金直接干预债市恐将受阻。荷兰与芬兰政府已于 7 月 2 日分别表示，不支持使用 ESM 在二级市场购债。荷兰财政部发言人尼尔斯·雷德克（Niels Redeker）表示，该国将依个案逐一评估 ESM 的购债计划。

表 6-3 欧元区部分国家议会批准 ESM 时间表（截至 2012 年 7 月 5 日）

国家	时间	国家	时间
法国	2012 年 2 月 28 日	德国	2012 年 6 月 29 日
希腊	2012 年 3 月 28 日	荷兰	2012 年 7 月 3 日

资料来源：作者整理。

西班牙银行业在 2012 年仍不能高枕无忧。其一，西班牙的房价调整幅度仍未充足。西班牙的房价从 2008 年的峰值到 2012 年第 1 季度仅下跌了 21%，远低于爱尔兰 55% 的调整幅度。这意味着西班牙银行体系坏账持续恶化的过程还未结束。其二，西班牙还有非房地产贷款可能会变成坏账，根据瑞信的估计，在非房贷准备金率定为 7.3% 的情况下，计算出的非房地产贷款资金缺口高达 940 亿欧元。其三，在当前不断恶化的市场情况下，西班牙的银行业在大量失血。欧洲央行于 2012 年 5 月 30 日公布的数据显示，4 月西班牙银行业零售和企业存款减少了 314.4 亿欧元。国际资本也在加速逃离该国，2012 年前 3 个月资本流出的规模高达 970 亿欧元，约相当于该国 GDP 的 10%。假如资本加速外逃的过程不止，就会引发更多的融资问题，开始的小型救助，可能会演变成后来的大规模救助。其四，西班牙仍需回答的关键问题是如何吸引长期投资者回归债券市场。如果要吸引投资者回归西班牙主权债市场,必须把该西班牙对德国国债利差压低到某一个范围内,而目前仅仅依靠不到 2500 亿欧元的 EFSF 很难实现。2012 年 3 月 30 日,欧元区财长会议决定将 EFSF/ESM 的总体贷款上限提升至 7000 亿欧元。防火墙可以稳定希腊、爱尔兰、葡萄牙等小国,但面对国债规模超过 1 万亿欧元的西班牙,火力还不足。

为防范西班牙局势的恶化,欧洲央行还可以做得更多。欧洲央行可以购买更多的西班牙国债,以遏制西班牙国债价格不断下跌的趋势;同时,再次启动长期再融资操作(LTRO),为欧洲银行提供无限额廉价贷款,缓解西班牙的流动性危机。如果援救及时,西班牙银行体系的局势将得到稳定。

四 西班牙是否会成为欧洲不可承受之重

尽管西班牙面临着严峻的挑战,但最糟糕的情况并没有到来。但是,如果应对得当,西班牙仍然有浴火重生的机会。

(1)西班牙的问题不是资不抵债危机,而是流动性危机。从未来西班牙资金的需求看,至 2012 年年底到期债务规模为 1317 亿欧元,利息为 184 亿欧元,财政赤字为 643 亿欧元(考虑了增税与财政紧缩等提供的多余资金),其整体的资金缺口为 2144 亿欧元。欧盟和 IMF 的救援规模至多为 1000 亿欧元,净资金缺口为 1144 亿欧元。西班牙的偿付能力无法满足短期债务到期的偿付需求,出现了流动性困难,是一次流动性危机。但是,西班牙融资成本的大幅上升和融资需求缺口的急速扩大,不仅和西班牙自身经济与财政状况相关,同时也和国际评级机构的降级行为与欧债危机整体深化特别是希腊债务危机升级相关。如果仅仅是考察西班牙自身的财政和债务状况,其融资成本应该不会上升那么快,融资缺口也不会那么大。只要严格执行既定紧缩政策,保证财政偿付能力,并且及时援救,西班牙就不会如希腊与葡萄牙一般陷入偿付性危机。

(2)西班牙自身仍然有债务融资的空间。2012 年第 1 季度,西班牙政府公共债务占 GDP 比例升至 72.1%,超过 1996 年所创的债务占 GDP 之比 67.4% 的纪录。但是,和其他几个欧猪国家相比,西班牙债务占 GDP 的比例是最低的,而且在整个欧元区也属于较低的水平。西班牙的10年期国债收益率目前虽然徘徊在7%附近,但相比已超过10%的葡萄牙和30%左右的希腊,西班牙要好得多。当市场恐慌情绪平息之后,西班牙仍然有一定的债务融资空间。

(3)西班牙对于欧洲经济而言,已经达到了"大而不倒"的地步。西班牙是欧元区第四大经济体,其经济规模超过爱尔兰、希腊和葡萄牙3国总和的两倍。欧元区在希腊债务问题上久议不决、争执不下,可能恰恰反映出希腊的形势并没有到生死存亡的关头。如果西班牙爆发全面危机,欧洲没有一个国家能够幸免于难。拯救西班牙,将是欧洲的背水一战,反而可能会置之死地而后生。

如果救助西班牙,意味着欧洲必须拿出更大的决心和团结精神。在经济衰退的大背景下,西班牙的银行已无法独力渡过难关,如果欧盟不及时展开全面救助,未来如果没有成立类似银行业联盟的金融风险分担机制,西班牙的主权债务危机有可能从流动性危机向偿付性危机转变,并迅速传染至意大利国债市场。届时,欧债危机将会完全演变为欧元危机,整个欧元区的稳定会出现最大风险。在危急关头,重要的不是锱铢必较的算计,如何准确地预测出救助的成本和收益,而是如果救助西班牙,其效果应该是在缓解西班牙的流动性危机的同时,能够遏止西班牙融资利率的攀升和资本的外逃,预防小规模救助演变成大规模救助。同时,还能令西班牙政府捉襟见肘的财力得到喘息,避免财政紧缩和经济衰退的恶性循环。

在欧洲长期再融资计划和直接货币交易计划下,西班牙银行业同时又接受救助,其银行业风险大大降低,而且又重回资本市场,国债收益率也稳步下降、西班牙债务风险的系统性冲击明显下降。但是,对于西班牙来说,需要的是在欧洲援助的支持下,加快结构性改革,重返持续稳定的经济增长。被誉为"福利国家的橱窗"的瑞典在20世纪90年代初期的金融危机之后就实行了较为成功的结构性改革。在人口老龄化和经济增长低迷的双重压力下,为应对养老金财务危机,瑞典创造性地实施了名义账户制度,开始改变过于慷慨的基金回报率,将养老金收入和缴费紧密联系在一起,从而使得养老金制度与就业和经济发展趋势相联系。改革后,瑞典政府财政状况好转，企业经营成本降低。1995~2000年，瑞典年均增长率达到3%，同期瑞典企业经营成本比德国低30%，比美国低20%，比英国低15%。瑞典这样的高福利国家都能够做到，西班牙也应该做得到。总之，结构改革是西班牙应对危机的必由之路。

第七章
欧元区会崩溃吗

　　欧元承载着欧洲联合之梦。欧洲联合的起源可以追溯到15世纪，当时拜占庭帝国首都君士坦丁堡被奥斯曼帝国攻陷，波希米亚等国就建议欧洲基督教国家应该组成联盟，对抗凶悍的奥斯曼战车。第二次世界大战之后，1952年的欧洲煤钢共同体揭开了欧洲联合的序幕，1967年欧洲煤钢共同体、欧洲经济共同体以及欧洲原子能共同体组成了欧洲共同体，1992年《马斯特里赫特条约》签订，欧洲联盟形成。1999年欧元正式推出，2002年1月1日欧元正式流通。

　　欧元的符号承载着欧洲文明的延续，寄托着对欧洲稳定的夙愿。欧盟委员会在选定欧元符号时就意味深长地指出，欧元的符号选自希腊字母epsilonE，代表着欧洲的久远和灿烂的文明，同时E代表着欧洲，多了的一条平行线代表着欧元的稳定性。欧盟委员会对欧洲文明的自豪和对欧洲联合的愿景都融入到这个小小的符号之中。

　　遗憾的是，代表欧洲文明起源的希腊，却引爆了欧债危机，更重要的是，这个只有3画的欧元符号似乎已经无法承载欧元的稳定性了。如果用中国方正对称的逻辑，欧元就注定了不是一个稳定的符号，在外来之风的吹动下就将飘摇起来。当美国金融危机冲击至大西洋彼岸，当希腊债务重组的木马渐渐打开之后，当意大利更加迷途难返之时，当德国不愿意放弃通货膨胀带来的历史血训而不愿对救援举措做出妥协，欧元还能稳定吗？

　　欧债危机的冲击不断深化。从2009年年底，希腊由于财政收支赤字问题日益严重，国际三大评级机构先后调低希腊的主权信用评级，希腊债务危机爆发。随后，国际评级机构对葡萄牙、意大利、爱尔兰及西班牙等国（与希腊一起被称为"PIIGS"，即"欧猪五国"）的主权信用评级提出警告或者负面评价，欧洲债务问题"普遍性"逐步显现。截至2011年10月，关于提高欧债危机救援有效性的分歧仍然较大，欧债危机仍然持续发酵，未来不确定较大。

欧洲债务问题存在进一步深化的风险，意大利和西班牙等债务问题不容乐观。欧债危机已经从冰岛、希腊等国家逐步演化为若干个国家的普遍性问题，而且存在进一步深化的可能性，已经引发了整个欧洲的普遍性风险。同时，欧债危机可能引发欧洲银行业的资产负债表危机，存在向银行业危机转化的可能性。全球最大的城市银行——法国-比利时合资的德克夏银行（Dexia）已经倒闭。

更重要的是，欧元区财政政策和货币政策的二元结构矛盾是欧债危机的制度基础，欧元区成员国货币政策是统一制定的，成员国只能更多地以财政政策来救援经济并促进增长和就业，所以欧洲债务问题更为内在，更具有必然性。欧债危机暴露了欧洲一体化进程中的财政货币二元结构的制度性矛盾，如果不能实行及时而恰当的政策和改革加以应对，债务问题可能深刻地影响欧盟和欧元区的未来发展轨迹。2011年10月以来，随着当时意大利债务问题的深化，欧元区的未来引发了市场更加广泛的担忧。

特别是希腊在2011年10月31日决定对27日欧盟峰会通过的新救援方案进行全民公投，使得欧洲联合的政治基础发生了动摇，希腊即便是随后取消了公投，但是希腊明显是一个政治违约，欧元区解体的政治、经济和制度障碍等在希腊违约的前提下就不是那么的难以解决，欧元区解体的可能性在增加，特别是希腊被踢出欧元区的概率大大提高了。

一 欧元区解体的担忧

欧债危机引发了欧元区解体和欧元崩溃风险的担忧。德国总理默克尔指出，欧债危机是1957年《罗马条约》签署以来欧洲面临的最大考验，欧元则遭遇了正式面世10年来最为严重的生存危机，"欧元失败则意味着欧洲失败"。作为货币联盟成功的代表，作为挑战美元霸权的有力替代货币，欧元如果崩溃了，将引发欧洲货币联盟和国际货币体系的重大转变。

现阶段是欧洲债务问题不断扩大并向大中型成员国蔓延，如西班牙和意大利，是债务危机内在的一种传染过程，也是偿付能力的进一步恶化，可能演化为一种持续性的偿付危机。

比如，根据2011年7月对希腊第二轮救助计划的内容与机制，以及债务问题解决的历史经验，第二轮救助计划只能暂时缓解希腊的偿付危机，而无助于希腊偿付能力的实质性提高，债务问题的最后解决可能需要借助于市场渠道才能完成，主权债务重组可能是希腊债务危机的最后归途。因此，包括希腊等国的债务问题可能出现某种程度的重组，比如利率结构和期限结构调整的"软重组"，甚至是硬重组。实际上，2011年10月欧盟峰会关于私人部门持有的希腊主权债务减计50%，已经是希腊债务的硬重组了。

对于欧债危机的未来，人们最为关注的问题有两个方面：

一是欧债危机是否会演化为崩溃式的系统性债务危机或由银行业危机导致的系统性金融危机，并对全球经济和国际金融体系造成系统性冲击。

二是欧元区会不会解体，欧元是否会崩溃甚至退出国际货币体系的历史舞台。

在欧债危机的冲击下，欧元从2009年年底开始大幅贬值，至2010年6月，其最大贬值幅度高达25%。2010年中期以来，欧元仍然处在疲态之中。由于债务危机不是一个短期能一蹴而就的问题，而且对欧债危机的平息取决于欧元区和欧盟的后续重大改革，所以欧元的走势短期内难以扭转颓势。

更重要的是，欧元区是否存在解体风险仍是市场的重大担忧，并且这一担忧在2011年中期以来不断升温。随着2011年10月以来意大利债务问题的风险加剧，欧元区是否会发生重大变故的担忧持续被强化。

即使到了2012年，意大利债务风险由于欧洲央行的长期再融资计划和直接货币交易计划而大大缓解，但是，欧元区的稳定和退出机制一直是欧债危机讨论的一个重点，市场仍然预期将有希腊这样的成员国最后要退出欧元区。

二 欧元面临重大的制度性风险

欧洲债务问题深刻影响欧元区和欧盟发展,债务问题可能影响欧盟和欧元区的整体性。经过多次扩张,欧盟已经成为一个拥有 27 个成员国的全球第一大经济体。但是,欧盟和欧元区内部成员国之间,经济结构的差异性是非常大的,欧元区的货币政策虽然是统一的,但是政策的效果却是不平衡的。如果欧洲债务问题继续深化,即便是欧盟采取统一的措施,部分成员国可能难以承受巨大的压力而被迫退出欧元区,这将造成欧元区的分裂。

目前,欧盟要求各成员国统一行动,正如已经出台的救援方案实行统一的救援政策,但实际上现在有能力有资源的国家只有德国等少数几个大国,统一的救援将造成这些承担救援责任的大国利益上的损失,比如让德国救援希腊,德国未必愿意(德国民众此前甚至采取游行反对德国出台的 800 亿欧元削减计划)。这就造成了欧洲内部的隐性"分裂"。不管是哪种情况出现,欧盟的整体性都可能受到一定的影响,欧元和欧盟的总体性框架及其稳定性受到潜在的威胁。

欧洲债务问题可能影响欧元区的统一货币政策框架。欧元区各成员国实行同一货币制度,具有统一的货币政策。在欧洲债务问题出现之后,欧盟统一货币政策与成员国差异化的财政政策的二元矛盾受到较大的质疑。由于各个国家经济周期、经济结构和发展阶段等都是存在差异的,一些研究者认为在欧盟一体化进程中,统一货币政策需要保持一定的弹性,并考虑成员国的个体差异,同时必须加强财政政策的协调性,从而提高财政政策与货币政策的政策意图趋同性以及货币政策的普遍适用性。比如,以德国货币政策框架建立的欧洲央行是以通货膨胀目标制度作为政策制定框架的,这样可以适当提高就业、出口、经济增长等宏观政策目标在政策制定中的权重。可是在这个过程中,相对统一的货币政策框架,可能就会出现目标多元化倾向,从而会导致政策框架统一性受到一定的影响。随着债务问题的发展,欧元区的政策整体性和统一性可能受到一定的冲击,这并非是说一定有国家会退出,但其内部分化的趋势可能被强化。

三 退出欧元区的现实障碍

实际上,早在 2007 年,著名的国际经济学者巴里·艾肯格林(Barry Eichengreen)就讨论了欧元区分裂和欧元崩溃的情景和可能性。艾肯格林认为,欧元区分裂的不同情景将决定了其冲击性的大小,比如葡萄牙和德国的退出对欧元区和欧元的影响是完全不一样的,但是最后的结果可能都是一样的,即严重冲击欧元区和欧洲经济。

艾肯格林认为欧元崩溃是一件不可思议的事情,将是一个灾难性事件,为此他认为欧元崩溃是小概率事件。

(1)退出欧元区存在巨大的经济成本(Economics Barriers),主要体现在 4 个方面:第一,退出欧元区的成员国通过重启一种新的主权货币,并对欧元大幅贬值,可能无法解决这个国家的竞争力减弱、失业高企和增长下滑等问题。第二,该成员国货币贬值幅度可能要比较大,这是一种以邻为壑、违反单一市场原则的政策,可能引发欧元区其他国家的反对和反抗。第三,即便是短期内实现部分经济利益,但退出的成员国可能将面临中长期更大的损失,比如区内贸易壁垒、国债息差扩大、借贷成本提高等。第四是资产负债表的重估效应,如果是小国家退出欧元区,则小国家的金融机构、企业、家庭和政府的资产负债可能恶化,甚至破产;如果是大国家退出,则整个欧元区都面临资产负债表重估问题。

(2)退出欧元区存在巨大的政治成本。一旦一个成员国退出欧元区,其在欧盟和欧洲的政治公信力将受到极大的损害,因为货币联盟和货币合作是欧洲政治联盟和欧洲一体化的基础。比如,意大利退出欧元区,那意大利在讨论欧洲合作升级强化中将丧失发言权,意大利在其他事务的信誉将大打折扣。

(3)技术和法律障碍。在法律障碍上,主要体现在两个方面:第一,退出欧元区的成员国必须重新立法将所有的交易、计价和结算货币从欧元转为其主权货币,并要将家庭、企业和政府的债务、贷款等转化为新货币。第二,《马斯特里赫特条约》并没有成员国退出的法律规定,因此需要修改欧盟《稳定与增长公约》。在技术障碍方面,存在类似的"菜单成本",比如企业合同必须重新签订，以适应新的计价货币。

四 欧元区"分裂"的理论分析

由于欧洲债务问题的普遍性和长期性，以及欧元区存在的统一货币政策与分散财政政策的二元结构矛盾问题也难以短期解决，市场出现了长期看空欧元的情绪，甚至认为欧元将在未来不长时间内发生系统性崩溃。

英国《经济学家》杂志曾经在2010年5月邀请全球的国际经济学领域的专家讨论未来5年内欧元是否会崩溃的问题。作者做了简单的统计，大致有1/3的学者认为欧元未来5年可能要崩溃，而2/3的学者则认为未来5年欧元不会崩溃。但是，2011年8月以来，对于欧元区的分裂，持悲观情绪的所占比例大幅提高。美国布鲁金斯学会研究员罗姆巴蒂（Lombardi）认为，欧元区任何成员的退出，都将打开一个"潘多拉盒子"，后果难以预测。他指出，一般地可以设计一个有序的退出机制，但是由于欧洲陷入危机太深了，已经无法采取有序的方式，欧元区解体与否的可能性各占一半。

认为欧元会崩溃的经济学家主要的根据在于欧盟和欧元区内部的矛盾及其带来的财政货币政策关系的扭曲是根本性缺陷，在政治上很难实现弥合。德国学者约翰·马丁（John Makin）认为，5年内欧元将崩溃，因为欧元区内部的结构性和制度性问题是难以解决的，比如德国现在是在为南欧地区竞争力下降和松散的财政纪律埋单、补贴，德国将会逐渐失去耐心。"欧元创始人"之一的奥特马尔·伊辛（Otmar Issing）曾指出，欧元的设计宗旨就是成为一个货币联盟，而非政治联盟。在尚未建立一个政治联盟的情况下就创立货币联盟，是一种本末倒置的行为。因为完善的货币要求央行和财政部两者兼备。当金融体系面临崩盘危险时，央行能够提供流动性，但只有财政部才能处理偿付能力问题。

认为欧元将会继续存在并发挥重要作用的专家则主要以欧元崩溃的危害性作为理论基础的。欧洲经济一体化领域的专家理查德.E.巴尔德文（Richard E. Baldwin）指出，欧元区崩溃将极大地扭曲欧洲的银行和金融体系，极有可能导致欧洲的严重衰退。而且由于欧元的金融市场是全球信用市场和金融体系的主要组成部分之一，欧元区的动荡无疑将具有系统冲击力。至少在5年之内,退出欧元区对成员国和欧元区都不是好建议。"欧元之父"蒙代尔(Mundell)和另一位诺贝尔经济学奖得主斯蒂格利茨(Stiglitz)都认为欧元将继续生存并发挥积极作用,但是要进行一些实质性改革。蒙代尔认为,部分国家需要进行"不可避免的"债务重组,而斯蒂格利茨则认为紧缩政策是必要的。

2011年以前,综合有关学者研究的结论,欧元在短期内没有系统性的崩溃风险,但是可能有个别成员国主动退出的可能性,而且欧元区可能会逐步建立起成员国资格的动态调整机制和退出机制。如果是希腊等小国退出欧元区,那相当于建立一种欧元区成员国的退出机制,反而是有利于欧元区的长期稳定与发展。

但是在2011年以后,关于欧元区分裂或崩溃的讨论日益深化,如果说2011年之前的讨论主要在于个别成员国的退出问题,那么在2011年之后的讨论则体现为欧元区整体的稳定性问题,是欧元区崩溃的问题了。

在2011年之前,研究人员和市场都认为法国和德国退出欧元区是小概率事件。如果希腊退出欧元区,也是欧元区的"分裂",但是与欧元区崩溃不可同日而语。但是,如果德国和法国退出欧元区,那欧元区崩溃的可能性就极大。

此前,学者和市场认为,德国和法国退出欧元区的可能性极小,特别是德国,德国借助欧元区和欧盟放大了其在全球的重要性和公信力,促进了区域贸易的发展并提升了其全球竞争力,德国是欧元区的最大受益者,不大可能退出欧元区。

不过,自2011年下半年以来,关于德国退出欧元区的讨论变得更多起来。

有的研究者认为,德国最后无法接受欧元区其他国家特别是意大利和法国等的无限度的救援请求,自己选择退出欧元区。但是,如果从政治、经济等角度出发,德国主动退出欧元区的可能性不大,因为这比扩大救助规模,同意IMF加大救助规模,同意欧洲央行可以真正地、无限地购买发生债务危机国家的国债等做出妥协而言,主动退出欧元区的成本太大了。

我们倾向于认为,德国将会坚持欧元区的统一和团结,不会主动退出欧元区,但是可能会容忍个别成员国退出欧元区。

五 个别国家退出欧元区可能性仍然存在

值得注意的是，如果欧元区成员国过度地为现实障碍所限制，对欧元区成员国的退出机制采取忽视态度，对于欧元区未来的发展是不利的。逐步建立欧元区成员国的退出机制，比起一味地针对没有清偿能力成员国的救援而言，或是一个较为合理的选择，未来风险可能相对更低，而且更有利于欧元区未来的稳定和扩大。因此，欧元区的退出机制的建立是具有较大合理性。

一定意义上，退出机制的建立可以算是欧元区的"分裂"，但是可能是一种自我生存和发展的一次自救，与欧元区崩溃不是一个概念。如果希腊主动退出，反而对欧元区是制度性利好。花旗银行首席经济学家威廉·布伊特（William Buiter）就认为，希腊主动退出欧元区对欧元的发展稳定及职能都是利好。

在2011年以前，对于希腊退出的言论显得有点危言耸听，但是自2011年中期以来，希腊退出欧元区却成为一种趋势性言论。由于现有的救援体系没有改善希腊的偿付能力，而欧洲救援体系的资源受到日益明显的压力，所以欧盟和欧元区可能很难持续地对希腊进行救援。更重要的是，意大利目前也遭遇了债务困境，这将加大欧洲救援体系的资金压力。与其将资源投入一个无底洞，不如放弃不遵守纪律和不符合标准的成员国。所以，从近期的讨论看，希腊退出欧元区的可能性在加大。

特别是希腊针对新救援方案进行公投的决定，使得欧元区其他国家认为，希腊如此地进行政治信用的违约，将希腊踢出欧元区是"自然而然"的事情。虽然后来希腊取消了公投的决定，但是欧元区成员国对其信任已经大打折扣了。2011年11月中旬，德国议会已经通过了决议，允许德国政府可以接受欧元区成员国退出欧元区。

甚至有研究者认为，德国最后可能无法接受意大利和法国"破产"的现实，不愿意支持欧元区其他成员国的救援请求，自己选择退出欧元区。如果是这样的情况，那欧元区可能就真是崩溃了。不过，德国需要为此承担很大的经济、政治成本，德国在一般情况下是不会如此行事的。即便是通过修改法律，接受欧洲央行承担最后贷款人职能，同时允许欧洲央行真正地"不设置上限"购买出现债务问题的欧元区和欧盟国家债券，承担《德国宪法》所不允许的通货膨胀，其成本预计也没有其独自退出欧元区高。

因此，从现实的角度出发，希腊退出或者被踢出欧元区的可能性是存在的，而德国因为意大利、法国等债务问题升级而主动退出欧元区是极小概率的事件。2012年以来，由于欧盟和欧洲央行的有效救援，希腊退出欧元区的风险大大缓解，但在中长期仍然存在这种可能性。

六 欧元区"分裂"的潜在冲击

随着欧元区"分裂"风险的加大，市场开始担忧如果一旦发生欧元区的解体，将会带来何种冲击？从目前的市场预期，希腊主动退出的可能性在加大。2011年9月以来，希腊国债收益率不断攀升，1年期国债收益率甚至突破100%，其债务重组的概率急剧飙升，市场认为希腊债务重组可能难以避免。一旦希腊债务重组，特别是硬重组发生的话，那么希腊退出欧元区并非是市场的过度担忧，其概率将明显上升。

如果静态地看，希腊退出欧元区，其冲击可能不会很大：一是希腊的经济体规模很小，只占欧元区不足3%。二是希腊主动退出，避免了欧元区实行被动的放弃政策，相当于建立起了一种成员国自动退出机制。三是希腊的债务规模不是特别大，政府债券规模约2650亿欧元，最大的债权人为欧洲央行，其余大部分为欧元区内部持有，欧洲央行预计不会抛售希腊的债券，因此其外溢效益可能相对有限。

如果动态地看，希腊退出欧元区可能引发一定程度的系统性冲击。希腊退出欧元区本身的冲击是相对有限的，但是市场会预期希腊的悲剧可能发生在其他国家，比如意大利和西班牙。如果是这样的市场预期，对于意大利将是灾难性的。因为意大利是全球债券市场最重要的参与者之一，意大利债券市场规模（2010年为1.91万亿欧元，2011年为2.18万亿欧元）为全球第三大债券市场，其稍有波动即可能引发全球性的金融冲击。所以花旗银行首席经济学家威廉·布伊特指出，从动态影响看，希腊的退出对希腊是一场金融经济灾难，对于欧元区、欧盟以及全球经济，都会产生严重的经济与政治冲击。

总之，动态地看，希腊退出欧元区可能存在较为明显的外溢效应。一是由于全球金融市场的一体化，欧元区的系统性冲击可能引发其他市场的大幅下跌和波动。二是国际资本流动可能更加频繁而复杂，更多的资本将向安全市场和资产转移，比如流入美国和新兴经济体。三是可能对国际货币体系产生影响，短期内会削弱欧元国际货币的职能，同时也可能加速新兴经济体（比如中国）本币国际化的进程，以减少对主要储备货币的过度依赖以及承担相应的汇率波动风险。

不过，如果从更长远地看，希腊退出欧元区可能是更有利于欧元区的未来发展的。其负面的系统性冲击可能是一种中短期的脉冲式冲击，随着信心的恢复和欧元区的自我修复，可能更有利于欧元的长期发展。但是，如果希腊退出欧元区，在欧债危机的持续影响下，欧洲经济和金融市场可能难以在中短期内明显复苏和恢复，而这将给全球经济的复苏和金融市场的稳定带来新的不确定性。

但是，我们需要密切注意的是意大利债务问题及其可能引发欧元体系的系统性风险。如果意大利爆发债务危机，那么法国则是下一个。欧债危机整体的救援机制将失败，国际金融体系又会面临新的系统风险，如果德国不愿意妥协，那德国退出欧元区的可能性就会增加。当然，即便是德国"小概率地"选择退出欧元区，对欧元区也将是毁灭性的打击，这个冲击需要另外讨论。时至2012年，由于欧盟和欧洲央行的强力政策，意大利发生系统性危机的可能性大大降低，但是，希腊退出欧元区一直存在一定的可能性。如果希腊最后选择退出，那长期而言对欧元区的发展是有利的。

第八章
欧债危机的影响

　　欧洲债务的魔爪已经伸向了南欧和中东欧地区，经济产出下滑、失业率提高、罢工游行此起彼伏。欧洲债务之殇似乎已经超越了欧洲的边界，向全球蔓延开来。就像11世纪末期手握十字架的战士们纷纷奔向了地中海东岸上演了一场接近200年的战争，欧债危机对全球的影响肯定不是一朝一夕就能平息的。

　　与十字军东征的些许野蛮和残忍不一样，债务危机的蔓延其实更多的是没有恶意，而是在一个全球化、一体化的经济体系中的一种必然。不过，与十字军9次东征相似，欧债危机对全球经济和国际金融市场的影响将会是一波未平、一波又起。全球经济所承受的痛苦远不如铁蹄下的战火来得严重，但是经济失速、金融动荡和经济社会发展却面临着硝烟四起中的那种无奈和些许恐惧。

　　在一个没有国界的经济和市场体系中，债务危机的风险不断蔓延至金融部门，外汇市场、大宗商品市场、股票市场早已是哀鸿遍野，而银行部门望着日益临近的战火硝烟开始胆战心惊。这场债务的战火烧到银行业的城墙之下，是否会让银行资本之墙轰然倒塌，是否会让银行资产负债之城惨遭涂炭？我们真诚祝愿欧债危机的战火熄灭在银行业的城墙之外！

　　欧洲主权债务问题从冰岛发端至今，已经有冰岛、希腊、爱尔兰、葡萄牙等经济体遭遇了严重的债务危机，西班牙银行业也遭遇了危机，并且都接受了国际社会的援助。更为重要的是，西班牙、意大利甚至法国等的债务问题都受到市场的广泛关注，欧债危机仍然存在向大型经济体传染的可能性，而且这个可能性在不断地累积升高。欧债危机以一个普遍性的问题出现在全球的眼前，已经对国际金融市场和全球经济复苏造成了实质性冲击。

同时，欧洲债务问题将深刻影响未来欧元区的发展进程。欧元区作为一个统一的货币区，具有统一的货币政策，但是财政政策的主权是分属于各个成员国，最后造成了财政政策和货币政策的二元结构矛盾，这是此次欧债危机的制度性根源。危机的爆发将明显改变欧元区未来的发展趋势，一方面可能是欧元区可能会更加关注欧元区成员国的资格的动态管理机制，建立健全欧元区成员国的吸纳和退出机制；另一方面可能会更加关注欧元区内部的平衡发展，特别是要素流动、竞争力平衡以及整体的经济增长。更重要的是，欧元区将尝试进行财政货币统一化方面的考虑并出台相应的改革措施。

欧洲联合的步伐和结构将会明显变化。欧债危机体现出欧元区和欧盟快速扩容的不利方面，特别是资格管理和内部协调方面存在重大缺陷，危机之后，欧洲联合的步伐可能会有所放缓，特别是欧盟和欧元区的扩张可能会放慢，以健全其成员国资格。内部管理的协调可能成为欧洲联合的重点：一是内部的成员国管理，二是政策的协调性，三是财政货币政策的相对统一。

欧债危机的冲击是多层次的全面型冲击。除了上述欧元区和欧盟内部的冲击以及对全球经济复苏的不利之外，欧债危机的不确定性也极大地改变了欧元的未来走势，给外汇市场特别是国际货币体系的稳定带来了冲击。同时，危机深刻地改变了国际资本流动的状态，国际短期资本流动更加紊乱而复杂，对于开放型新兴经济体和发展中国家是一个明显的风险。最后，国际金融市场也会受到实质性影响，比如国际大宗商品市场的波动性将大幅提高，更重要的是银行业面临了潜在的资产负债表危机，而这正是需要重点防范的。

一　欧债危机的整体影响

希腊、西班牙、葡萄牙等国家的债务问题"已经不是一个国家的问题，而是整个欧洲的问题",甚至是全球性问题。达沃斯 2010 年度世界经济论坛就认为,下一次危机最有可能就是主权债务危机,债务问题已经成为全球的重要关注点。

2010 年之前,欧洲债务问题很大程度上是美国金融危机深化的结果,引发金融危机"第二波"的可能性较小。虽然希腊、西班牙、葡萄牙等已是欧盟较资深会员,GDP 相对较大(除希腊为 2.5% 之外),但是,德国、法国等欧盟主导国家财政状况仍然相对较好,欧盟可能有较为充足的资源和能力应对债务问题。此前冰岛、中东欧等的债务问题也引发了"第二波"的讨论,可是随后渐渐平息。之前对债务问题的忧虑甚至恐慌,主要来自于财政状况对国际安全警戒线等标准的偏离,但实际上这些标准都是基于以前经济发展状况制定的,而且像日本其赤字水平和总债务水平远远高于国际警戒线,可是国际社会对其主权债务的质疑并非强烈,经过金融危机之后,关于财务赤字的国际警戒线水平可能有所提高。此前,美国经济复苏委员会主席劳拉表示,即便美国在未来几年采取很多措施降低美国财政赤字,但是美国财政赤字占 GDP 的比例很难降低到 4% 以下,因为"美国财政赤字具有结构性",很难短期改变。当然,主权债务问题的潜在风险是存在的,目前仍是"最有可能爆发危机的问题"。

但是自 2010 年以来,欧洲债务问题日益深化,欧洲债务问题逐步演化为主权债务危机,欧洲债务问题将深刻影响金融市场、市场预期和经济复苏,将是未来全球经济的一个重大不确定性。特别是 2011 年 9~10 月以来,意大利债务问题的深化,使得欧债危机进一步升级的可能性大大增加。

面临债务危机的相关经济体将面临政策两难。一方面,全球经济复苏基础不牢固,各个经济体的增长趋势刚刚确立,还需要持续的经济刺激政策来维系经济增长和就业;另一方面,由于财政赤字问题日益严峻,债务负担大幅增加,如果持续扩大财政支出,债务问题将更加严重,极大地影响各个经济体的信用和融资。过度宽松的财政和货币政策相当于政府把本来集中于各个经济主体(如金融机构)的风险集中到了政府一身,把分散的资产负债表风险上升为集中的政府主权资产负债风险,这直接的结果是公共债务水平及其融资成本的提高。其中,希腊和匈牙利等国家的国债收益率都已升至 7% 以上。许多经济体就面临着政策持续与政策退出、政策刺激与衍生风险、经济增长与金融稳定等目标之间的抉择。

全球金融市场的动荡加剧。特里谢关于债务问题在欧洲具有"普遍性"的言论一出,全球股市纷纷下挫,美国的道琼斯指数大跌近3%,西班牙和葡萄牙的蓝筹股指数分别下跌了近6%和5%,亚太股市也大跌。2009年年底,受穆迪关于美国国债3A评级压力的警示,道琼斯指数近日就跌回万点之下。汇率市场动荡进一步加剧,2009年11月月底,美元一改此前颓势,强劲反弹,在欧洲债务问题的"拉动"下,美元指数一举攻上80大关,从2009年11月月底以来升值近10%,而欧元则大幅走跌。2010年4~5月,受希腊债务危机的爆发和欧洲主权债务问题的普遍性冲击,全球金融市场暴跌。2011年以来,金融市场动荡更加明显,其中2011年8~9月,国际大宗商品市场暴跌近20%。可以预见,债务问题还将持续冲击金融市场,全球各主要金融市场中短期内将保持震荡甚至是下行格局。进入2012年以来,虽然股票市场大多震荡上行,但与经济基本面更为相关的大宗商品市场随欧债危机下的总需求下行而震荡下滑。

国际资本流动将更加紊乱。之前,为了提高投资收益率,国际资本重新加大对发展中国家资本市场的投资,更大规模的热钱流入造成了发展中国家股市繁荣和资产价格膨胀。但是,欧洲债务问题爆发之后,美国国债长期收益率不断走低,国际资本寻求避险重回美国的迹象十分明显。资本流动的群体"理性"行为却导致全球资本市场流动性的困境,全球信贷市场可能出现结构性"紧缩",欧洲国家面对风险溢价大幅提升等困境,其融资难度将增加。资本流动的紊乱加剧了全球金融体系的波动。此前,迪拜房地产泡沫破灭实际上就是国际资本流动一波三折的牺牲品。2011年中期以来,国际资本从欧洲和新兴经济体回流至美国,欧元和新兴经济体货币开始出现明显贬值,尤其巴西、印度等国货币贬值幅度较大。2012年以来,资本流动再度发生变化,比如2012年第3季度开始,国际资本开始涌入中国香港。2012年10月,中国香港金融管理局不断干预外汇市场。

全球经济复苏将放缓脚步,甚至可能出现"二次探底"。欧洲债务问题可能潜在地影响全球主要经济体的经济刺激政策的退出。之前,受益于金融市场反弹和新兴经济体的快速增长,全球经济实现了缓慢复苏,政策界和学术界热烈讨论经济刺激政策的潜在风险以及退出策略和时机。债务危机再次显示，经济刺激政策的退出和时机可能需要斟酌。欧元区2010年同比增长仅为1.4%，2011年欧元区同比增长为1.5%，其中还得益于基数效应。只要欧盟各个经济体的经济走势大相径庭而且财政协调机制无效，那么其债务问题就很难在短期内得到解决，欧洲经济也就难以真正复苏，并且呈现震荡格局甚至震荡下行都是有可能的。更值得注意的是，随着公共债务利率迅速提升，欧洲面临政策两难，将对金融机构和经济复苏产生不利冲击，而且意味着欧洲国家的复苏将是一个长期而曲折的过程。2012年，欧元区预计出现0.5%左右的负增长，衰退趋势甚至可能延续至2013年。日本、美国等政府亦面临持续的政策两难问题，美国在2012~2013年之交将面临"财政悬崖"，而日本经济复苏前景十分黯淡，全球复苏的步伐难以加速而逐步放缓，甚至存在着持续衰退的重大风险。

二 欧元的走势

自欧元区正式运行以来，欧元就取代了德国马克成为国际货币体系一个重要的储备货币。在全球金融危机之前，欧元已经成为国际储备资产的重要资产，甚至一度成为美国国际货币体系霸主地位的重要挑战者。

但是在全球金融危机爆发之后，特别是欧债危机不断深化以来，欧元的波动性大大提升，同时欧元在国际外汇市场中受青睐的程度也有所降低。从双边汇率上讲，目前欧元对美元保持大幅波动的格局，并且有贬值的态势。

实际上，从外汇市场看，汇率的决定很重要的是取决于各个经济体的经济基本面以及资金的投资方向。在现有的趋势下，全球经济整体处在一个较低的增长水平上，大型经济体仍然是一个去杠杆过程，经济增长水平较低甚至出现负增长。从美欧的情况看，二者的经济增长水平都很低，都面临较为严重的财政赤字和债务问题。实际上，美元和欧元之间是一个"矮子里面寻高个"的窘迫局面，是一个差货币与更差货币之间的选择。

2010年年初以来，欧洲主权债务问题一浪高过一浪，持续升级。2011年10月月底，欧洲债务问题再度深化，当时还存在爆发系统性风险的可能性。在这个过程中，欧洲经济增长的基本面相对美国更差，欧元兑美元汇率在大幅波动的情况下也出现小幅贬值的趋势。2010年年初至2010年5月，欧元兑美元出现大幅贬值，约25%。随后，随着对希腊债务危机和欧洲债务问题救援的实质性进展，特别是欧洲金融稳定机制运行之后，欧元兑美元又出现一个大幅升值的趋势，幅度约为25%。2011年5月以来，由于希腊债务危机第二波和欧债问题持续恶化升级，欧元兑美元又出现贬值的趋势，截至2011年10月，欧元大贬值10%。从2010年年初至2012年7月月底，欧元对美元大约贬值20%。从欧元兑美元的走势看，基本反映了欧洲经济整体的基本面。

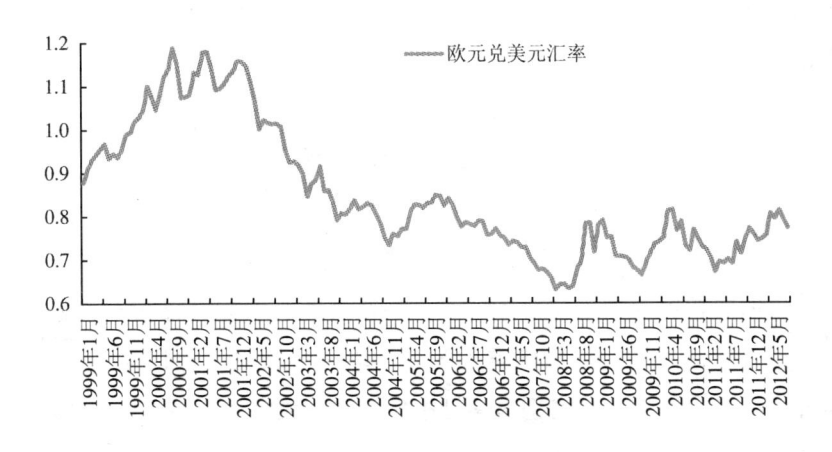

图 8-1　欧元汇率走势

资料来源：*Bloomberg*。

欧元价格的决定还取决于外汇市场的供需情况，而外汇市场比起经济基本面更加复杂。一般而言，国际投资资本必须在风险收益之间取得一个平衡，在经济体系或金融市场出现重大风险的情况下，资本更多是寻求安全性。在现行国际货币体系下，美元依然是最重要的全球储备货币，美国国债市场依然具有安全港效应，即在全球金融市场动荡不安时，美元和美国国债均能逆势走强。

由于欧债危机仍将持续，中期内欧元对美元汇率的颓势却难以逆转。第一，与美国政府相比，欧元区国家更为缺乏巩固财政的能力与手段。一方面，美国国债市场依然是全球最具流动性与深度的金融产品市场，这意味着美国国债与欧元区国债相比更具吸引力。另一方面，由于美元是全球储备货币，美国政府则可以通过美元贬值来降低其真实的对外债务。而欧元贬值只能使得好处为部分出口导向国家（如德国）所独占。第二，与欧元区国家相比，美国具有更高的潜在劳动生产率提升空间。在未来几年内，美国经济预期增长率显著高于欧元区，这意味着美国通过经济增长来降低财政赤字与政府债务的能力更强。事实上，长期以来增长乏力已经成为困扰欧元区国家的痼疾。第三，美国劳动力市场比欧洲劳动力市场更具弹性，劳动力价格更为灵活，这意味着美国政府能够比欧元区政府更快地解决高失业率问题。对消费率均很高的美欧国家而言，谁的整体失业率下降更快，谁的消费引擎就能更早启动，谁就能更快地回归到潜在增长率。因此，欧元在未来一段时间内将保持相对的弱势。

三 大宗商品市场

2011年4月以后，大宗商品市场价格整体走向顶部，随着美联储议息会议结果的出台和欧洲主权债务问题进一步升级，大宗商品价格开始下跌。其后1个季度，大宗商品价格震荡下行。2011年8月月底以来，大宗商品价格开始新一轮的下跌，特别是9月中旬以来，大宗商品市场价格大幅、快速、连续暴跌，引发了全球金融市场的大幅震荡，金融风险急剧上升。2011年10月以来，虽然大宗商品价格有所反弹，但其波动加剧，不同品种的差异性也更加明显，金融风险仍然在累积。2012年，大宗商品随着欧债危机对总需求的负面冲击而逐步回落，甚至美国出台了开放式量化宽松政策（QE3）之后，大宗商品市场仍无法保持稳定，而持续下行。

1. 大宗商品价格下跌

从2011年4月以来，大宗商品价格的走势大致可以分为3个阶段：2011年4~5月的顶部下跌阶段，2011年5~8月的高位震荡阶段以及2011年8月至今的大幅下跌阶段。衡量大宗商品价格的综合指数（CRB指数）在2011年4月20日创出历史新高，为691.09点，到5月中旬跌至625点左右，跌幅约为10%。其后进入一个高位震荡阶段，CRB指数以640点为中枢、以620~660点为上下区间做箱体震荡。但是，2011年8月月底以来，CRB 指数大幅下跌，从 8 月 31 日的 662 点跌至 9 月 23 日的 576 点，下挫幅度约为 13%。至此，CRB 指数从最高点的跌幅高达约 17%。再以 CRB 现货指数看，从 2011 年 3 月至 2011 年 12 月，跌幅近 20%。

2012 年以来，大宗商品价格指数保持在疲软的趋势中，即使 2012 年 9 月美国第三轮量化宽松政策之后，CRB 指数也只是出现小幅的脉冲上涨行情，并逐步回落。

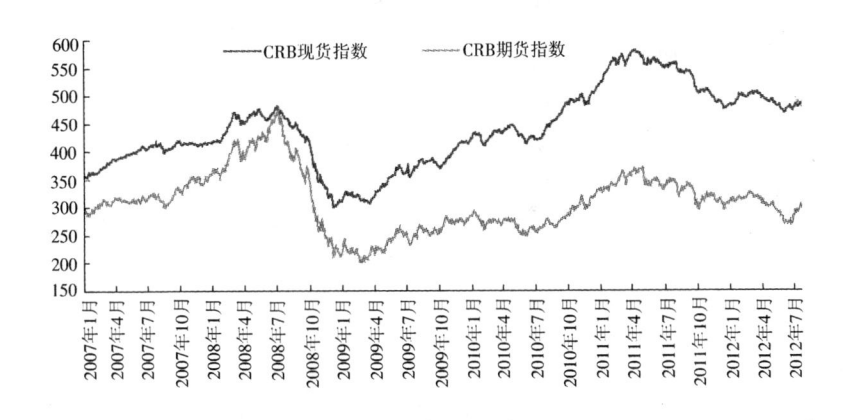

图 8-2　全球金融危机之后 CRB 指数

资料来源：*Bloomberg*。

大宗商品暴跌具有全面性。从基本金属看，铜、铝、锌、铅等基本工业金属都大幅下跌。伦敦金属交易所主力期货铜合约在 2011 年 2 月 14 日创出历史新高为 10140 美元每吨，其后高位震荡；2011 年 8 月月初领先 CRB 指数开始大幅、快速下行，从 9886 美元/吨大跌至 2011 年 9 月 26 日的 6800 美元/吨，跌幅高达近 32%。伦铜合约从最高点的跌幅亦超过 1/3。从 2011 年 7 月月底至 2011 年 9 月 26 日，基本工业金属铝、锌、铅等分别下跌 20%、28% 和 34%。

从能源主要品种看，纽约原油期货主力合约在 2011 年 5 月创出新高 115.46 美元/桶，在 7 月月底跌至 100 美元/桶左右，其后也大幅下跌；2011 年 9 月 26 日为 78 美元/桶，从最高点下跌的幅度约 1/3。北海布伦特原油因受北非影响，下跌幅度相对较小，但也超过 20%。2012 年第 3 季度由于 QE3 预期小幅上涨，但 QE3 之后又迅速回落。

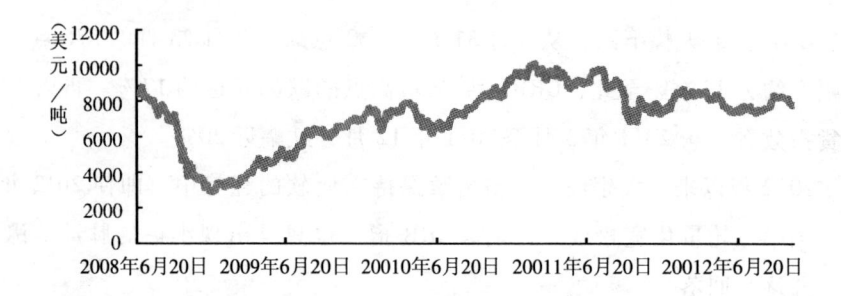

图8-3 伦铜期货价格走势

资料来源：*Bloomberg*。

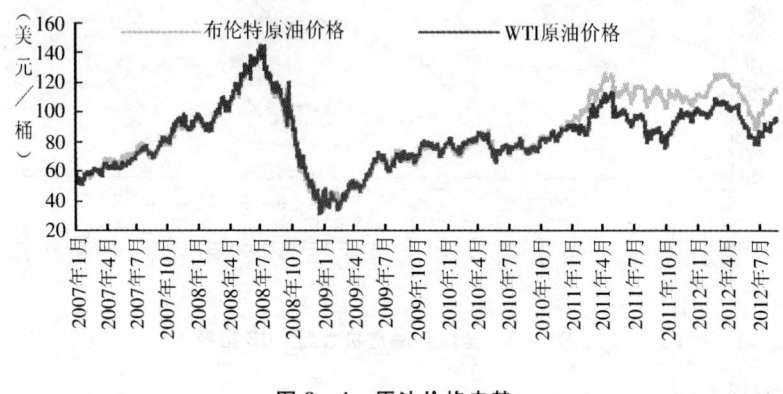

图8-4 原油价格走势

资料来源：*Bloomberg*。

从未来趋势看，由于受全球总需求水平低迷、欧盟债务危机仍在发酵、全球流动性状况的预期明显变化等影响，大宗商品价格在短期内将持续弱势整理的格局。中期内大宗商品价格的金融属性将有一定程度的弱化，继续向实体经济回归，这个趋势或将持续到2013年甚至更远。如果全球经济再出现相对较大的风险因素，或金融风险的相互共振，那么大宗商品存在着暴跌的可能性。同时，可能出现较为明显的结构性特征：一是原油和基本工业金属受全球总需求水平的影响更加明显，在总需求没有明显复苏的情况下，将保持相对弱势的格局，特别是基本工业金属；二是农产品价格的下跌幅度可能相对更加有限，甚至在2012年明显回升，因农产品的需求更为真实，全球整体处于供给不足的局面，；三是贵金属在下跌一段时间之后，可能会有明显的反弹，特别是黄金，如果美元从短期强势回归基本面之后，黄金可能会有新的上涨行情。

2. 黄金价格的复杂性

本轮黄金暴跌具有多层次的因素。

理论上说，黄金既具有工业属性，更具有货币属性，价值储存功能极为明显，是最好的避险资产。在全球经济和市场面临如此多的不确定性时候，黄金价格理论上应该相对稳健。

但是，黄金同时具有极为明显的金融属性，已经成为国际资本重要的投资或投机标的。

本轮金融危机之后，黄金的避险功能逐步强化，其金融属性更加凸显，2010年纽约商品期货交易所黄金期货合约交易规模同比增长27.24%。

2011年之后，黄金价格进一步飙升，黄金期货合约的交易更加活跃，2011年纽约商品交易所黄金期货合约交易规模增长30%。

资产负债表的调整，导致黄金期货卖出成为一个趋势力量，是近期黄金价格下跌的主要触发因素。

当投资者或投资机构持有大量黄金期货合约之后，黄金期货合约就成为其资产负债表上的重要资产。

当投资者或投资机构面临流动性或其他风险压力的条件下，会进行资产结构的调整。由于黄金价格一路上行，很多投资者或投资机构都是持有黄金的多头头寸，其黄金占资产负债表的比例也大幅上涨。

在面临流动性压力时，现金就成为最好的资产。投资者和投资机构就可能变现黄金资产，卖出黄金期货合约，获利了结。

在全球经济和市场面临如此多风险的情况下，美联储低于市场预期的政策、欧债危机的恶化以及全球经济衰退的风险加大，导致全球流动性预期的逆转，现金成为最好的资产，所以很多机构卖出黄金合约。这是2011年第3季度后黄金价格下跌的主要触发因素。

2008年，次贷危机中黄金同样出现了大幅下跌的情况。

2008年7月房利美和房地美危机之后，理论上黄金已经成为避险品种，但是此时的黄金价格却是大幅下跌，这个趋势持续到当年11月。这个时期，美国国债反而成为最受欢迎的避险品种。

不过 2008 年 9 月中旬，由于雷曼兄弟破产，导致美国债券市场短期瘫痪，黄金期货价格曾一度反弹，但随着债券市场的好转，黄金价格又大幅下跌。

从 2008 年 7~11 月，黄金期货价格下跌约 30%。黄金价格在美国次贷危机的表现，可能是近期金价变化的一个历史映像。

从投资的微观行为看，黄金价格可以反映风险厌恶和偏好的程度，而风险厌恶和偏好是一个主观心理活动，是个体投资行为的一个内在因素。当面对系统性的风险时，投资者的风险厌恶程度较大或被放大，那么持有流动性则是最没有风险的行为。

市场的主观风险厌恶是根据投资者风险收益权衡而改变的，金价的变化则反映了风险水平的变化。

黄金价格下跌与美元指数反弹也有直接关系。由于欧债危机愈演愈烈，特别是希腊债务危机存在债务违约的风险不断提高，意大利债务问题日益显现，欧元承担巨大的贬值压力，美元"被动"升值。

特别是美联储 2011 年 9 月会议之后，没有出台第三轮量化宽松政策，使得美元币值的稳定性受到市场的认可，美元指数反弹加速。美元指数从 2011 年 8 月月底的 74，快速飙升至 9 月 26 日的盘中高值 78.86，涨幅超过 6%。

黄金价格的暴跌显示全球经济复苏乏力和市场信心的严重不足。目前，由于债务危机的存在，欧、美、日等都存在明显的财政整固压力，而货币政策的空间和弹性非常有限，这就决定了全球经济增长的前景堪忧。

在刚刚举行的 IMF 和世行秋季年会上，IMF 认为全球经济面临四大风险：主权债务危机、金融体系脆弱性、日益疲弱的经济增长和居高不下的失业率。

此外，特别重要的是，如果上述四大风险持续恶化，那么全球经济可能就存在持续衰退的风险。

2011 年年底，由于长期再融资计划的出台，欧债危机的风险大大降低，使得避险情绪大大缓解，黄金价格也随之明显下行，直到 2012 年 8 月 QE3 预期产生再度上扬。

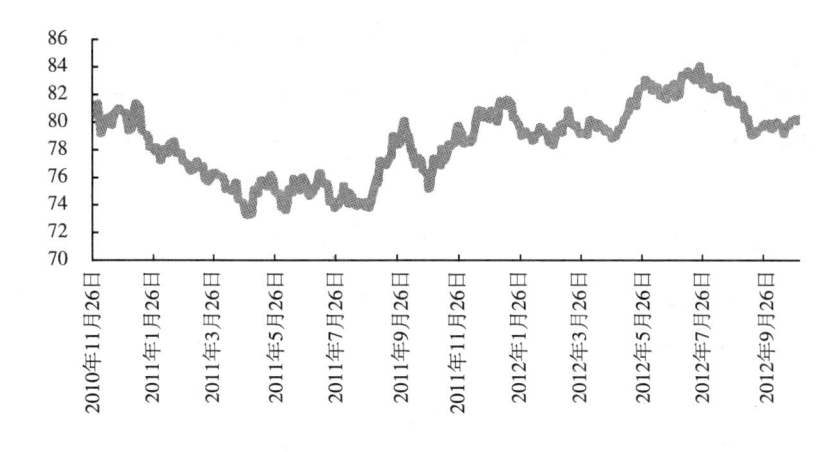

图 8-5 美元指数震荡上行

资料来源：*Bloomberg*。

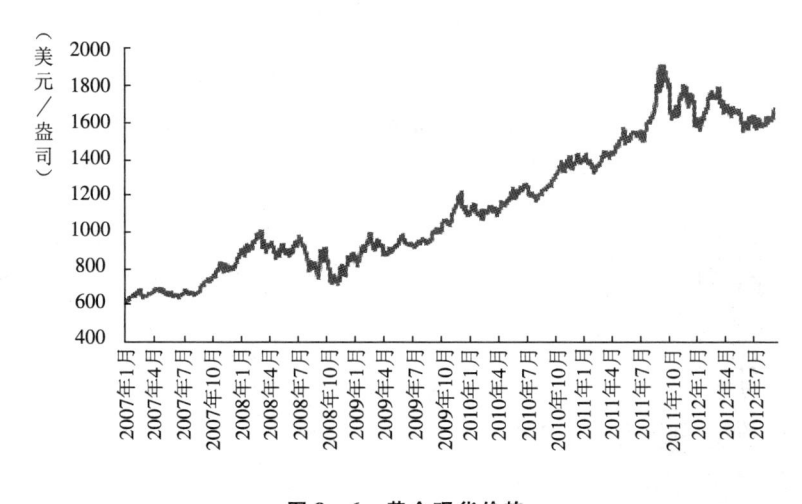

图 8-6 黄金现货价格

资料来源：*Bloomberg*。

3. 大宗商品价格疲弱的根源

2010年年底以来，大宗商品价格整体保持疲态。特别是 2011 年第 2~3 季度的暴跌，与 2008 年美国次贷危机集中爆发时相似，都是一次普遍性的下跌，基本金属、能源、农产品和贵金属价格的下跌只有先后区别，而无涨跌互现的结构性特征。大宗商品价格的下跌具有基本面因素、流动性因素以及市场预期转变等原因,是多种负面因素的叠加引发的"共振效应"。

(1) 全球经济总需求不足是大宗商品价格下跌的最基本根源。全球经济增长中枢下移的"新常态"仍将持续。美国金融危机的爆发、升级和深化,是康德拉基耶夫长波周期从繁荣走向衰退和萧条的大拐点,全球经济将不可避免地要走入一个总量边际递减的过程,也就是一个增长中枢下移的过程。在后危机时代,美国、欧洲、日本等发达经济体的经济增长幅度将大大低于过去几轮经济衰退后的复苏程度。虽然新兴经济体贡献更大的增长动力,但是在通胀、财政和结构等因素的约束下,新兴经济体对全球总需求的边际拉动将日益弱化。2011年9月,美联储主席伯南克在金融危机之后首次承认美国经济面临严重的衰退风险。欧债危机也在持续发酵。

(2) 流动性预期的逆转是2011年第3季度大宗商品价格加速大幅下跌的导火索。随着美国主权信用评级被降低,美国长期国债的需求出现新的不确定性,美联储第三轮量化宽松政策的市场预期不断被强化,但是在2011年9月美联储并没有如市场预期出台第三轮量化宽松货币政策,美联储仅将量化宽松政策转变为"扭转"政策,采用长期限的国债来替换短期限的国债,以此来压低国债收益率。美联储此举的目的在于强化对国债收益率的控制和管理,而非主要旨在刺激经济和改善就业。随着第二轮量化宽松政策的实行,其对经济增长和就业促进的边际效用日益降低,该论政策的主要目的已经是填补美国国债需求缺口了。

美联储从量化宽松政策转向"扭转"政策意味着美联储当时的政策基调是更加宏观审慎。美联储通过两轮量化宽松货币政策之后,已经成为美国金融体系最大的"地主",其资产超过3万亿美元,在这个过程中也成为美国金融体系风险的集中承担者。美联储未来的政策必须在维持宽松政策和资产负债表整固中取得平衡。我们可以预见,随着美国债务问题的呈现和复杂化,美国国债收益率的稳定性的风险在提高,美联储资产负债表的整固压力将急剧上升。作者在2011年年初就认为,美联储未来的政策可能是三步走:一是短期内退出量化宽松的货币政策;二是中期内进行资产负债表整固;三是中长期需要应对通胀压力。美联储的"扭转"政策说明了美联储已经开始其资产负债表整固,未来实行新一轮的量化宽松的可能性在降低,使得市场对流动性的预期进一步走向悲观。即使2012年9月美联储出台了开放式量化宽松的政策，但是美联储资产负债表基本没有扩张，2012年10月的最后两周，美联储资产负债表仅仅扩张了60亿美元。美联储关注于政策刺激的负面效应与经济增长之间的权衡。

（3）债务危机带来了全球金融市场的巨大不确定性。2011年是全球经济的债务年，欧洲和美国相继陷入主权债务危机的泥潭，这不仅给美欧两个经济体造成巨大的冲击，而且给全球经济和国际金融市场带来了实质的不稳定性，全球经济复苏和金融稳定面临新的风险。特别是美国被降低主权信用评级、希腊债务违约风险上升以及意大利债务问题等引发了市场对债务问题的更进一步的担忧。债务问题存在继续传染的可能性：一是从希腊、葡萄牙、爱尔兰等中小经济体向意大利、西班牙等大型经济体蔓延；二是由于欧洲银行持有"欧猪五国"的大量国债，欧债危机可能转化为银行危机；三是债务风险和银行风险潜在的全球化传染，可能导致债券市场、大宗商品市场、股票市场和房地产市场的震荡。

（4）部分金融机构的投机力量是不容忽视的因素。以白银为例，2011年年初，白银从2010年年底的30美元/盎司的历史高点回落，有国际著名投资银行预测白银在短暂回调之后将继续大幅上涨。其后白银与投资机构的预测走势相符，大幅飙升至2011年4月28日的49.12美元/盎司，3个月内的涨幅高达80%以上，成为2011年最为光鲜的投资品种。但是，就在2011年4月月底，此前唱多白银的该投资银行认为白银已经高估，并坚决卖出白银。此后，白银进入大跌走势，5个交易日下跌近20%。经过一段时间的高位整理，白银在2011年9月又开始明显下跌，2011年9月21日之后的4个交易日，白银价格从40美元/盎司暴跌至26美元/盎司，跌幅高达35%。在这个过程中，肯定有金融机构因为卖空操作而大幅获益，这个基于金融交易的投资或投机行为可能是导致大宗商品价格的大幅波动和巨幅下跌的原因之一。

从历史的经验看，大型金融危机之后，一般都会出现一个金融紧缩的过程。雷因哈特和罗格夫（Reinhart and Rogoff）在研究了人类800年的金融危机历史后认为，高杠杆水平运行的经济体是难以持续的，这个债务超负荷经济体具有极大的金融脆弱性，最后将以金融危机作为结局。在大型危机之后，整个体系将面临一个金融抑制的过程，以防止金融脆弱性造成更大的冲击。他们的研究认为，但凡系统性金融危机之后，都有一个金融抑制的过程。

金融紧缩或金融抑制主要体现在两个方面。一是实体经济部门的去杠杆。以美国为例，2011~2012 年美国仍将是一个去杠杆的过程。从居民部门看，美国消费信贷以及信贷总额净值的增长处在低位，消费信贷同比仍然没有实质性恢复，即居民部门仍然处在一个去杠杆的过程。从政府部门看，极高的赤字率和公共债务水平逼迫美国政府必须实行去杠杆，这个趋势仍然将持续至 2013 年甚至更长时间。二是虚拟经济部门或资产部门的抑制，特别是资产价格的下跌。其一是房地产市场去泡沫正在深化。美国房地产止赎案居高不下，房屋价格再创新低，据统计 2011 年美国房屋止赎案总量可能超过 2009 年创纪录的 280 万件，房地产市场去泡沫仍将持续。其二是金融部门资产负债表整固仍将持续，大约仍有 1 万亿美元的问题资产需要处置，金融机构的盈利水平仍没有实质性恢复。其三是金融部门的抗风险能力持续低迷。以占全球银行业资产约 53% 的欧洲银行为例，其抵御风险的能力并不强。2011 年 7 月，欧洲银行监管局公布了其在欧洲 21 个国家 90 家大银行进行的压力测试显示，欧洲银行业仍需强化其资本金。压力测试显示，截至 2010 年年底，90 家大银行的资本充足率为 8.9%，其中 20 家银行一级核心资本充足率低于 5%，需要在未来两年内补充 268 亿欧元的资本金。四是金融市场价格的下跌，包括房地产市场、大宗商品市场等，这是金融抑制论的最直接和最重要的体现。罗格夫在评论本轮金融危机之后的美国股市大幅反弹中指出，"政府与投资者似乎总是能欺骗自己，创造阶段性的快感，而这种阶段性的快感通常的结局是惨痛的"。

四 国债危机向银行业的传染

1. 债务风险对银行业的冲击

如果一个成员国债务违约，那么银行资产负债表的资产方将受损，目前欧洲仍然是采取以市定价（Mark to Market）的会计准则和以风险价值（Value at Risk）为基础的资产负债管理模式，一旦资产出现问题，银行只能有两个途径：一是低价抛售资产，二是补充资本金。前者将导致类似资产价格的螺旋下跌，后者将导致市场流动性的紧缺，最后可能引发严重的银行危机或金融危机。发生银行业危机的可能性取决于债务重组的国家及可能性大小，以及债务重组是硬重组（本息直接打折）还是软重组（利率和期限结构改变等）。当然，如果有的国家的信用评级被下调，甚至在现有框架下的风险传染，都可能影响到债券的价格，金融机构也必须进行相应的资产减计。

欧洲银行业抵御风险的能力并不强。欧洲银行监管局在欧洲21个国家90家大银行进行的压力测试显示，欧洲银行业仍需强化其资本金。压力测试显示，截至2010年年底，90家大银行的资本充足率为8.9%，其中20家银行一级核心资本充足率低于5%，需要在未来两年内补充268亿欧元的资本金。考虑到2011年1~4月已增资500亿欧元，仍有8家银行需要增资25亿欧元才能使其一级核心资本充足率达到5%。

欧洲银行业的风险敞口较大，特别是对"欧猪五国"的国债。根据国际清算银行的数据，截至2011年第1季度，欧洲银行业对"欧猪五国"的债权（包括公共部门和私人部门）为2.27万亿美元。截至2011年9月18日，希腊、葡萄牙、爱尔兰、意大利和西班牙五国未清偿国债本金规模为2.72万亿欧元，本息为3.7万亿欧元。根据2010年6月中国国务院发展研究中心的研究，外国银行持有"欧猪五国"国债比例为27%，其中欧盟区域的银行持有其中的70%。经过一年多的发展，外国银行和欧盟区域银行的持有规模变化较大，但持有比例差异变化应该不大。这里以中国国务院发展研究中心的结论进行简单的推算，欧洲银行业对"欧猪五国"的国债本金风险头寸超过5100亿欧元。依据欧洲银行监管局的数据，截至2010年年底，欧洲银行业持有希腊、爱尔兰和葡萄牙的风险敞口分别为982亿、527亿和432亿欧元，合计1941亿欧元，所占比例分别为33%、39%和37%。由于欧洲银行持有意大利和西班牙国债比例相对较低，根据中国国务院发展研究中心的结论，分别为18%和17%。如果以希腊、葡萄牙、爱尔兰、意大利和西班牙五国由欧洲银行持有其国债比例分别为33%、37%、39%、18%和17%计算，希腊、葡萄牙、爱尔兰、意大利和西班牙国债未清偿余额分别为2849亿、1348亿、904亿、15805亿和6455亿欧元，那么欧洲银行持有"欧猪五国"国债的规模约为5700亿欧元。

债务违约对欧洲银行业的冲击是实质性的。通过上述两个途径计算，欧洲银行业持有"欧猪五国"国债至少5000亿欧元。而参加欧洲银行监管局压力测试的90家欧洲大银行2010年年底的资本金总额为12089亿欧元。瑞士信贷亦指出，如果希腊、爱尔兰、葡萄牙减计32%的债务，欧洲商业银行将产生2000亿欧元的亏损，相当于欧洲银行业在计提贷款损失拨备前的一年利润。截至2010年年底，欧洲银行业持有希腊、爱尔兰和葡萄牙的风险敞口分别为982亿、527亿和432亿欧元，合计1941亿欧元，根据瑞士信贷的研究，大约600亿欧元的债务减计，就会产生2000亿欧元的银行亏损，这个冲击将是十分明显的。

意大利主权信用评级对银行业的影响不容小视。根据中国国务院发展研究中心的研究，2010年年初意大利国债的外国银行持有比例大致为18%，其中欧洲银行占绝大部分。2011年9月19日，意大利未清偿国债规模为1.91万亿欧元。如果根据18%这一比例计算，大约有3400亿欧元的国债为外国银行持有。根据欧洲银行监管局的数据，参加2011年欧洲银行压力测试的90家欧洲大银行其2010年年底的资本金为12089亿欧元。如果意大利国债收益率大幅提升，价格将大跌，将明显冲击意大利和欧洲银行的资产负债表。2011年10月以来，欧洲央行加大了对意大利国债的购买量，以防止意大利国债收益率过快上扬。而2012年9月出台的直接货币交易计划，将填补成员国的国债需求缺口，解决了成员国的债务融资问题。

欧洲银行业的潜在风险已经引起了全球主要央行的注意。2011年9月15日，欧洲央行、美联储、英国央行、瑞士央行等全球主要央行联手，决定从10月起向各银行提供3个月期的美元贷款。此举主要在于防范债务危机的风险向金融市场特别是银行业传染，遏制正在浮现的欧洲银行业融资危机。2011年年底以来，由于欧洲央行的政策，欧元区银行业的资产负债表出现改善的迹象。

欧洲央行的长期再融资计划挽救了欧洲银行业。欧洲央行采用长期再融资计划的最主要目的是缓解银行即将面临的还款压力。事实上，在2012年第1季度，欧元区银行将有2100亿欧元的债务到期。而在2011~2012年之交，银行在市场上必须付高利率才能融资，承担的融资成本太高。脆弱的资金链对银行的继续营运造成影响,长期再融资计划缓解了银行业的资金缺口。随着两轮长期再融资计划的实行,欧洲主要银行的信用违约掉期均明显回落,风险价格大大下跌。2012年10月,欧洲央行在考察欧洲银行业之后,认为欧洲银行业可能最早在2013年提前偿还部分贷款,而此前计划这些贷款的偿还开始日期将是2015年。

2. 银行危机引发"二次探底"风险

欧洲银行业在全球占有重要地位,具有明显的外溢效应。如果欧洲的银行体系崩溃,又会影响到全球的银行业,可能引发全球性的金融危机。欧洲银行业在全球银行业占据核心地位,根据国际清算银行的统计,截至2011年第1季度,欧洲银行业总资产为16.48万亿美元,为全球银行业总资产的52.57%。欧洲银行业是最大的离岸美元市场,欧元区的美元存款高达3.4万亿美元。欧洲银行业国际化程度高,欧元区银行存款的34.2%和贷款的31.1%都是非欧元业务。2012年以来,由于长期再融资计划的效应,欧洲银行业的风险主要集中在西班牙银行业。但是,一旦西班牙银行业爆发系统性风险,欧洲银行业将难以幸免。为此,当西班牙的银行业出现问题之后,欧盟和欧洲央行等迅速行动,为其提供1000亿欧元的贷款,以缓解西班牙银行业风险。

欧债问题和欧洲银行业问题可能引发全球银行业的危机。比如,美国和欧洲金融业务联系紧密,根据新华社的报道,美国银行等金融机构对欧洲国家的净风险敞口有近2000亿美元。为此,将有部分银行因为持有希腊或意大利等国的国债,资产负债表明显面临风险,将会同样面临被降低评级的命运,这样也会引发全球银行业的危机。

潜在的银行业危机可能进一步恶化经济复苏的环境。债务危机的根本解决在于偿付能力的实质性提高,在于公共收支结构的根本转型,在于欧盟和欧元区成员国经济结构的完善和增长潜力的提升。如果发生银行业危机,欧债危机的系统性风险将更明显,可能使得欧洲的经济复苏面临新的压力,全球经济复苏的前景也将更加黯淡。

虽然,2011年年底和2012年的政策使得欧洲银行业危机的风险大大降低,但是由于欧债危机是一个中长期的解决过程,其对银行业的冲击将是持续的，需要持续关注债务危机对银行业资产负债表的影响。

五 欧债危机对新兴经济体的影响

1. 新兴经济体须警惕滞胀风险

欧债危机仍将持续深化，全球经济存在"二次探底"风险，新兴经济体面临新的增长风险。从目前的情况看，在欧债危机的冲击下，全球主要发达经济体经济增长速度仍下滑，预计2011年第4季度开始，欧盟和欧元区出现了3个季度的环比负增长。IMF在2011年9月月底调低2011年和2012年美国经济增长率至1.5%和1.8%，远低于6月的预测值2.5%和2.7%。同样，IMF也将新兴经济体的增速下调为6.1%，而此前的预测值为6.4%。2012年10月，IMF因欧债危机等负面冲击，《世界经济展望》再次调低全球经济增长的预测，发达经济体增长率从2%调低至1.5%，新兴市场和发展中经济体增长率从6%下调至5.6%。

更重要的是，有部分新兴经济体可能出现硬着陆。巴西经济增长率从2010年第1季度的9.3%，下滑至2011年第4季度的1.4%，增速下滑了7.9个百分点，俨然已经是一次严重的硬着陆。印度经济增长率从高点下滑了2.5个百分点，而且市场预期认为印度可能在2012年陷入更大的增长速度下滑。从2010年第2季度到2011年第2季度，阿根廷、墨西哥等经济体经济增长率分别下滑了2.7个百分点和4.4个百分点。2012年第2季度，墨西哥同比增长仅为4.1%，比最高点下滑约3个百分点。

最后，新兴经济体可能面临滞胀的风险。全球经济和新兴经济体增长速度降低已经是一个大概率事件，但是，由于欧债危机的深化，欧洲最后可能学习美联储实行无限度的定量宽松货币政策，即将债务问题货币化。虽然欧元在国际货币体系的重要性远低于美元，但这仍然可能进一步触发全球的流动性泛滥，导致新兴经济体的通胀压力进一步提升，最后带来滞胀风险。2011年10月，中国、印度、巴西、俄罗斯、越南等经济体的通胀水平分别为4.2%、9.44%、6.97%、7.7%、21.59%。虽然，近期物价有所下滑，但由于粮食价格继续增长，新兴经济体通胀风险仍然明显。

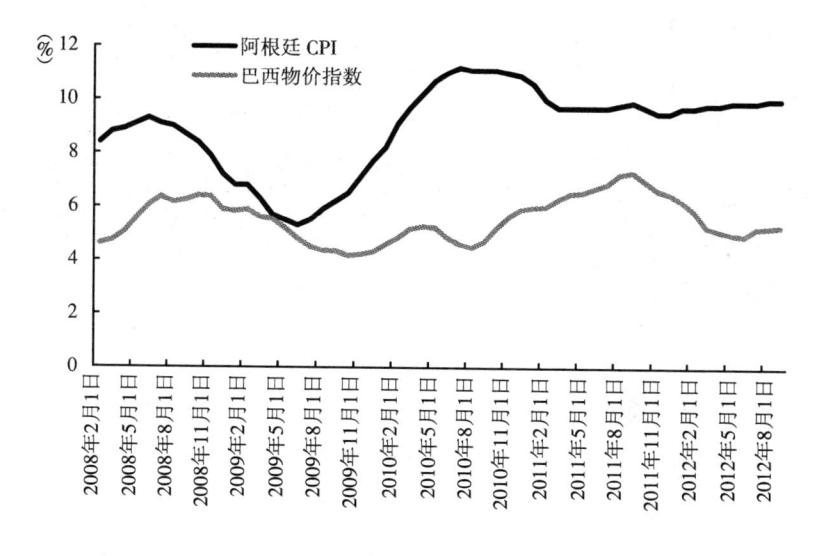

图 8-7 阿根廷和巴西物价走势

资料来源：*Bloomberg*。

2. 新兴经济体出口将进一步放缓

由于目前主要发达经济体的债务问题十分严重，在欧债危机的冲击下，公共部门将出现一个明显的财政整固和去杠杆过程，总需求水平将是不足的。这将进一步降低对新兴经济体的出口需求。

中国出口增长率从 2010 年 5 月的 48.5% 下跌至 2011 年 10 月的 15.9%，印度出口增速从 2010 年 3 月的 56.81% 下跌至 2011 年 10 月的 10.8%。阿根廷出口、进口增长率从 2010 年 8 月的 47%、63% 分别下跌至 2011 年 10 月的 28% 和 27%，墨西哥出口、进口增长率从 2010 年 5 月的 43.9%、46.7% 分别下跌至 2011 年 10 月的 13.4%、11.9%。巴西出口从 2011 年 8 月至今就下滑了 17%。

由于 2012 年主要发达经济体的需求不足，对进口的需求将更低，因此新兴经济体的出口将面临新的压力。

2012 年第 2 季度，巴西出口同比下滑 2.5%，阿根廷 9 月出口出现 12% 的负增长。

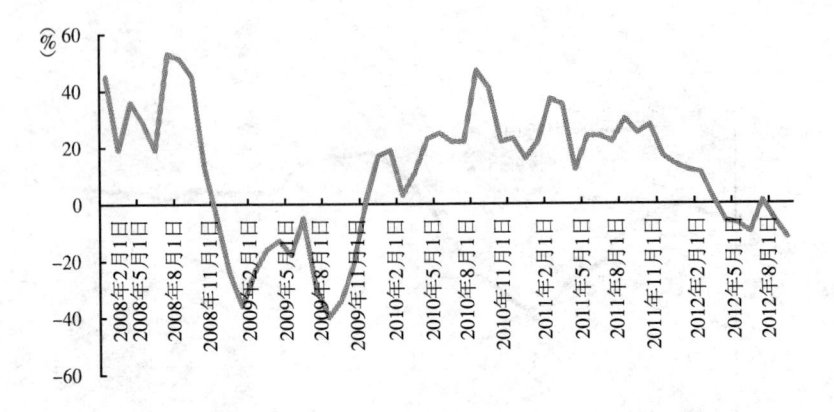

图 8-8　阿根廷出口增长率走势

资料来源：*Bloomberg*。

更重要的是，新兴经济体将面临更加明显的贸易保护主义。由于出口是美国、日本甚至欧洲（特别是西欧）很多经济体的经济增长动力之一，但是因为其出口对增长的贡献在减少，必然会对包括新兴经济体在内的发展中国家实行贸易保护主义的政策，所以我们预计在未来一段较长的时间内，贸易摩擦将明显升级。

3. 新兴经济体金融风险

欧债危机的深入发展，使得国际资本回流的趋势十分明显。这主要根源于两个原因：一是投资机构认为新兴经济体的金融和宏观风险在提高，投资风险收益率降低，为此减少或撤回了对新兴经济体的投资，配置风险更低的美国国债等资产；二是金融机构为了应对欧债危机带来的资产负债表调整压力，主动收回投资，以现金形式作为资产负债表整固的基础。

全球资本大规模、频繁地进出新兴经济体是美国次贷危机以来的一个重大特征。2010 年，由于新兴经济体的增长水平较高，资产价格持续上涨，国际资本大幅流入新兴经济体。而 2011 年以来，由于新兴经济体的通货膨胀水平很高，货币政策持续紧缩，全球资本开始净流入新兴经济体。美国新兴市场投资基金研究公司发布的数据指出，截至 2011 年 11 月 23 日，新兴市场股票型基金资金净赎回规模为 350 亿美元，而 2010 年此类基金为净申购 800 亿美元。

国际资本流出可能引发重大的金融风险。

一是资产市场的价格可能大幅下跌,摩根士丹利新兴市场指数在2011年已经下跌超过20%,其中上海上证综指、印度孟买SENSEX指数以及巴西IBOV股指年初就分别下跌了18%、16%、16.5%。

二是国际资本撤出大宗商品市场,该市场下跌更加明显,对于资源型的新兴经济体是一个重大的打击,其中棉花、可可、咖啡从2011年3月月初的高点至12月9日分别下跌了60.1%、43.3%、28.5%,而大豆、玉米的期货价格从2010年8月月底的高点至12月9日分别下跌了24.9%、25%。

三是国际资本流动逆转可能引发新兴经济体的货币风险,新兴经济体货币从2009年以来的升值趋势已经逆转,部分新兴经济体的货币从2011年7月至2011年11月月底已经明显贬值,巴西、南非、墨西哥、印度、俄罗斯和阿根廷等经济体的货币从2011年7月至11月月底已经分别贬值22.1%、19.9%、17.29%、15.88%、14.16%和4.85%。人民币兑美元也出现趋势性的小幅度贬值,甚至数日触及波动幅度的下限而出现"跌停",这一状况直到2012年第3季度才出现明显的改善。一些市场研究者认为,巴西、印度等经济体面临较为明显的货币风险。

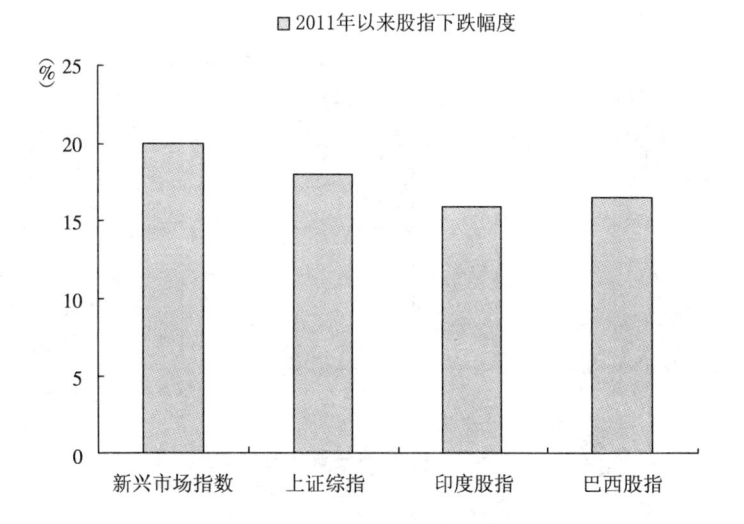

图8-9 新兴经济体股票市场股指走势比较

资料来源:*Bloomberg*。

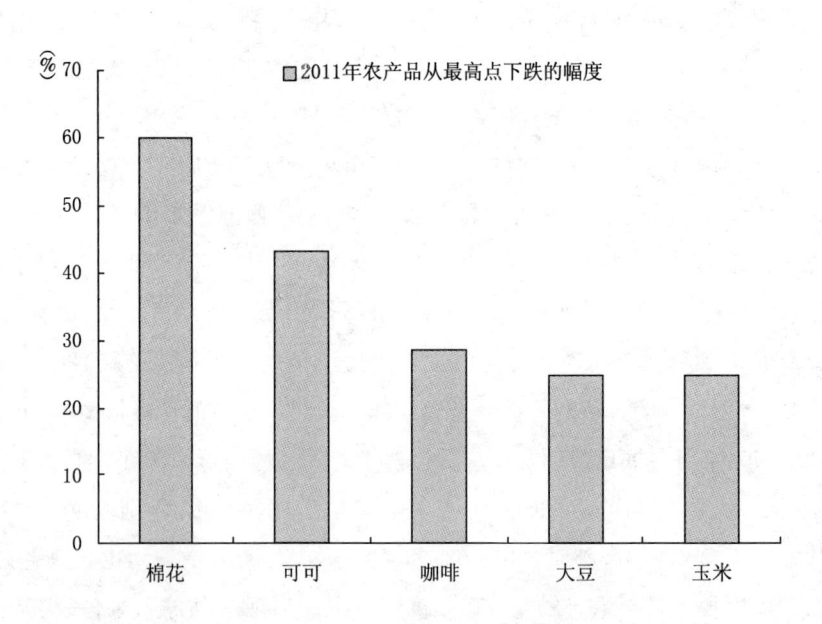

图 8-10 大宗商品市场价格指数走势

资料来源：Bloomberg。

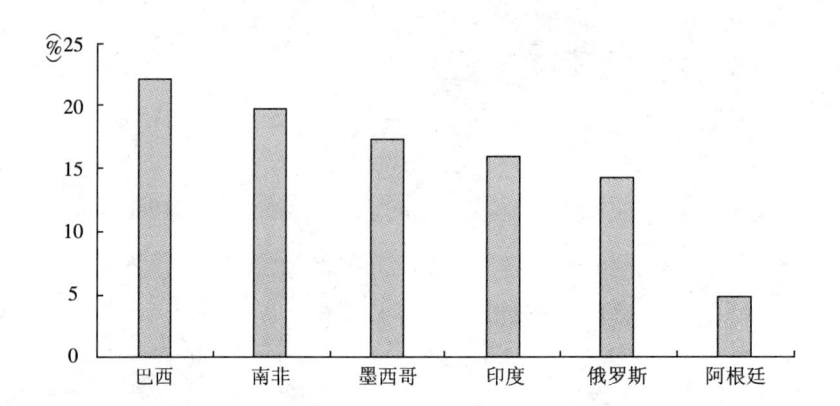

图 8-11 2011年7~12月部分新兴经济体货币贬值幅度

资料来源：Bloomberg。

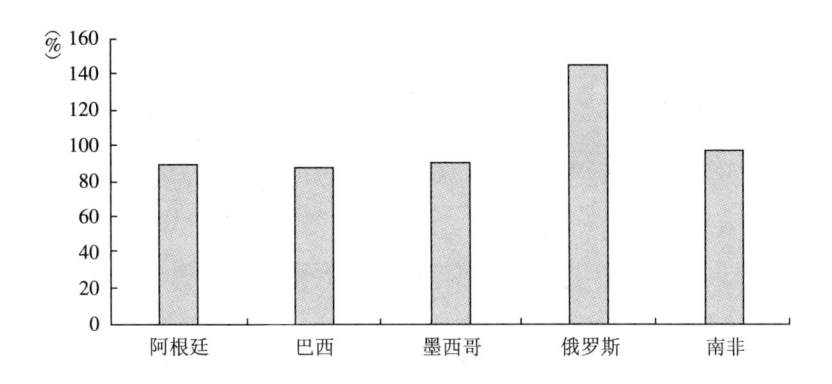

图 8-12 部分新兴经济体 5 年期 CDS 升水幅度

资料来源：*Bloomberg*。

新兴经济体的主权信用风险也值得警惕。20 世纪 80 年代初期，由于美元大幅升值，国际资本回流至美国，加上全球经济当时面临第二次石油危机的冲击，表现出滞胀的特征，发展中国家由于增长放缓、国际收支恶化、债务重估，整个经济体的资产负债表出现恶化。1982 年 8 月 12 日墨西哥债务危机爆发，其后形成了旷日持久的拉美债务危机，最终全球有 40 多个经济体进行债务重组。目前的国际经济形势，与 20 世纪 80 年代初期有些相似：一是出现巨大的外部冲击（次贷危机、欧债危机）；二是全球经济增长放缓，通胀压力较大；三是国际资本流动逆转，美元升值。因此，我们需要警惕新兴经济体的主权信用风险。2011 年 7 月以来，判断主权信用风险的一个市场指标——信用违约掉期（CDS）风险溢价不断上升，阿根廷、巴西、墨西哥、俄罗斯和南非 5 年期 CDS 从 7 月月初至 2011 年 11 月月底分别上升了 89.7%、88.7%、91.6%、144.9% 和 97.7%，其中 2011 年 11 月 25 日，阿根廷 5 年期 CDS 为 1097.382，其主权信用风险较大。

第九章
欧债危机的制度根源及长效机制改革

回想11世纪末开始的那场200年的宗教战争，要不是当时混乱不堪的君士坦丁堡真诚地向罗马教皇请求救援，以拯救东方帝国和基督教，也不会自然而然地给了罗马一个东征的理由和一个最后失败的结局。

债务危机之所以像一场普遍性的瘟疫横扫欧洲大陆，偶然的因子在于远在大西洋彼岸的美国金融危机。金融海啸的疯狂，让大西洋对岸的布什大帝向欧洲大帝共谋稳定之策，在这个一体化的世界中，对经济产出下滑和金融动荡的救援，是救人也是救己。这远比当时的罗马教皇要建立一个世界教会，来得更加大同、温情而无私。

但是，如果说君士坦丁堡的求援是历史灾难的根源，对于伊斯兰世界是不公平的。历史学家更多的是认为十字军东征是神圣的宗教利用了略有扭曲的心灵，最后动员了200万人进行一场200年的共计9次的东征。这个悲剧是具有制度性根源的，那就是当时的罗马教廷具有至高无上的权力，急欲建立一个世界教会，而封建主和大商人三番五次地利用了人民对伊斯兰世界对圣城耶路撒冷占领的仇恨情绪。

简单地把欧债危机归结为美国金融危机的下半场也是不合理的。如果不是欧洲联合之路的野心太大、行动太快、约束太少，如果不是货币政策和财政政策持久矛盾不可调和，如果不是欧元区兄弟姐妹三番五次熟视无睹《马斯特里赫特条约》的神圣，如果不是欧元区和欧盟大佬们放纵大家放松财政的固有心态，如果不是欧洲出现很多只顾享受的"光蛋贵族骑士"，会有这场债务危机吗？

现在饱受煎熬的欧洲正在经历债务危机的"中世纪黑暗"，这将创造欧元区和欧洲联合的一次挥之不去的历史记忆,但或许也将开启欧洲联合和欧元发展又一片历史的天空。在自我疗伤、自我反省、自我革新之后,但愿欧洲和欧洲联合的"文艺复兴"和"大创造时代"不日将来临。

欧洲债务问题演化为日益严重的债务危机,甚至逐步累积系统性风险,这在2009年仍然是在市场的预期之外。2010年春季达沃斯世界经济论坛开始对主权债务危机的风险提出了警惕,但是,仍然主要是针对个别经济体的。欧洲债务问题以一个普遍性的现象出现,极大地恶化了市场对该问题的信心,同时也给国际金融市场和全球经济体系带来了超预期的实质性负面影响。欧洲一个又一个经济体出现债务危机,特别是希腊一波未平,一波又起,中国的市场人士将其称为"群飞的黑天鹅",给中国市场的稳定带来了极其负面的冲击,这也是中国经济行为主体所始料不及的。

反观欧债危机的演进,不管是冰岛、爱尔兰等由银行危机引致的资产负债表危机,还是希腊、葡萄牙、意大利等经济体的传统型债务问题,可能有偶然性的因素,同时也有必然性的根源。同时,债务危机的爆发也有外部根源,最明显的就是美国次贷问题引发的全球性金融危机。

例如,冰岛是银行业过度扩张的资产负债表,而且很多资产不在国内;爱尔兰是房地产泡沫,两个经济体的资产负债表危机更有根源,但是,这实际上是经济体政府的非审慎政策的一个必然结果,比如两个经济体都对银行施行极低的税率。此外,希腊、葡萄牙、西班牙和意大利等在欧洲联合过程中的经济增长都存在或多或少的问题。

因此,我们厘清欧债危机的根源,对于判断欧债危机未来的发展,进行更加有效的救援,同时进行更具针对性的改革,都是具有重大意义的。

一 欧债危机根源的概述

在应对大萧条以来最为严重的金融危机中,全球主要经济体纷纷采取扩张性财政政策,财政赤字水平提高是一个必然趋势。但是,欧洲债务问题的普遍性和内在关联性均超出其他地区,其根源值得我们思考。

从全球的视角出发，全球金融危机是欧洲债务问题的外部诱因。各个经济体为了应对金融危机，扩大财政支出是必然的选择，金融危机直接扩大欧洲经济体的财政赤字和公共债务规模。但是，欧洲债务问题的普遍性和严重性均超出欧盟的自我约束和市场的预期，其内在的根源和制度性缺陷发挥了主导作用。

欧盟内部经济结构不均衡是债务问题的结构性因素。由于欧盟内部经济体经济周期、生产效率和全球竞争力存在巨大差异，各成员国政府面临收入降低和支出增加的双重困境，只能选择扩大财政赤字以应对经济和社会问题。欧洲中央银行一项关于欧元区财政可持续性的研究中指出，人口老龄化是欧元区财政状况可持续的重大风险，而在欧元区内部，各国的人口结构存在差异，而且针对人口的福利政策也有差别，这导致欧元区各国对人口问题的财政应对的不一致（European Central Bank，2009）。

部分成员国财政状况持续较差、财政纪律长期松弛。2008年年底，以"欧猪四国"（PIGS）（葡萄牙、意大利、希腊和西班牙）为代表的欧洲债务问题就受到市场的广泛关注。以这4个国家为代表的债务问题是传统财政收支问题，这说明欧盟成员国的财政审慎性具有缺陷，欧盟需要加强财政纪律的改革。这一缺陷之前实际上是有防火墙的，就是欧盟《稳定与增长公约》关于成员国财政赤字不能超过3%的规定，否则成员国会被惩罚。但是2005年年初，欧盟同意其成员国财政赤字可以"暂时"超过3%。希腊和东欧国家的债务问题是一个长期的问题。希腊在20世纪末以来财政状况一直处于较差的状态。为了能加入欧元区，希腊提供了虚假的财政数据，1998年财政赤字占GDP的比例是4.1%，而报告仅为2.5%；1999年财政赤字占GDP的比例是3.4%，而报告仅为1.8%。2010年美国高盛公司由于替希腊发行债券中存在隐瞒希腊真实债务水平行为而遭到美国法院的调查。

更值得注意的是，欧元区财政政策与货币政策"二元结构矛盾"是制度性根源。在欧元区内部实行统一的货币政策，而各成员国实行自主的财政政策。为降低货币政策带来的经济波动并促进增长与就业，各成员都具有扩大财政支出的倾向，这是欧元区公共债务居高不下的主要原因。财政政策和货币政策的政策效果在经济周期不同阶段具有差异性，在经济衰退和萧条阶段，财政政策的效果一般更加明显。但是在应对经济波动中，与其他国家相比，欧元区的货币政策需要谈判协调，其政策的时效性较差。而且欧洲央行的政策框架主要来自德国央行的通胀目标制，即使在全球金融危机的应对中，欧洲央行对过度宽松的货币政策一直保持警惕。在货币政策受到约束的时候，为了增强政策效果和提高政策的及时性，欧元区成员国就发挥财政政策的"主动权"，过度膨胀，财政赤字大幅上升，进而出现债务，扩大财政支出，促进经济增长和就业。这相当于欧元区各成员国的货币政策"一条腿"被绑在一起，而财政政策"另一条腿"自行前进，最后造成"一条腿走路"的困境，其中的一个结果就是公共支出过不断累积和主权信用问题。

最后，欧洲债务问题暴露了欧洲一体化的制度缺陷。拉赫曼（Rachman, 2010）认为，希腊危机及欧洲债务问题暴露的是过去60年来欧洲一体化进程的基础问题。欧洲一体化不仅是要建立一个单一市场，更是要建立一个政治联盟。而欧元则是通向政治联盟的一个重要步骤，甚至是决定性的进展。但是，欧元计划的根本问题是野心太大。20世纪90年代，在未建立政治联盟的情况下成立货币联盟的困难曾引起深入讨论，但这些困难随后却完全被忽视，认为采用单一货币的风险或许是可控的。创立欧元的目的，原本是为了解决因汇率变动可能对单一市场参与国造成不利而引发的矛盾。当时认为，消除这些令人困扰的汇率变动，就会消除各方之间不和的深层根源。但事实上欧元区内部汇率信息的缺失，导致各方并没有对竞争力差异的显著拉大感到不安。在这个难以废止的货币联盟中，南部成员国本应加强财政纪律，北部成员国则应被鼓励稍稍放松一些，而实际情况正好相反。

"欧元创始人"之一的奥特马尔·伊辛（Otmar Issing, 2010）曾指出，欧元的设计宗旨就是成为一个货币联盟，而非政治联盟。"在尚未建立一个政治联盟的情况下就创立货币联盟，是一种本末倒置的行为。"因为完善的货币要求央行和财政部两者兼备。财政部不必用来在日常基础上向公民征收税款，但必须能够在危急时刻发挥作用。当金融体系面临崩盘危险时，央行能够提供流动性，但只有财政部才能处理偿付能力问题。拉赫曼认为，在欧洲一体化的进程中，必须创设共同的欧洲税收机制，建立欧盟成员国之间大宗财政转移的机制,但是现实根本不存在。欧元所要求的那种政治一体化,在非常基本的层面上影响到普通民众,因为其中涉及了税收和支出等重大抉择。欧盟大部分民众对于本国的归属感仍远远强于欧盟。各成员国在相互支援方面的意愿较低,最后的结果是欧元区实力较弱的成员国可能会"被抛弃"。这个结果的负面影响将超出欧洲货币联盟,欧盟也将遭遇一场信任危机,欧盟获得的所有权力都可能面临质疑。

实际上,欧盟的制度性缺陷还体现在欧元区。欧元区作为最优货币区理论的一大实践,成为国际经济学领域中政策实践的壮举。但是,最优货币区是建立在生产要素流动性准则基础之上的,即生产要素在区域内的流动可以替代汇率弹性对国际收支的调节作用,从而稳定区域内的就业水平和物价水平,为此要素流动性是最优货币区的基础性条件。最优货币区及固定汇率制度需要考虑的主要指标包括经济开放程度、经济发展水平、进出口贸易的商品结构和地域分布、金融市场深度、广度及其与国际金融市场的一体程度以及通货膨胀率。但是,不管是从要素自由流动还是其他指标看,欧元区扩张之后其成员国经济周期、经济结构和宏观经济指标差异较大,生产要素尚未能全部自由流动,尤其是劳动力,因此就造成了货币区内成员国之间资源无法实现最优配置。这更是欧元区和欧盟出现经济结构和政策取向难以趋同的重大原因。

二 欧洲联合的制度性缺陷及改革

1. 欧洲联合之路

1991年12月10日,欧共体在马斯特里赫特召开欧洲一体化的标志性会议,会议通过了建立欧洲经济货币联盟和欧洲政治联盟的《欧洲联盟条约》(又称《马斯特里赫特条约》简称《马约》),1992年2月各国正式签署该条约。1993年11月1日正式生效,欧洲联盟接替欧共体登上了历史的舞台,为未来的欧洲联合之路夯实了最坚实的制度基础。

1999年1月1日,欧盟开始实行单一货币欧元和在实行欧元的国家实施统一货币政策。欧盟当时15个成员国中的11个成员国:奥地利、比利时、芬兰、法国、德国、爱尔兰、意大利、卢森堡、荷兰、葡萄牙和西班牙，达到了加入欧元体系的四项统一标准，组成了所谓的欧元区。瑞典、丹麦和英国当时决定暂时不实行单一货币政策，至今没有加入欧元区。2001年1月1日，希腊加入欧元区。

2002年1月1日欧元纸币和硬币正式流通，当年7月成员国本币退出流通，欧元成为欧元区唯一的合法货币，真实意义上的统一货币区正式运行。2007年以来，斯洛文尼亚、马耳他、塞浦路斯和斯洛伐克4国加入欧元区，组成欧元区16国。

作为欧洲联盟最为重要的一个载体就是经济货币联盟，这个联盟的宗旨是在欧盟内部实现商品资本等的自由流通，实现真正的统一市场，并使得成员国的经济政策协调发展，形成共同的经济政策。在《马约》签订之时，欧共体领导人希望通过统一的市场，实行统一的经济货币或联盟货币，制定统一的汇率，建立一个制定和执行经济货币联盟的欧洲中央银行体系，以共同的经济政策，促进成员国的共同繁荣。

欧元区成立以来，欧元区经济确实得到了快速的发展。但是受东南亚金融危机、俄罗斯债务危机以及"网络泡沫"等的负面冲击，欧盟经济体的经济增长从高点回落，2000年第2季度，统计意义上的欧元区15国的经济增长速度为4.5%，其后持续降低至2002年第1季度的0.7%，欧洲经济出现了7个季度的环比负增长。2002年实际意义上的统一欧元区正式形成之后，欧元区经济开始触底反弹。2004年第2季度，欧元区经济同比增长2.5%，基本恢复到"网络泡沫"之前的中位水平。2006年，欧元区实现了超过3.2%的增长速度，整个欧元区呈现出了繁荣的景象。

欧元区的繁荣极大程度上受益于欧元区内部贸易的发展和要素的自由流动。欧元区贸易总规模从2001～2011年大约增长了100%，单月出口规模从2001年年底的800亿欧元左右大幅提升至2011年3月的1600亿欧元左右，其中一半以上是欧元区内部的贸易。在成员国中，贸易增长幅度较小的芬兰、法国、爱尔兰等出口分别增长了34%、54%、66%，2010年前，希腊是出口增长最缓慢的经济体之一，增长幅度为30%。英国前首相布朗曾经指出，加入单一货币区之后，贸易将可能新增5%～10%，10年就能实现提升生活水平10%的目标。

欧元区内部的要素流动对促进欧元区的繁荣起到了积极作用，欧元区劳动力成本指数在2001~2002年高达3.5%，其后持续下降，至2005年12月仅为2%，2006~2007年保持在2.3%~2.5%的水平。其间，欧元区失业率也明显降低，2003年欧元区失业率保持在9%以上，其后持续下降，2008年第1季度降低至7.3%。整个欧元区都从欧元区的联合中受到了经济增长、贸易发展和就业提高等好处，欧元区的联合是利于整个欧元区的。

欧元区的联合对所有成员国都是有利的，但是不同经济体在联合的利益享受中可能是不均匀的。在欧元区的联合进程中，不同成员国享受的利益是存在差异性的，并由此导致了它们在应对全球金融危机的冲击中出现了不同程度的脆弱性，且最后引发了债务危机。

我们以欧元区正式运行时的12个成员国为样本，来分析欧元区繁荣过程中的利益差异。在这12个成员国中，德国、法国、意大利、荷兰和西班牙是大中型成员国，而比利时、卢森堡、希腊、爱尔兰、奥地利、葡萄牙和芬兰是中小型成员国。

从经济增长的角度看，德国、荷兰和西班牙是欧元区中增长较快的经济体，从2002年至金融危机之前，平均增长水平略高于3%，德国在2006年第4季度达到了4.9%的高增长；而意大利的增长水平最差，基本都在2%以下，其中2005年的增长不足1%，法国略高于2%的水平。对于中小型经济体，大部分都出现较高的经济增长，其中爱尔兰的平均增长水平超过4%，而卢森堡、芬兰、比利时、奥地利甚至希腊等成员国的经济增长都比较良好，都有超过3%的增长，希腊在2006年第2季度达到了5.9%的高增长；只有葡萄牙的增长水平较低，不到2%。

在经济增长的比较中，实际上小型经济体的表现好于大型经济体。以爱尔兰为例，金融危机之前，爱尔兰的经济增长状况远远好于欧元区的整体水平。经过2000~2002年的短暂调整之后，爱尔兰又进入了一个高增长区间，平均增长速度仍然保持在5%以上，而这个阶段欧元区经济增长整体水平不到3%。爱尔兰经济的强劲表现，使得人们认为其经济增长就像凯尔特人那么"凶悍"，并因此为爱尔兰赢得了"凯尔特之虎"的美誉。金融危机之前，爱尔兰人均收入超过5万美元，是欧元区仅次于卢森堡的第二富国。

在贸易领域，小型成员国的优势并不是特别明显。根据欧盟统计局的数据，作者简单计算了2001年年底至2011年3月的贸易数据，出口增长最快的成员国顺序大致为葡萄牙、西班牙、荷兰、比利时、德国、卢森堡、奥地利、意大利、爱尔兰、法国、希腊和芬兰。在欧元区的发展中，葡萄牙、西班牙、荷兰、比利时和德国等国的贸易得到了更好的发展。

从竞争力看，欧元区成员国的表现没有出现明显的趋势性特征。大型经济体中，德国和荷兰是最大的受益者，而西班牙和意大利则相对落后；在小型经济体中，卢森堡、比利时、芬兰等国相对更有优势，而希腊、葡萄牙等国表现较差。根据相关研究，2008年欧元区劳动生产率水平德国提高了3.1%，而意大利和西班牙则衰减了4.5%和3.2%；卢森堡、芬兰、比利时和奥地利是正增长，而爱尔兰、希腊和葡萄牙都是负增长。

更为重要的是，在金融风险的应对中，欧元区为成员国提供了极为坚实的政策和资金后盾。如果没有欧元区的联合救援机制，希腊、爱尔兰和葡萄牙等经济体可能已经陷入国家破产的境地。再以爱尔兰为例，在2008年之前，爱尔兰的经济和财政状况都优于欧元区其他国家，但是由于全球金融危机的冲击，爱尔兰房地产泡沫破灭，房地产危机引发了银行危机，爱尔兰政府在接收银行债务之后，银行业大致500亿欧元的负债成为爱尔兰的主权债务，如果是一个没有欧元区的爱尔兰，那面临的将是主权债务违约和可能的货币危机，将继续演绎历史上诸如拉美债务危机、俄罗斯债务危机等引发的货币、经济危机，其造成的冲击将更为巨大。

欧元区财政政策和货币政策的二元结构矛盾是欧债危机的制度基础，欧元区成员国货币政策是统一制定的，成员国只能更多地以财政政策来救援经济并促进增长和就业，欧洲债务问题更为内在，更具有必然性。很多研究者认为，欧债危机暴露了欧洲一体化进程中的财政政策、货币政策二元结构的制度性矛盾，如果不能实行及时而恰当的政策和改革加以应对，债务问题可能深刻地影响欧盟和欧元区的未来发展轨迹，甚至欧元区可能分裂甚至崩溃。

历史经验和发展现实表明，欧元区的崩溃对于任何成员国都没有好处。理论分析的结果也是如此。欧洲经济一体化领域的专家理查德指出，欧元区崩溃将极大地扭曲欧洲的银行和金融体系，极有可能导致欧洲的严重衰退。而且由于欧元的金融市场是全球信用市场和金融体系的主要组成部分之一，欧元区的动荡无疑将具有系统冲击力。"欧元之父"蒙代尔和诺贝尔经济学奖得主斯蒂格利茨都认为欧元将继续生存并发挥积极作用，但是要进行一些实质性改革。

欧债危机救援是欧元区共同的责任。德国总理默克尔指出，欧债危机是1957年《罗马条约》签署以来欧洲面临的最大考验，欧元则遭遇了正式面世10年来最为严重的生存危机，"欧元失败则意味着欧洲失败"。因此，欧元区及各成员国需要更加团结，以应对债务危机的冲击。

2011年10月27日，欧盟峰会在希腊主权债务处置、欧洲金融稳定基金的职能扩大以及欧洲银行业的风险防范等方面取得了积极的进展，欧债危机的短期压力有了一定程度上的缓释。但是，欧债危机的根本解决在于偿付能力的实质性提高，在于公共收支结构的根本转型，在于财政货币政策二元结构矛盾性的解决，在于欧盟和欧元区成员国经济结构的完善和增长潜力的提升。欧元区及成员国需要摒弃分歧，加强团结，在更实质的方面进行合作，以更好地解决危机，促进欧元区的新繁荣。

2. 欧洲联合的制度性缺陷

罗格夫和雷因哈特在2009年谈到，从金融危机的历史经验来看，往往在第一个阶段爆发银行危机，而在第二个阶段会爆发主权债务危机。主权债务危机的到来是迟早的事情，但是，这场危机爆发在欧洲，多少有些出人意料。

（1）希腊的经济规模较小，其占欧元区GDP的比例只有2.6%。为什么这样的一个小国出现危机，会很快拖累整个欧盟呢？2009年，美国的加利福尼亚州也出现了债务危机，严重的时候，加州政府已经没法给雇员发工资，只能"打白条"了。加州占美国GDP的比例，要比希腊占欧元区GDP的比例大4倍。加州政府拖欠的债务为200亿~300亿美元，希腊的债务负担为500亿~600亿欧元（相当于700亿~850亿美元），从绝对规模上看，希腊的债务压力更大。但是，美国的州政府征税能力低于欧元区的主权政府，加州出现债务危机之后，联邦政府并没有去救加州，但希腊出了问题之后，欧盟实施了救助计划。为什么加州债务危机波澜不惊，而希腊的债务危机却引起一场轩然大波呢？

（2）从过去10年的历史来看，欧洲的债务问题并不比美国严重。1999年，欧元区债务余额占GDP的比例大约为70%，美国大约为60%，随后，欧元区的这一比例逐渐下降，而美国则逐渐上升，到2007年，欧美的债务水平大体持平，之后这两个经济体的债务水平都开始攀升，但美国的上升速度超过了欧元区。2010年，美国债务余额占GDP的比例大约比欧元区高出10%。日本的债务余额占GDP的比例更是远远高于欧洲。为什么美国和日本没有出现债务危机，偏偏是欧洲呢？

欧洲之所以出现了严重的主权债务危机，不是因为其病情严重，而是因为在预防疾病方面几乎无所作为，而且在治疗疾病方面显得力不从心。

在欧盟的制度框架之中，货币政策制定、实施权被授予欧洲中央银行。欧洲中央银行在法律上独立于欧元区的各个成员国，这保证了其不会受到各国政治势力的影响。可是，财政政策仍然由各国独立执行。如果货币政策统一了，但财政政策却不统一，可能会使得各国有不断借债的冲动，因为借债越多，就越容易产生负的外部性，把其他国家拖下水，到那时候，别的国家不救它都不行。为了防止出现这样的情况，欧盟《稳定与增长公约》规定，各国财政赤字占GDP的比例不能超过3%，债务余额占GDP的比例不能超过60%。为了防止"居心不良"的成员国通过债务危机"敲诈"其他国家，欧盟《稳定与增长公约》还规定了"不救助"（no bailout）条款。从纸面上看，这些制度设计是非常完善的。但是在实践中，这些制度设计都没有发挥作用。

（1）欧盟对财政纪律的监督机制形同虚设。尽管《稳定与增长公约》对各成员国的财政健康状况进行了严格的规定，但是，由于缺乏有效的监督和检查机制，这样的规定形同虚设。从2000年到2008年，根据各成员国上报给欧洲委员会的数据，在这一时期欧洲各国财政赤字占GDP的比例平均为2.9%，但实际水平是5.1%。希腊一直在财政数据上作假，但始终没有被欧盟察觉。近期更是爆出了2001年美国高盛公司为帮助希腊加入欧元区而虚报财政数据的丑闻。欧盟的监测体系，居然在如此长的时间内犯如此离谱的错误,而且一直浑然不觉,这是此次主权债务危机揭示出的欧洲联合中的一个重大制度缺陷。之所以会出现这种问题,一是因为欧盟统计局无法对成员国上报的数据进行审计核实,尤其是没有现场监管的权力。二是因为欧盟统计局主要依靠各国统计部门上报有关的财政数据,和预算部门缺乏紧密的联系。三是在现有的财政统计框架中,欧盟过分重视结构性赤字,即对经济周期因素进行调整之后的财政赤字。尽管从理论上讲,这样做更有科学性,但是为了对经济周期进行调整,先要对产出缺口进行估计,而对产出缺口很难做出准确可靠的计算,这就使得欧盟的财政数据更加与实际情况脱节。四是最近几年,欧洲国家已经纷纷突破了《稳定与增长公约》的标准。根据欧盟的数据,2009年和2010年,欧盟27个成员国中只有瑞典和爱沙尼亚达标,2009年欧元区财政赤字占GDP比例的平均水平已经高达6.9%,公共债务水平达到了79.8%。

(2)《稳定与增长公约》中的"不救助"条款是一种不可置信的威胁。所谓的"不救助"条款,是指根据第125条的规定,欧盟不会对成员国或成员国的地方政府债务承担责任。欧盟本来是希望这种"威胁"能够起到震慑作用,但是欧元区成员国真的出现债务危机的话,还可以申请IMF的援助,因此这一"威胁"是不可置信的。如果切实贯彻"不救助"条款,那么就应该允许债务问题较为严重的成员国破产或重组。但是,债务重组会对金融市场带来巨大的冲击,很可能会引发系统性的恐慌。由于欧洲的金融体系已经连成一体,如果希腊或别的欧元区国家突然实施债务重组,有可能会导致危机蔓延,殃及欧洲其他国家金融机构的资产负债表。2008年,正是由于美国没有对雷曼兄弟提供援助,导致雷曼兄弟破产,才使得全球金融危机再度恶化。2010年5月月初全球金融市场的急剧动荡,促使欧元区下定决心,实施对成员国的救助计划,先后有对爱尔兰的救援以及对希腊的第二轮救援、对葡萄牙危机的救援,使得"不救援"条款形同虚设。

3. 欧洲联合的改革方案

为了克服欧盟在制度设计上的缺陷,各方提出了许多改革建议。概言之,欧盟在今后应该解决的最迫切的问题包括:

（1）欧盟应对各国的财政预算进行更准确的评估、更严格的监督。为此，欧盟应考虑由超越各国政府和政党的独立委员会每年审查欧盟各成员国的预算计划和财政账户。为了提高独立审查报告的权威，欧盟的其他政策可以和这一审查报告挂钩。比如，欧洲中央银行对抵押物采取的"扣减率"（haircut）、欧盟的农业支持政策和其他转移支付政策都可和它联系起来。为了让欧盟能够更好地监控各成员国的财政状况，也应考虑让《稳定与增长公约》带有惩罚性。比如，对那些债务余额占 GDP 比例超过 60% 的国家，再要发债就必须缴纳惩罚性的税收。

（2）欧盟也可考虑对各成员国的债券进行适度的统一管理。雅克·德尔普拉和雅各布·冯·魏茨泽克（Jacques Delpla and Jakob Von Weizsäcker）于 2010 年提出，可将每一个欧盟成员国的债务中占 GDP 的比例没有超过 60% 的部分汇总起来，形成一种统一的欧元债务，称之为"蓝色债券"（因为欧盟旗帜的颜色是蓝色的）。这样一来，蓝色债券将成为非常安全、流动性较强的资产，可以和美国的国库券媲美，这有助于提升欧元的国际地位，增加其国际储备中的比例，也有助于减少欧洲债券的融资成本。蓝色债券的发行额度应由一个独立的稳定理事会决定。所有参加"蓝色债券"机制的国家，一旦其债务余额占 GDP 的比例超过 60%，多出的部分将成为"红色债券"。"红色债券"的融资成本会更高，欧洲中央银行在向银行提供再回购的时候也可以规定不接受"红色债券"，发行"红色债券"的国家必须遵守专门为其制定的标准化的共同行动条款等。这一机制赏罚分明，对于欧盟的小国来说，其原本自己发行的债券流动性较低，参加"蓝色债券"能为其提供更高的流动性。对于债务水平相对较高的国家来说，参加"蓝色债券"在一定程度上有助于减少其融资成本，但"红色债券"的苛刻条件会迫使其更注重财政纪律。

（3）可考虑在欧盟中引入惩罚机制。2010 年 2 月，欧洲政策研究中心主任丹尼尔·格罗斯（Daniel Gros）和德意志银行首席经济学家托马斯·梅耶（Thomas Mayer）就发表了一篇题为《如何应对欧债危机：建立欧洲货币基金》的论文，详细描述了欧洲货币基金（EMF）的草图。3 月 7 日德国财政部长朔伊布勒提出要建立"欧洲货币基金"，更是在欧盟内部引发了激烈的讨论。欧洲货币基金（EMF）的主要目的就是建立一套债务拖欠成本的控制机制,对无法履行调整计划条款的成员国的债务拖欠进行有序管理,防止欧元区出现系统崩溃(Daniel Gros and Thomas Mayer,2010)。一是格罗斯和梅耶提议,建立一个共同保险基金。资金应由那些违反了《马斯特里赫特条约》规定标准的国家提供,而公共财政状况优良的国家不需要缴纳资金。二是要建立一个防范债务拖欠的机制。设定欧洲货币基金的思路是建立一个以布雷迪债券的成功经验为依据的简单机制。当债务国可能出现债务违约的时候,欧洲货币基金向债权人提供债券转换,从而避免债权人对债务国进行索赔。债务国为此付出的代价就是必须接受统一的债务削减。在设定欧洲货币基金计划中还考虑引入国家破产机制,以便更好地管理成员国的债务压力。

4. 欧洲联合的前景

从欧洲走向联合的那一天起,怀疑的声音就从来没有断绝过。克鲁格曼讲到,在1992年因英镑贬值而爆发欧洲货币体系危机的那天,他到国民经济研究局上班,结果是:"我从来没有在国民经济研究局见到那么多兴高采烈的人。"按照克鲁格曼的解释,这是因为经济学家总是做各种各样的预测,但却很少能够说对,只有这一次是事态的发展真正符合经济学家的预言。但我们也能看出,有些人对欧洲联合的怀疑甚至敌意,是根深蒂固的。欧债危机爆发之后,由于欧洲债务问题不断蔓延,而且变成了一个长期的问题,欧洲联合中存在的统一货币政策与分散财政政策的内在矛盾也难以在短期内解决,市场上出现了看空欧元的情绪,有人甚至认为欧元将在未来不长时间内发生分裂和崩溃。

德国学者约翰·马丁(John Makin)认为,5年内欧元将崩溃,因为欧元区内部的结构性和制度性问题是难以解决的,比如德国现在是在为南欧地区竞争力下降和松散的财政纪律埋单,德国将会逐渐失去耐心。爱尔兰都柏林大学经济学家卡尔·蕙兰(Karl Whelan)则认为,欧元暂时没有问题,但压力会越积越大。在危机之中,各国处理自己的问题尚应接不暇,再提出来要退出欧元区,更是给自己添乱。但是,当危机渐渐平息之后,欧元区潜在的矛盾逐渐凸显,裂痕越来越大,欧元可能会走向解体。

早在2007年,著名的国际经济学者巴里·艾肯格林在2007年就讨论了欧元区分裂和欧元崩溃的情景和可能性。艾肯格林指出，一国退出欧元区，会遇到巨大的经济成本、政治成本、法律和技术上的障碍。

从经济成本来看，退出欧元区的成员国需要创造一种新的主权货币，并对欧元大幅贬值，这样一来，可能带来巨大的转换成本，影响到企业的正常经营，资金也可能大规模外逃。如果该国货币贬值的幅度较大，很可能会引起欧元区其他国家的反对和反抗。退出欧元区，即便短期内能获得一些好处，但是在中长期可能会遇到更大的损失，比如区内贸易壁垒、国债息差扩大、借贷成本提高等。最后是资产负债表的重估效应，如果是小国家退出欧元区，则小国家的金融机构、企业、家庭和政府的资产负债可能恶化，甚至破产；如果是大国家退出，则整个欧元区都面临资产负债表重估问题。

从政治成本上来看，一旦一个成员国退出欧元区，其在欧盟和欧洲的政治公信力将受到极大的损害，因为货币联盟和货币合作是欧洲政治联盟和欧洲一体化的基础。比如意大利退出欧元区，那意大利在讨论欧洲联合的其他问题中将丧失发言权。

从法律障碍上来看，主要体现两个方面：一是退出欧元区的成员国必须重新立法将所有的交易、计价和结算货币从欧元转为其主权货币，并要将家庭、企业和政府的债务、贷款等转化为新货币；二是《马约》并没有成员国退出的法律规定，因此需要修改欧盟《稳定与增长公约》。在技术障碍方面，存在类似的"菜单成本"，比如企业合同必须重新签订，以适应新的计价货币等问题。

由于退出欧元区将带来巨大的动荡，因此欧元区分裂和欧元崩溃将是小概率事件。欧洲各国在处理希腊问题上争吵不断，但是它们都不愿意承担退出欧元区的风险和责任。德国如果退出欧元区，马克将大幅度升值，德国的出口竞争力将受到严重的损害，而德国恰恰是一个出口导向的国家。德国和法国借助欧元区和欧盟，提高了其在全球政治经济体系中的影响力、提升了其在全球市场上的竞争力，它们是欧元区的最大受益者，很难退出欧元区。意大利如果退出欧元区，就难以在国际金融市场上较为便利的筹资。欧元债券中数量最多的，其实是意大利发行的欧元债券。相对落后的欧元区国家退出欧元区，就不再能得到欧盟的各种补贴和支持。哪一个国家先提出要退出欧元区,就会成为破坏欧洲联合的始作俑者,受到欧洲各国的谴责。如果有成员国要退出欧元区,很可能引发整个欧元区的崩溃,并带来整个欧洲银行和金融体系的危机,导致严重的经济衰退。退出欧元区的国家也难以幸免于难。

联合已经成为欧洲政治的传统。欧债危机带来的风险,至少到目前为止,仍然是可以控制的。危机之后,欧洲很可能会出现更紧密的联合,而非灾难性的分崩离析。但是对欧洲来说,联合是一件相对容易的事情,改革才是最艰难的任务。欧洲面临着人口老龄化、劳动力市场僵化、国际竞争力下降、成员国差距和分歧扩大等严峻的挑战。欧洲在全球经济中的地位正在逐渐衰落。欧洲的联合是为了自保,欧洲的改革才能使其自强。

三 财政紧缩与财政扩张[①]

欧债危机已经持续了3年多的时间,它对欧洲经济和全球经济的冲击是实质性的。传统的债务危机应对措施,主要强调财政紧缩和财政整固。财政紧缩强调压缩财政的支出,而财政整固则强调增加财政收入。但在危机之后如果进一步压缩财政支出,可能会导致经济增长继续下滑,而如果想要通过增加财政收入来改善赤字状况,则前提条件是有持续的经济增长。这就带来一个矛盾:用财政紧缩政策来应对债务危机,可能会导致增长继续下滑,使得财政状况进一步恶化,而非得到改善。因此,究竟应采取财政紧缩还是财政扩张政策,是决策者应对债务危机时面临的一个两难选择。

在欧洲债务危机的应对中,这个两难随着危机的发展和应对日益明显。2011年年底之前,欧盟和欧元区的一贯政策就是要求债务国应该紧缩财政以夯实财政整固的基础,但是其后发现财政状况并没有因为财政紧缩而改善,其偿付能力反而降低,比如希腊甚至可能会对欧盟的贷款进行展期。

2012年之后,由于法国、意大利等经济体的强烈要求,欧洲应对债务危机的政策原则开始逐步从一味财政紧缩到财政整固和经济增长相结合的

---

① 本章第三和第四部分主要由肖立晟、伍桂和邹晓梅等进行修订。

转变。

1. 欧洲财政紧缩政策受到质疑

财政紧缩首先影响欧洲经济体的政府稳定。2012 年以来在债务危机中挣扎的欧洲政坛变化频仍。荷兰首相吕特于 4 月 23 日递交内阁辞呈,让经济分析人士纷纷猜测这会否推倒欧元区即将倾倒的"多米诺骨牌"。《金融时报》评论说,荷兰海牙的政治危机显示出,欧元区选择的普遍实行财政紧缩的政策,在又一个欧元区核心国家出现软化。主张财政纪律的强硬派现在似乎越来越多地受到质疑。

吕特政府垮台对欧元区整体产生的更广泛的经济和政治影响,已经明确地显现出来。德国一直反对为尚未恢复本国公共财政秩序的欧元区外围国家提供帮助。荷兰在这一点上一直是德国坚定的支持者。可是现在,这种局面却轮到了荷兰自己头上。2011 年相当于全国经济产出 4.7% 的财政赤字,让荷兰政府颇为尴尬,因为荷兰一直在像个拉拉队长一样,推动欧盟要求各国政府将这一比例保持在 3% 以下。

作为欧洲数量越来越少的主权信用评级仍为 AAA 的国家之一,荷兰却没有能力做到它对其他国家的要求,这让市场十分不安。同样让市场不安的是荷兰的局面引发的政治不确定性,它加剧了由陷入选举狂热的法国带来的政治不确定性。

2012 年 5 月 6 日,引人注目的法国大选结果是法国温和左派总统竞选人奥朗德击败萨科奇。《金融时报》评论到,荷兰的局面令人恐慌地展示了欧洲的自我伤害。在承受着巨大压力、没有财政运作空间的国家,削减赤字当然迫在眉睫,但如果一些国家能够通过扩大赤字来支撑欧元区的总需求,直到经济复苏的局面稳固,那么它们就应当这样做。荷兰负债相当于经济产出的 65%,属于欧元区内偿付能力最强的国家之一,没有理由在经济衰退的情况下担忧适度的财政赤字。然而欧盟要求所有国家实行财政紧缩的政策,正在将一个又一个经济体拖回衰退,并且这种后果并不仅限于外围国家。普遍财政紧缩政策的破产不仅具有经济影响,而且会有政治影响。欧元区所青睐的政策失败得越明显,主流政治人物就越无法取信于选民。这些主流政治人物对德国削减赤字的要求仍然过于忠实。如果民众认为领导人忘了常识，政治舞台就会为威尔德斯〔荷兰民粹主义政党自由党（PVV）领导人，他认为荷兰应该退出欧盟〕这样的人物敞开。

据《华尔街日报》在2012年4月30日的报道，在西班牙全国4500万人口中，已有超过500万人失去了工作。西班牙的失业率已经从2008年时的不足10%升至24.4%。而且公共部门也开始裁员，这代表了一种令人不安的新趋势。经济学家们指出，公共部门的裁员可能会导致西班牙的失业人数在2012年全年都处于上升状态。

迫于来自欧盟领导人的压力，西班牙已承诺将2013年预算赤字占GDP的比例从2011年的8.5%降至3%。这意味着西班牙要将预算赤字削减约600亿欧元，其中约1/3的减赤任务要由地方政府来完成。不过，公众对削减预算和裁员的反对之声越来越大。2012年4月29日，西班牙全国出现了一系列抗议之声。

在希腊，随着希腊激进左翼政党在选举中成为第二大党，该国与国际贷款机构可能发生冲突。该党呼吁废除作为纾困条件的"野蛮"紧缩计划。各方对希腊在欧元区的未来疑虑越来越大。激进的左翼联盟（Syriza）38岁的领导人亚历克西斯·齐普拉斯（Alexis Tsipras）曾经试图组建联合政府。他提出一份五点计划，他在该计划中要求逆转那些使希腊得以削减预算赤字的财政和结构措施。

齐普拉斯表示："选民们对纾困协议中的野蛮政策说不；人们抛弃了支持纾困的政党，实际上废除了解雇（公共部门员工）和进一步削减开支的计划。"齐普拉斯的计划包括：放弃针对希腊的1740亿欧元第二轮纾困协议，把银行业"置于国家控制之下"，推翻劳动改革，暂停偿还国债，并转向比例代表制（proportional representation）。

普林斯顿大学教授保罗·克鲁格曼最近几个月在《纽约时报》发表的专栏文章中，连续质疑欧洲的财政紧缩政策。他在一篇文章中举例说，英国这次的经济表现比其在20世纪30年代的"经济大萧条"其间还差，意大利的经济表现也比20世纪30年代差，而西班牙显然已经陷入"二次探底"的衰退之中。他认为，这种情况标志着欧洲的财政紧缩教条的失败。

英国正在执行"扩展性紧缩政策"，即在抵御经济衰退时，政府应该削减支出而不是增加支出，这样可以使经济更快地增长。克鲁格曼认为，在失业率已经很高，而政府的政策却在直接降低就业的情况下，经济怎么能够出现繁荣？而欧盟将信心作为解决问题的关键因素实在是缺少基础。

克鲁格曼在另外一篇文章中严厉抨击了这种"信心"说。他指出，过去两年来，欧洲的大部分决策者和许多美国政客及学者一直受到一种破坏性经济教条的奴役。根据这种教条，面对严重的经济衰退，政府不应制定经济教科书所说的那种应对措施，即加大支出以抵消私营部门需求的下降，而是应该采用财政紧缩，削减支出以实现预算平衡。而面对在经济衰退状况下采取财政紧缩的政策只会让衰退更加严重的警告，"财政紧缩人士"却坚持认为会出现相反的结果。

克鲁格曼引用了国际货币基金组织及其他机构的研究人员的观点，他们都驳斥了所谓削减支出创造就业岗位的证据。他也引用了保罗·萨缪尔森的观点，即在经济萧条面前，实行财政紧缩是一个非常坏的主意。克鲁格曼表示，决策者、专家，还有许多经济学家，主要出于政治原因，决定忘记过去所熟知的东西。为了他们这种故意的忘记，数以百万计的工人群众付出了沉重的代价。对于欧洲近来出现的变化，克鲁格曼认为这正证明了欧洲这一政策的完结。

2. 财政紧缩到适度扩张的转变

欧洲财政紧缩争论带来不确定性。对于实施财政紧缩，投资者们的看法可谓患得患失。紧缩力度过大，他们担心药力太猛会害死病人；紧缩力度过小，他们又担心政府已放弃财政纪律。问题在于存在两种相冲突的危机解决理念，即为每个国家确定适合各自情况的举措，以及制定明确的统一规定以恢复欧元区公信力。

欧洲一刀切政策并非是最优政策选择。欧盟委员会、欧洲央行和德国等欧元区核心国家坚持采取一刀切式的政策，规定各国预算赤字占GDP的比例到2013年必须降至3%。但这可能并非是适合所有国家的最理想政策。例如，西班牙债务占GDP的比例为68.5%，显著低于87.2%的欧元区总体水平，该国的当务之急可能是调整因建筑及相关行业崩溃而受到破坏的增长模式。虽然降低目前为8.5%的预算赤字占GDP比例也是必要的，但如果过于激进，则可能损害经济增长。更严重的是，财政紧缩带来的不良后果（失业率升至23.6%）可能削弱旨在促进长期增长的结构性改革所受到的支持。同时，由于对于财政紧缩的担忧推高债券收益率，西班牙实际上同时面临货币政策和财政政策的收紧。

不过，由于欧元区已经设定了赤字目标，偏离这些目标也将令人担忧，因为这也许会降低面临再融资困难国家获得支持的可能性。政客们称希腊债务重组是特例，但投资者们担心其他欧元区外围国家可能步其后尘。这令西班牙和意大利债券的海外需求降低，意味着两国政府几乎别无选择，只能减少借款规模。法国和荷兰在发行债券方面遇到的问题较少，然而一旦两国财政紧缩的力度面临放松就可能引发不确定性，这导致投资者担忧。

2012年以来，欧洲一味财政紧缩立场逐步软化。欧洲央行行长德拉吉称欧元区国家需要一项"增长公约"，甚至连德国总理默克尔也在谈论增长，不过这两人均排除了采取经济刺激举措的可能性。有关欧元区是否应重新考虑3%赤字目标的争论也许最终会成为一件好事。不过短期内，这一争论，加上对于全球其他地区增长的担忧，带来了出现政策失误的风险，因为政客们错误理解了投资者的担忧。同时也存在出现市场危机的风险，因投资者未正确理解政客们的意图。特别是法国总统奥朗德上台以来，一直坚持与德国总理默克尔进行协商，以协调财政紧缩和经济增长的关系，并取得了积极进展。

美国财政部前部长萨默斯曾指出，欧洲经济依然接近危险边缘，但是欧洲的经济政策制定者误判了"病情"，导致应对欧债危机的战略性大方向选择错误。欧洲政策制定者认为欧洲的主要问题在于债务过高并且无法获得较低成本的市场融资，较高的偿债成本危害金融体系和未来的经济增长，因而解决欧债危机的方法是提供流动性并坚持紧缩的财政政策，希望高债务国能够减少开支、降低偿债成本并提高市场信誉。

萨默斯认为，希腊的经济总量只占欧元区的约2%，希腊式的政府开支无度并非欧债危机的根本原因；西班牙等国在5年前的债务总量占国内生产总值（GDP）的比例甚至低于德国；意大利虽然债务总量占GDP的比例较高，但是新增赤字占GDP的比例不大；高债务是表象，而非问题的根源，欧洲国家目前经济困境的主要原因在于2008年以来的金融危机破坏了其金融体系,并导致经济增长中止。

萨默斯指出,欧洲金融体系困境的根源在于缺乏实体经济增长支撑,对于任何负债国而言,如果利率高于经济增长率,那么债务问题将持续恶化;解决欧债问题需要提振经济增长,从这个角度而言,减少政府开支则是错误的经济战略选择,是治标而非治本之举。系统性的研究表明,在一国经济缺乏有效需求并且短期利率接近零的条件下,如果该国的总开支占GDP的比例每减少1%,那么该国的GDP将减少1%~1.5%;紧缩的财政政策还将导致民众收入下降,也降低了民众的债务偿还能力,对一国提高市场信誉无益。

约瑟夫·斯蒂格利茨在2012年5月7日发表的文章"After Austerity"中对现行的财政政策表示了反对意见,他认为这些政策不啻"缘木求鱼"。因为,在危机经济体深陷衰退的时候,如何重塑信心?在紧缩几乎肯定会进一步拖累总需求、使产出和就业继续恶化的时候,如何重塑增长?

斯蒂格利茨指出,市场不能靠自己稳定下来。市场不但一再造成不稳定的资产泡沫,当需求疲软时,市场还会形成加剧下滑趋势的力量。失业以及对失业蔓延的担心压低了工资、收入和消费,从而拖累了总需求。实行平衡预算框架的国家被迫削减预算,因为税收收入降低了——这就是欧洲一根筋地力行不懈的"动摇器"(destabilizer)。

我们可以采取替代措施。德国等国家拥有财政机动的空间,用之进行投资可以提振长期增长,并对欧洲其他国家形成积极的溢出效应。一个早已为人所知的原理是税收和支出的平衡扩张能刺激经济,如果有一个设计良好的计划(对尖端人士征税,并增加教育方面的支出),GDP和就业将能有巨大改善。

整体而言,欧洲的财政状况并不差:其债务/GDP比率比美国还要好。如果美国的每个州都需要对自身预算完全负责(包括支付所有失业保险),那么美国也将爆发财政危机。美国的经验是显而易见的:部分之和大于整体。如果欧洲(特别是欧洲央行)可以借款并转手放贷,那么欧洲债务的维持成本就会下降,从而为刺激增长和就业的支出创造空间。

欧洲内部已经有了合适的机构(如欧洲投资银行)可以帮助资金受困国为必需的投资融资。欧洲投资银行应该加大贷款力度。中小企业——就业创造的主力军,在任何国家都是如此——需要更多的资金支持,这一点尤其重要,因为银行信用的收缩对中小企业的冲击尤重。

欧洲之所以一根筋地死抓紧缩不放,是因为它们误诊了问题。希腊确实是支出过度,但西班牙和爱尔兰在危机前财政都有盈余,债务/GDP比率也很低。大谈审慎财政可谓使错了力。把这一点当真,甚至采取严厉的预算框架只能适得其反。不论欧洲的问题是暂时性的还是基础性的——比如,欧元区远非"最优"货币区,且自由贸易和人口自由流动地区的税收竞赛会拖垮原本健康的国家——紧缩肯定只能让情况更加糟糕。

欧洲忙不迭采取紧缩措施的后果将持续很长时间,而且可能会很严重。如果欧元可以幸存下来,那也是以高失业和多重痛苦(特别是对危机国家来说)为代价的。而危机本身几乎肯定会蔓延开来。一边建防火墙一边火上浇油,最后只能是无功而返,这就是欧洲正在做的事情:还没有哪个大型经济体——欧洲是世界最大经济体——曾经通过紧缩带来过复苏。欧洲应该在经济复苏和财政整固相互协调起来。

四 欧洲的国际收支失衡

1. 债务危机根源之一是国际收支失衡

自欧元推出以来,欧元区作为一个整体,基本实现了国际收支经常项目平衡,但各成员国情况差异较大。1999~2008年,希腊、葡萄牙、西班牙经常项目逆差占其GDP比例,分别达到11%、9%、6%,而德国、荷兰经常项目顺差占其GDP比例分别超过3%、6%。持续逆差的国家还包括爱尔兰、意大利等,而顺差国包括卢森堡、芬兰等。

欧洲主权债务危机并不完全是财政问题,更重要的是一个国际收支不平衡的问题。欧元区内部的国际收支失衡是非常明显的。顺差国的财政赤字完全可以在国内融资,难以演变为主权债务危机;而逆差国的财政赤字要依靠外部融资,很容易演变为主权债务危机。

欧元区的不平衡问题包括内部不平衡和整体对外不平衡。内部不平衡,即德国等国的顺差和希腊等国的逆差,在货币统一之前就存在,货币统一并没有消除这种不平衡。内部不平衡至今存在,且愈演愈烈。统一财政虽然能将内部不平衡所引发的部分主权国财政风险转移到统一财政的负担上,从而降低内部不平衡引发主权债务危机的可能性,提高欧元体系的稳定性,但不能降低外部不平衡所引起的财政风险。

在欧元区内部,存在着巨大的经常账户失衡。德国、荷兰等国家具有持续显著的经常账户顺差,而希腊、葡萄牙、爱尔兰、西班牙与意大利具有持续显著的经常账户逆差。这些经常账户逆差国,目前都无一例外地卷入了主权债务危机。

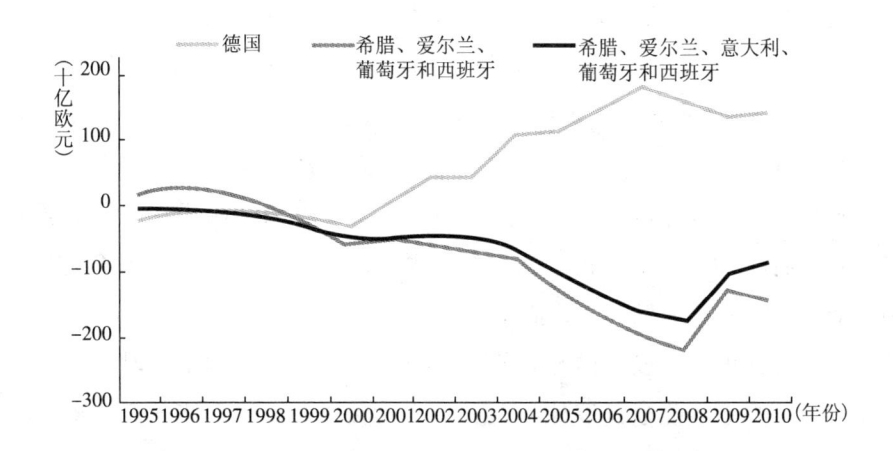

图 9-1　欧元区内部的经常项目失衡状况

资料来源:Sinn & Wollmershaeuser,"Target Loans, Current Account Balances and Capital Flows: The ECB's Rescue Facility",NBER Working Paper,2011。

"欧猪五国"的经常账户逆差,既是其国内储蓄低于国内投资的表现,也是其出口竞争力下滑的表现。与德国、荷兰相比,"欧猪五国"经过竞争力调整后的劳动力成本更高。这一方面意味着政府通过举债来为优厚的社会保障体系融资(造成财政赤字),另一方面意味着这些国家在传统优势行业出口竞争力的下滑(造成贸易赤字)。

财政赤字的累积会导致一国主权债务上升,经常账户逆差的累积会导致一国对外债务上升。而"欧猪五国"面临的困局则更加错综复杂:其主权债务与对外债务在很大程度上是相互重叠的。"欧猪五国"发行的国债中很大一部分被其他欧元区国家的商业银行持有,特别是德国与法国的商业银行。这也是我们目前看到的债务危机、经济衰退和银行业风险并存的困境。

2. TARGET 2 失衡

表面上看,欧洲当前的主要问题是主权债务危机,但越来越多的学者指出,欧洲问题的根源是国际收支失衡的危机。例如,辛和沃勒默海由萨(Sinn and Wollmerhaeuser)于 2011 年在分析中就指出,当前欧元区国家所发生的是一系列严重的国际收支危机,而不仅仅是财政危机(何帆等,2012)。这可以从欧洲的 TARGET 系统的头寸变化得到明显的反映。

TARGET 是泛欧实时全额自动清算系统(the Trans – European Automated Real – time Gross settlement Express Transfer System)的简称。它是欧元区各国央行之间的一个交易结算机制,主要用于为欧洲各国央行提供实时全额清算服务。欧元区成员国间的经常账户交易、资本和金融账户交易都会引起各国央行 TARGET 头寸的变化。根据规定,各国央行需要为 TARGET 系统内日交易净头寸提供相应的抵押品。

当欧元区内某一成员国与其他成员国的国际收支基本平衡时,即当该国的经常账户赤字能通过国外私人资本流入融资时,或是该国经常账户顺差累积的资金能顺利输出为他国的经常账户赤字融资时,该国的 TARGET 余额将保持不变。但是,当该国对欧元区其他国家出现国际收支失衡时,该国的 TARGET 余额就会出现盈余或赤字。国际收支顺差国的中央银行将累积起 TARGET 净债权,而逆差国的中央银行则将累积起 TARGET 净债务。在货币同盟和 TARGET 系统建立之前,欧元区内的国际收支失衡与固定汇率制度下的国际收支失衡无异,当一国出现国际收支逆差时,该国的外汇储备将减少,当出现国际收支顺差时,该国的外汇储备将增加。但当货币同盟和 TARGET 系统建立之后,欧元区内的跨境交易结算可直接使用欧元,不存在所谓的外汇储备,取而代之的是各国中央银行 TARGET 余额的变动。所以,可以将 TARGET 债权理解成一国对欧元区其他国家商品和资产的要求权,TARGET 负债则表示一国对欧元区其他国家的债务。即是说,TARGET 余额的变化可能反映成员国国际收支头寸的变化和欧元区内部失衡的发展。

1999年1月1日，第一代TARGET正式启用。第一代TARGET通过SWIFT的网络通信设施，将欧元区成员国的RTGS和欧洲中央银行的支付机构（ECB payment mechanism，EPM）连接起来，这样交易支付指令就可以从一个系统传递到另一个系统。第一代TARGET的主要业务包括与货币政策实施相关的资金收付、银行间大额清算以及银行客户之间的大额结算等。由于第一代TARGET实际上是一个基于复合式技术平台的结算系统，随着欧元区成员国的不断增加，TARGET在成本效益和技术维护上的缺陷逐渐显现出来。基于上述问题，2007年11月，欧洲央行启用了基于单一共享平台的第二代TARGET系统（即TARGET 2），以提高交易效率，降低区内结算成本。

欧元区TARGET 2余额显著失衡始于2007年下半年，目前仍有持续扩大的趋势。从2007年下半年开始，德国央行逐渐变成了TARGET 2体系中最大的债权人。2007年7月至2012年5月，德国TARGET 2盈余从206亿欧元增加至6986亿欧元，扩大了33倍，这一余额占德国GDP的比例将近27%。与此同时，希腊、西班牙、爱尔兰和葡萄牙等国央行则变成了最大的债务人，2011年下半年以来，意大利中央银行的TARGET 2净头寸也由正转负。截至2012年4月，西班牙和意大利在TARGET 2系统上的债务分别为3028亿欧元和2794亿欧元，爱尔兰大约为1020亿欧元，希腊大约为980亿欧元。

随着TARGET 2失衡的不断加剧，许多学者都分析了其失衡的原因，并将之与欧洲国际收支联系起来。TARGET 2失衡实际上与欧元区国际收支失衡是相互联系在一起的。辛和沃勒默海由萨在2011年认为，TARGET 2余额衡量了欧元区内部的国际收支盈余和赤字，TARGET 2失衡的根源恰恰在于目前欧元区内部严重的国际收支失衡。而且，这一失衡导致ECB信贷在欧元区各国之间的再分配。危机后，北欧国家资本净流入，资金充裕，各国央行对ECB的再融资需求下降；相反，南欧国家对ECB再融资操作的依赖程度和需求则大幅提升。宾德塞尔和库宁（Bindseil and Koenig）于2011年通过建立家庭、企业、商业银行和中央银行简化的资产负债表，分析了不同交易背景下，各国中央银行TARGET 2余额变化情况。他们认为，欧元区内部经常账户交易和资本账户交易均会影响TARGET 2余额，近期TARGET 2失衡加剧与危机国的资本外流、难以在资本市场获得融资紧密联系。梅勒和皮萨尼－费里（Merler and Pisani‐Ferry）在2012年指出，私人资本流入为官方融资所取代是欧元体系TARGET 2失衡不断加剧的直接原因。希腊、爱尔兰、葡萄牙、西班牙、意大利等危机国家先后经历了3次私人资本流入突然中断，分别为2008年下半年全球金融危机爆发后，2010年上半年主权债务危机爆发后和2011年下半年主权债务危机升级蔓延之时。私人资本流入中断使得这些国家经济活动崩溃，财政状况急剧恶化，最终不得不依靠欧洲央行的官方融资弥补经常账户逆差，维持经济活动的正常运行。官方融资取代了私人资本流入，最终反映为TARGET 2体系的严重失衡。

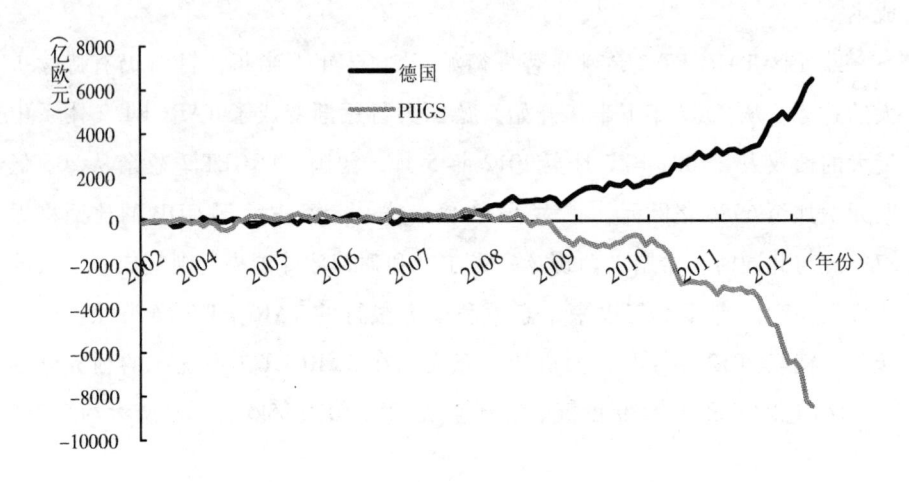

图9－2　TARGET 2的内部失衡状况

资料来源：*Bloomberg*。

事实上，正如辛等的研究所指出的，欧元区内部的国际收支失衡是引起TARGET 2失衡的根源。虽然全球金融危机爆发之后，德国和"欧猪国家"（PIIGS）的经常账户失衡程度均有下降之势（见图9－2），不过，由于私人资本流向的变化，区内出现了更加严重的国际收支失衡。金融危机和主权债务危机的爆发，促使投资者进行风险重估，资本的避险情绪上升，投资者对PIIGS国家的资产逐渐丧失信心，区内经常账户盈余国的私人资本也不愿意再继续流入这些国家为其经常账户赤字融资，加上这些国家出现了不同程度的资本外逃，使得PIIGS国家危机之后出现了持续的国际收支逆差。西班牙央行的数据显示，2012 年第 1 季度以来，西班牙资本外逃金额大约为 1000 亿欧元。与此同时，德国因为资金"安全岛"效应，资本和金融账户也出现盈余，并由此出现了国际收支"双顺差"。

3. 国际收支失衡的纠正

鉴于 TARGET 2 失衡的潜在风险和对德国等债权国的不利影响，如果欧洲不能有效地遏制 TARGET 2 持续失衡态势，不仅会影响德国在欧洲博弈中的政治立场，还会影响欧元区的前景。欧洲当局放弃过度流动性供给是阻止 TARGET 2 失衡加剧最直接的手段，但是显然这一做法是饮鸩止渴。在私人借贷市场基本停滞的情况下，再切断赤字国的官方融资渠道，可能导致这些国家的对外经济活动被迫中止，实体经济和金融体系面临崩溃，其后果不堪设想。但是，逆差国也不能长期指望官方融资渠道来弥补经常账户逆差，所以阻止 TARGET 2 失衡加剧的根本方法是纠正欧元区成员国国际收支失衡的局面。

短期内，欧洲中央银行（ECB）应继续实施宽松的货币政策，欧盟以及 IMF 等多边组织应当采取积极的援助措施。这样做可能在短期内继续加剧 TARGET 2 失衡，但却可以稳定市场信心，增强私人部门的融资意愿，并减缓危机国的资本外逃，降低危机国对官方融资的依赖程度，从而缓解 TARGET 2 持续失衡状况。中长期内，应该敦促重债国实施财政整固，改善公共预算，削减财政赤字；加快经济结构和劳动力市场改革，以提升竞争力，促进各国的竞争力趋同，从根本上消除欧元区内部竞争力不平衡的现状。同时，以德国为主的顺差国也应该实施必要的改革，扩大内需，降低经常账户顺差，从而促进欧元区内部实现更为稳定的国际收支平衡，进而实现 TARGET 2 平衡。在中长期内，欧洲中央银行还应当在适当的时机考虑退出宽松的货币政策，逐渐提高在融资操作中的抵押担保品的质量，保证德国等债权国 TARGET 2 债权的安全性。

五 欧盟制度性改革的深化

针对上述的制度性缺陷，欧盟现行的金融救援框架中并没有给出具有针对性的政策措施和改革计划，实际上欧洲更重要的任务是强化中长期的危机应对机制和制度性改革，以从体制上降低更严重的债务危机爆发的可能性。

欧盟首要的是需要强化其财政纪律。由于欧盟及其成员国的财政审慎性具有缺陷，所以欧盟需要加强财政纪律的改革。一是要对成员国的真实债务水平进行一次全面而深入的核查，真正掌握各成员国的真正负债水平；二是需要强化《稳定与增长公约》关于财政赤字和债务水平的约束机制和惩罚机制；三是建立健全欧盟成员国的赤字和债务水平的监控机制。

欧盟最重要的是改变其货币政策与财政政策的制度性矛盾，从根源上防止债务问题的进一步演进和再次普遍爆发。自欧盟成立以来，欧元区货币政策由欧洲央行统一管理，而经济政策和财政政策交由各国政府分别管理。但由于各国经济结构不同，统一的货币政策根本无法适应各成员国的需要，财政政策成为区内各国可控的政策手段，这就造成财政政策和货币政策制度性矛盾的逐步累积。因此，欧盟在以后的政策制定中，必须尽量将财政自主性和货币统一性的不协调性作为一个参考变量纳入到政策制定和执行的视野中。

其中，最为引人瞩目的一个政策建议是发行欧盟统一债券或欧元区债券。格拉维和慕易森（Grauwe and Moesen）在2009年的研究中认为，欧盟可以发行统一的债券，以降低不同成员国国债之间巨大的息差，防止成员国的融资成本被迫大幅上升和难以进行财政收支结构改革。欧洲智库Bruegel研究将欧洲统一债券的计划细化，认为可以将欧盟各国的债券发行统一到欧盟的框架下，由欧盟统一发行"蓝色债券"（Blue Bond），来为欧盟成员国的财政赤字融资，并通过设计"蓝色债券"的期限、数量和成员国分配制度，以限制成员国发行过多的债务，同时提供欧盟财政政策的协调性。由于"蓝色债券"以欧盟的信用为担保，其收益率比各成员国国债收益率更低，更有利于成员国的偿还。如果成员国的发债规模超过了"蓝色债券"的配置上限，那么"发审委"将审核其增量债券的发行，这些新增债券名为"红色债券"，其收益率要高于"蓝色债券"。"发审委"实际上是一个由成员国参加的独立稳定委员会（Independent Stability Council）。

但是，发行欧元区或欧盟债券的根本缺陷在于成本收益的不匹配性。

发行欧元区债券相当于是用欧元区所有国家的信用作为担保,为发生债务危机的国家融资。在欧元区中德国的信用最高,其融资成本最低;希腊、葡萄牙等国的信用较差,它们的融资成本就较高,如果发行欧元区债券,那么其整体信用水平应该在这二者之间。如此一来,虽然德国的融资成本提高了,但是希腊等国的融资成本却降低了。所以就整体而言,发行欧元区债券有利于融资成本较高的国家,不利于融资成本低的成员国。德国总理默克尔在2011年8月月底就明确表示,反对发行欧元区债券,而此前波兰央行行长贝尔卡认为发行欧元区债券"指日可待"。不过,学术研究界相对更加支持发行欧元区债券或欧盟债券,他们认为这样做非常有利于缓解区内财政和货币政策的制度性矛盾。

此外,就是对欧洲金融稳定机制的完善。2011年6月20日,欧元区和欧盟财政会议召开,该会议针对欧盟金融稳定和债务危机救援体系达成了新的一致协议。一是欧洲金融稳定基金(European Financial Stability Facility, EFSF)需要进一步扩大救援的能力(包括私人部门的资源加入)、救援的规模,以确保欧元区和欧盟的稳定性。二是欧洲金融稳定基金作为一个3年期的临时性救援机制,将在2013年中期到期之后,成立欧洲稳定机制(European Stability Mechanism, ESM)。欧洲稳定机制是一个政府间常设组织,到时将代替欧洲金融稳定基金,为欧元区和欧盟成员国提供金融救援,同时可以干预一级债券市场。欧洲稳定机制的宗旨和运行尚未明细,但是这个框架已经具有欧洲货币基金的雏形,其未来发展关系到欧洲金融稳定的制度和机制基础。

另外,金融稳定机制的改革还包括对欧洲中央银行的制度性改革。目前,根据《稳定与增长公约》的规定,欧洲央行的主要职能负责欧元区货币政策和物价稳定,同时兼顾经济增长和就业,核心是货币政策。但是,欧洲央行没有最后贷款人职能。虽然在2010年5月通过的欧洲金融稳定机制中赋予了欧洲央行购买欧洲国家债券的权力,而且"不规定购买上限",可是欧洲央行受到德国通货膨胀目标制的严格限制,实际上其债券购买的行为不是没有上限的。欧债危机的最后一个解决渠道可能是欧洲央行学习美联储无限地购买问题债券,施行原则上可以无限度的定量宽松。但是,无限度的定量宽松将可能带来欧元区或欧盟的通胀。而且这需要欧洲央行被赋予最后贷款人职能,也需要德国的国会通过相关法案,做出重大的妥协。如果欧债问题继续深化,特别是意大利甚至法国如果爆发危机,那么在欧元区崩溃和严重通货膨胀之间选择,德国可能只能选择后者。

最后,欧盟的制度性改革还体现在对欧盟成员国的接纳、监管和退出制度上。欧盟自21世纪以来的扩张速度大大提高,而在这个过程中又事实上降低了准入门槛。尤其在欧盟和欧元区的制度框架中没有成员国的退出机制,迅猛扩容和退出机制的缺乏的直接结果就是导致了其成员国直接内部失衡加剧和内部政策协调的困难,所以欧盟和欧元区应该在成员预警机制和退出机制上做出安排。更为重要的是,必须深化成员国接纳、监管和退出制度改革,以利于成员国在宏观经济政策、经济结构调整、区内贸易和金融发展等领域取得较为同步的发展,促进成员国之间的要素流动和资产配置,使得欧元区逐步走向一个真正的最优货币区。

六 欧盟中长期发展和改革的重大议题

在分析欧盟制度性缺陷和改革方向之后,欧盟为了保持内部的均衡性和宏观的金融经济稳定性,在中长期改革中还需要进行其他多方面的改革和完善。实际上,欧债危机的爆发为完善欧盟的制度设计和实际运行提供了良好的修正契机,对此欧盟需要在以下几个方面进行思考和改革。

(1) 欧元区是继续扩大还是让部分成员国退出?由于债务危机的冲击,希腊为了得到欧盟和IMF的救援,必须接受欧盟和IMF的条件性,其中一个重要内容就是进行财政支出的紧缩,而在工会力量巨大的希腊,紧缩支出已经引发了严重的社会问题,罢工不断,经济运行受到巨大挑战。部分希腊政治家认为,希腊出卖了主权,希腊应该退出欧元区。实际上,如果从目前的局势看,希腊的退出更有利于欧元区的发展和稳定,也有利于欧元区建立动态的成员国资格管理监督机制。但是,希腊的退出可能会引发系统性的冲击,因为希腊的债券都是以欧元计价的,希腊退出之后创造新的货币,将使得希腊的资产负债表和其他成员国的资产负债表的关联性变得难以确定,并由此引发连锁反应。不过,如果希腊退出欧元区,对欧元区的冲击可能是脉冲性的,但对于希腊的负面影响却一定是实质性的。更重要的是，如果允许成员国退出，那么另一种可能就是德国退出。因为作为欧盟的核心成员国，德国实际上承担了欧元区的最后救援责任。所以如果是德国退出这样的结果出现，那么欧元区将要崩溃，而且对于德国而言，其代价将远远大于其付出的潜在救援代价。因此，欧元区不会出现系统性崩溃，更多的是在内部进行改革和修正，比如建立成员国的退出机制。

（2）如何管理成员国日益差异的经济结构？就整体而言，欧元区和欧盟的成员国是处在一个差异性日益扩大而非逐步趋同的过程。实际上，欧盟整体的外部平衡性掩盖了其内部成员国的巨大差异，比如德国是一个持续的贸易顺差国和资本输出国，而西班牙则是长期的逆差方和资本输入国。欧债危机的爆发及其引发的市场动荡表明，欧元区和欧盟成员国内部的巨大差异性是无法仅仅通过市场自身的力量得以纠正的，所以不能仅仅依靠市场，还必须设立一种长效的应对机制（Wolf，2010）。有研究者认为，可以设立欧洲货币基金（European Monetary Fund）来平滑欧盟成员国内部的差异，一方面在经济上行的时候可以和市场相结合，共同维系成员国经济的上行趋势，防止成员国落伍，并防范警惕潜在的风险；另一方面，在成员国经济下行时候为其提供缓冲和调整的资源，以防止成员国为此陷入困境而做出个体成本收益与欧盟成本收益出现背离的行为，进一步防止成员国之间差异的扩大（Daniel Gros and Tomas May，2010）。

（3）劳动力市场和竞争力。虽然欧元区是一个名义上的最优货币区，但是欧元区内部的要素并不是能完全自由流动的，特别是劳动力的流动。欧元区和成员国需要在劳动力市场方面进行改革，提供流动性，以减少名义工资的巨大差异和带来竞争力上的变化。当然，同时也要对其他要素市场进行改革。

（4）欧盟的团结巩固。希腊债务问题的爆发尤其希腊在财政赤字数据作假的举动，让成员国之间的不信任感大幅上升，而在危机应对的讨论中，欧元区和欧盟核心成员国德国和法国之间的立场也存在差异，同时英国不是欧元区成员国，三大经济体的团结已经关系到欧元区和欧盟的未来发展。债务危机已经使得欧盟出现分裂的可能，而成员国的团结，特别是核心成员国的团结是欧盟和欧元区稳定的基础。欧元区的发展和成就依赖于政治的团结，而政治团结在非对称性冲击、多样化经济运行格局和欧元区治理结构问题中被弱化了,所以欧元区在政治团结上需要更多的努力。"如果政治联盟无法更进一步,那欧元区则没有未来,甚至没有多少机会生存"(Paul De Grauwe,2008)。因此,在一定意义上说,欧债危机救助的有效性在于政治魄力,而不在于外部资源多寡。欧元区和欧盟应在现有框架下更好地应对债务危机,特别是提高政治决断力,而不仅仅是追寻其他救助资源。

(5) 欧洲银行业的稳定。如果欧洲的银行体系崩溃,又会影响到全球的银行业,引发全球性的金融危机。欧洲银行业在全球银行业占据核心地位,根据国际清算银行的统计,截至 2011 年第 1 季度,欧洲银行业总资产为 16.48 万亿美元,为全球银行业总资产的 52.57%。欧洲银行业是最大的离岸美元市场,欧元区的美元存款高达 3.4 万亿美元。欧洲银行业国际化程度高,欧元区银行存款的 34.2% 和贷款的 31.1% 都是非欧元业务。目前,欧洲银行业面临债务违约等重大风险,但是在欧洲金融稳定机制中并没有对此作出政策安排。根据欧洲银行监管局的数据,截至 2010 年年底,欧洲银行业持有希腊、爱尔兰和葡萄牙的风险敞口分别为 982 亿、527 亿和 432 亿欧元,合计 1941 亿欧元。根据相关研究,欧洲银行业持有"欧猪五国"的国债风险敞口超过 5000 亿欧元,而参与欧洲银行业监管局的 90 家大银行 2010 年年底的资本金只有 12089 亿欧元。因而在欧元区和欧盟实施银行业长效稳定的新机制已经迫在眉睫。若不是 2011 年年底至 2012 年年初的长期再融资计划,欧洲银行业将陷入极大的流动性风险。

(6) 欧元区内部的国际收支失衡问题。2007 年以来,欧元区整体的国际收支保持基本的平衡,但是内部的失衡却是非常严重,并且有恶化的趋势,不仅是各个经济体竞争力此消彼长的结果,同时也会进一步恶化区域内各成员国竞争力的平衡。未来为了保持欧元区的整体稳定,需要加强国际收支失衡的政策应对,以保证内部的失衡不会对欧元区的稳定造成冲击。

(7) 欧盟和欧元区的经济增长。欧债危机现在的救援框架只是缓解了债务危机对经济增长和金融稳定的冲击深化,而对于根本解决债务危机的作用却是相对有限的。债务危机的根本解决在于偿付能力的实质性提高,在于公共收支结构的根本转型,在于欧盟和欧元区成员国经济结构的完善和增长潜力的提升。所以在应对债务危机的同时，欧盟和欧元区更应该从如何促进经济增长的潜力、完善收支结构以及重构增长动力等更为基本的方面着手，而不仅仅是依靠流动性救援和财政整固，因为只有经济增长才是硬道理。经济增长，是欧洲渡过系统性风险之后的关键任务。

第十章
国家破产、主权违约及其应对机制

公元前27年恺撒大帝的甥孙及继承人屋大维在获得元老院首席元老之位后又宣布交卸权力,成为了奥古斯都大帝,建立了罗马帝国。作为统治的必要工具,奥古斯都创立了禁卫军,计划编制1万人,并施行了雇佣军制度。专制政体是非常有必要维持暴力工具的,但是任何国家如果长期供养超庞大规模、不事生产的士兵,那么很快就会耗尽自己国库中的所有财富。

奥古斯都的魅力使得禁卫军的数量远不到万人,但是200年后的康茂德皇帝扩大了军队的规模,仅禁卫军的数量就增加到1.6万人直至最后的近2万人,当时国际最大城市之一的罗马城人口大约为150万,庞大的禁卫军巡逻在罗马的大街上成为当时一大亮丽的风景。而且康茂德还慷慨地支付双薪并给予禁卫军特权。

康茂德皇帝的慷慨和其军队的巨额开支将国家财政拉入了困境,禁卫军成为没有收入的"罗马弃儿"。具有讽刺意义的是,康茂德的禁卫军并没有给他带来和平与安全,相反却因没有收入而将他杀害并送进了坟墓。这或是历史上第一次因"国家破产"上演的悲怆舞台剧。更有意思的是,禁卫军根本没有财政和能力来运营罗马帝国,同时禁卫军士兵也变得更加贪得无厌,他们挟持元老院开始拍卖"国有资产"——罗马帝国的皇位。最后富足的迪迪乌斯花费2.5亿塞斯退斯(当时约250万英镑)获得了皇位,每个禁卫军士兵获得1万~1.5万塞斯退斯。一年后迪迪乌斯被禁卫军杀害,帝位再次被拍卖。但是,这并没有给罗马带来安宁,反而是罗马帝国没落的开始。

与供养士兵一样,如果供养过多懒散、享受的居民,国家财富同样会被耗尽。只是当历史的年轮到达了 21 世纪，国家财政的概念已经抽象化，估计再也没有因为国库亏空而变卖总统或总理职位的现象了。与此同时，国家破产也成为一种形而上。如果我们按照原来那种形而上的破产概念来度量现时的欧洲债务问题，那么欧洲国家很多都已经破产了。与变卖帝位、武力入侵、关税抵押等"传统"模式不一样的是，现代的"国家破产"已经有了市场化的解决途径，那就是债务重组。

由美国次贷问题引发的金融危机，演化了大萧条以来最为严重的全球性金融经济危机，对国际金融市场和世界经济发展造成了巨大的负面冲击。更重要的是，危机的影响仍在深化，对部分国家的冲击仍在持续。

2011 年以来，希腊的主权债务危机愈演愈烈，欧洲债务问题的普遍性和严重性持续恶化。更重要的是，全球最大经济体美国国会和政府就债务上限问题的谈判仍没有达成一致，面临债务违约的风险。市场悲观的预期认为，可能会有其他国家和冰岛一样面临"国家破产"风险，全球经济的发展仍面临巨大的不确定性。

国家和企业不一样，企业可以实现法律程序上的破产，但是"国家破产"的复杂性和冲击性远远大于一个企业的行为。在欧债危机深入发展的情况下，对国家破产的含义进行较为全面的了解，特别是如果一个经济体出现所谓的国家破产，将会出现何种结果，这对于我们了解欧债危机的潜在风险是具有重要意义的。

更为重要的是，如果一个经济体面临国家破产的困境，需要采取何种方式和政策进行应对，这对于我们了解欧洲危机的救援的有效性以及潜在的众多风险，都是十分必要的。

根据历史的经验，一旦面临国家破产的风险，而且其偿付能力无法实质性的提升，如果采取市场化的运作方式，极有可能走向主权债务重组，这对于债权人是一个巨大的资产减计，会严重恶化资产负债表。如果欧洲发生债务危机的国家都发生债务重组，那资产减计将是一个系统性的风险，并且极有可能引发新一轮的金融风险。因此，我们需要对主权债务违约和重组及其风险有足够的认识。

一 "国家破产"的含义

从财务原则上,破产主要是针对公司而言的,破产是指当债务人的全部资产不足以清偿到期债务时,债权人通过一定程序将债务人的全部资产进行平均受偿,从而使债务人免除不能清偿的其他债务,并由法院宣告其破产解散。

基于冰岛"破产"的现实,实际上是从国家的资产负债表进行分析的,当时冰岛的主权负债远远大于其资产及产出,从而使得冰岛资产负债表崩溃,技术上冰岛已经破产。

市场认为,随着金融危机的深化,债务问题的恶化,极有可能还有其他国家将面临冰岛一样的困境,出现"国家破产"的风险。

目前,对于"国家破产"(National Bankruptcy),学术界仍然没有严格的定义。不过,有些研究者是通过情景的不同来分析、界定"国家破产"风险的。一般将以下3种情况定义为"国家破产":

(1) 主权债务违约。主权国家由于特定的经济原因或其他原因,无法履行其到期债务本息的支付责任,甚至是无法支付到期的利息,那么该国就遭遇了偿付危机,面临"国家破产"风险。这个定义主要是从债务债权的财务分析原则进行界定的。这就是目前希腊、意大利、葡萄牙甚至美国可能面临的风险,实际上是一种主权债务违约风险,或主权债务危机。针对违约的对象,一般可以分为内部型违约和外部型违约,内部型违约主要是针对国内的债权人,外部型违约是针对国外的债权人。由于外部型主权违约的影响力更大、更复杂,往往会引发人们更为密切的关注。

(2) 政府的变更。一般而言,政府的正常更迭不会改变前政府承担的信用承诺,不会改变一个国家的债务、债权关系。但是,如果一个新政府质疑前政府的合法性,那就有可能为此否认前政府的信用行为,从而不承认前政府的债务责任,此时这个国家也就面临"国家破产"的风险了。比如,在苏联成立之后,苏联就完全废除了沙皇和克伦斯基政府的债务。

(3) 国家的消失。严格意义上,这是"国家破产"的最本质特征。不过,一般而言,一个国家消失,往往会有新的国家或新的几个国家产生,新国家或其中一国经常会承担此前国家的主要债务、债权责任。但是，如果新的国家不承认此前的债务债权关系，那完全意义上的"国家破产"就产生了。

根据上述3个情景，严格意义上的"国家破产"是国家的消失及其导致的债务、债权关系的可能消亡，而最为普遍的"国家破产"情景是债务违约导致的偿付危机，或是我们所熟悉的主权债务危机，而并非一个国家像一个公司会消失或被进行破产清算。比如，美国国会和政府如果无法在2010年8月月初就债务上限达成妥协，那就无法进行到期债务的支付，就会产生主权违约，可能就面临"国家破产"风险，但这不是美国的消失或被清算。

基于第一个情形的"国家破产"分析，它实际上是一种主权债务危机，其大致可以分为两种不同的情况：

（1）从这个国家的收支角度出发，如果一个国家收支长期处于不平衡状态尤其是长期处于支出大于收入，那会使得这个国家在某个时点就无法支付到期的债务本息，从而发生债务违约，面临"国家破产"风险。此前，众多的主权债务危机都是这样的情况。

（2）从该国的资产负债表分析，如果这个国家的负债突然大幅增加，比如外币大幅升值（或本币大幅贬值）导致其持有的相应外币负债头寸的支付压力上升，在其资产价值没有变化的情况下，可能使得资产负债表的平衡被打破，从而资不抵债；另外，可能由于其资产的大幅贬值，导致资不抵债的情况，冰岛当时面临的就是这样的遭遇。

二 "国家破产"与流动性危机

主权债务危机是"国家破产"风险最为普遍的表现形式。如果一个国家的债务负债不断攀升，其债务占经济产出的水平持续上升，而收入水平增长相对有限，那么在某个时点这个国家将由于过度负债（Over-indebtedness）而无法支付到期的债务本息，甚至无法支付利息，那就可能面临主权债务违约或债务危机。此时，这个国家就是面临了严重的偿付危机（Insolvency crisis）。

偿付危机一般并不会使得"国家破产"解体。如果对于一个公司而言,当其面临偿付危机之后,债权人就会要求通过法定程序将债务人的全部资产供其平均受偿,最后的结果是公司被清算破产。但是,对于国家而言,特别是在和平时期,债权人是无法对一个国家的全部资产进行平均受偿的,因为国家的主权是不得侵犯的。因此,一个国家面临偿付危机,并不必然会导致这个国家的破产或解体。

主权债务违约引致的偿付危机实质上是流动性危机。由于国家有固定的收入来源,一般是税收,偿付危机一般都是特定时刻的支付危机,如果这个国家能够在较短的时间内获得支付的资金,那么偿付危机就可以缓解甚至消除。从这个意义上说,一个国家无法履行债务支付责任的关键是支付意愿,而非支付能力,这是临时性的支付困难,而非真正的无法支付。所以,对于面临破产风险的国家而言,债务危机实际上是一种流动性危机或临时违约。

"国家破产"可能引发严重的金融经济危机。一般的,国家的债务大部分是以债券或借款的形式存在,如果面临流动性危机,债权人的债权就无法得到偿付,持有的债券等资产就面临着资产减计,对于金融机构或企业,就会破坏其资产负债表的平衡,导致资不抵债,最后使得银行等金融机构和企业破产,引发金融危机。同时,由于流动性危机的存在,会使得市场对风险溢价的补偿要求提高,债券的收益率会大幅提高,资金成本整体也将上扬,加上此前金融部门的混乱,这对于资源配置的效率将是巨大的冲击,最后导致经济增长和发展的效率降低甚至引发严重的经济危机。

一个国家如果出现"国家破产"风险,不管是偿付危机还是流动性危机,对于外国政府、金融机构、企业和个人债权人以及该国家自身等都有严重的后果。对于债权人,可能包括外国政府、金融机构、国际金融组织、国内债权人(有金融机构、企业、个人等),将面临全部或者部分的债权违约风险,其债权的价值面临萎缩。对于国家自身,由于存在"国家破产"的风险,必然导致公共支出的降低和预算规模的下降,从而对经济增长造成影响;同时,违约将导致该国的信用和公信力大大降低,其在资本市场的融资能力将短期受限,融资的成本将大幅提升,甚至无法获得融资。对于该国家的居民,由于"国家破产"风险的持续,个人的财富将受到极大的威胁，国家对个人的信用将降低，作为最重要的债权人，个人（主要是其储蓄）可能不再会成为国家债务的主要融资渠道。

根据经济逻辑的分析和历史经验，一旦一个经济体面临"国家破产"风险，出现偿付危机或流动性危机，最后可能引发更为严重的系统性危机。"国家破产"风险将可能引发三种类型的危机：由于资产减计导致的银行或金融危机、由于资源配置紊乱及私人部门总需求萎缩导致的经济危机，以及由于外国投资者信心崩溃引发的货币危机。

三 "国家破产"的应对

主权违约的历史由来已久。根据相关的研究，最早的主权违约案例是1557年，西班牙菲利普二世政府无法偿还其到期债务，不得不宣布"国家破产"，这是历史上主权国家第一次宣布"国家破产"。其后1560年、1575年和1596年西班牙再次宣布"国家破产"，无法偿还到期债务的本息。19世纪20年代，一些拉美国家在伦敦债券市场发生主权违约，19世纪末期和20世纪初期，大量国家发生主权违约，比如美国、土耳其、秘鲁、埃及、阿根廷、希腊、巴西等。第二次世界大战以来，影响最深远的违约发生在20世纪70年代初期，美国对美元-黄金挂钩机制的违约，即尼克松冲击，最后导致了布雷顿森林体系的崩溃。其后主权违约主要发生于20世纪80年代（拉美债务危机）、90年代（俄罗斯等）以及21世纪初期（土耳其、阿根廷等）。

自救是主权违约的首要政策。由于主权危机是一种偿付危机，更是一种流动性危机，为此，应对主权违约的首选之策就是获得新的流动性，以提高偿付能力。一般地，获得流动性的方法主要有：一是向其他国家或国际金融组织申请短期贷款，在短期内获得新的流动性，来缓解支付压力；二是在资本市场上发行新的债务凭证，以发行新债的资金收入来偿付旧债的本息，当然这需要的前提条件是该国仍然能够获得资本市场的信用认可；三是出售资产，获得一定的额外收入，来进行支付；四是增加税收，特别是关税，来增加政府的收入；五是减少支出，削减公共支出，降低债务水平。一般地，前面两个措施需要和外部经济主体相互联系起来，而后面3个措施主要是针对国内的。内部型违约的解决之道相对简单,外部型违约由于涉及国外的经济利益,处置起来就更加复杂了。

外部型的主权违约的原始应对方式多以协商加武力威胁方式解决。由于特定国家面临破产风险,在国际法尚未建立的条件下,债权人无法通过法律获得债权的合法收入,债权人只能与债务国进行协商,同时以武力相威胁。19世纪至20世纪初,欧洲国家中有很多国家作为债权人,一旦某个国家发生或可能主权违约,它们就经常以武力接管或威胁该国,以该国的税收和关税收入来偿还债务,或者以税收和关税收入作为担保。典型的事件有:1861年英国、法国和西班牙入侵违约的墨西哥;1869年、1880年和1898年,突尼斯、埃及和希腊分别被军事控制;1902年英国、德国和意大利联合围堵委内瑞拉港口,迫使其按期如数偿还债务。1901年中国清朝政府与英国、美国、日本、俄国、法国、德国、意大利、奥匈帝国、比利时、西班牙和荷兰签订的《辛丑条约》规定中国赔款4.5亿两白银,分39年还清,年息4厘,本息共9.8亿两。由于担心中国违约,英美等国要求当时的清政府以关税、盐税和常关税作担保。

传统的国际救助方式在第二次世界大战之后盛行开来。第一次世界大战之后,以武力解决债务、债权关系就很少见,多为协商解决,特别是第二次世界大战之后,新的国际经济秩序建立起来,新成立的IMF的宗旨就是促进全球国际收支的平衡,对失衡国家进行援助。一旦一个国家面临违约风险,IMF等机构和主要发达国家(比如7国集团)多会积极参与救助违约国,向违约国提供相对充足的紧急贷款,使得违约国能够支付到期的债务本息,缓解其支付压力。这样,就形成了以国际金融组织和发达国家为救援主体、以短期紧急贷款为主要方式的传统国际救援方式。不过,由于国际金融组织和发达国家的贷款往往具有条件性,这个方式受到一定的质疑。2001年11月开始,IMF开始研究主权债务重组机制(Sovereign Debt Restructuring Mechanism),并在2003年IMF/世行春季年会前出台,但是由于美国和部分新兴经济体的反对,这个机制也被搁置,所以传统的国际救援机制没有得到有效的完善。

"国家破产"的市场应对机制的重要性日益提高。由于传统的国际救助方式存在道德风险、未来违约以及有效性等问题,同时还存在对国家主权的侵蚀等弊端,在东南亚金融危机之后受到了较多的质疑,特别是以 IMF 作为最后贷款人的救援机制的条件性被认为是加剧危机而不是缓解危机。20 世纪 80 年代以来,以市场力量来解决主权违约的趋势日益明显,形成了以传统国家救助为基础、以市场手段为主要方式的主权违约应对机制。这个机制最为核心的内容是主权债务重组。相对而言,国际救助是主权违约危机的短期缓解之策,债务重组则主要是侧重于债务违约问题的解决。

四 主权债务重组

在一个国家面临偿付危机的情况下,如果短期内通过自救和国际救援能够恢复偿付能力,那么其流动性危机就将解决,主权违约的压力将缓解,"国家破产"风险就大大降低。但是,如果该国过度负债,导致其信用水平低下,或者这个国家具有系统重要性,没有其他国家或国际金融组织能够有效进行救援,那通过自救和国际救援就无法解决该国的偿付能力,那"国家破产"的风险就陡然上升,最后的结果往往就是要对它进行以市场手段为主的主权债务重组。

某种意义上说,主权债务重组是主权债务危机的最后归途。鉴于此,比如欧债危机中的希腊等国在 IMF 和欧盟的救援之下,如果无法恢复偿付能力,那希腊就极有可能走向债务重组的道路。如果意大利甚至美国发生违约并引发连锁反应,由于经济规模和债务规模很大,则极有可能出现无法有效救援的情况,那么其债务重组可能性就非常之大。

主权债务重组(Sovereign Debt Restructuring)是指债权人与债务国对现有债务、债权关系及债务的本息支付的重新安排。对于外部型主权债务违约,债权人主要是外国政府、国际金融组织或银行等,但一般是政府作为债权人或债权人代表。主权债务重组的主要目的是使债务国能够在短期内缓解或解除债务负担,缓解偿付危机,以通过市场等方式获得流动性,最终支付全部或部分债务本息。

主权债务重组根据债务人和债权人的侧重不同分为两类。第一类是针对债务人的,旨在解决债务人的偿付能力,主要包括五种方式:一是本金延期支付、利息减少支付;二是本金延期支付、利息全额支付;三是债务减免,包括要求对本金和利息的全部或部分减免;四是再融资,用新债偿还旧债;五是债务结构重组,用新的更好的利率和期限结构债务来改变此前较为不利的利率和期限结构。债务人的债务重组安排是主权债务重组的主要内容,严格意义上,第四和第五项主要是间歇性违约,如果在短期内获得融资或进行了债务结构重组,就可以恢复偿付能力。一般而言,债务重组计划多是上述5种方式的有机集合体。

第二类是针对债权人的重组形式,一般为债务重新安排(Debt Rescheduling),即债权人对到期本金或利息的支付进行重新安排,比如延期或减免等。世界银行等国际发展组织以及部分发达经济体,对于一些发展中国家经常进行债务的重新安排,比如对非洲不发达国家的债务减免等。债务重组安排的主要内容大致与债务重组相似,但更侧重于延期和(或)对本息的减免。

五 主权债务重组:阿根廷的经验

历史上最重大的债务重组是2001年阿根廷债务危机。

阿根廷债务危机发端于其债务结构重组。新世纪之初,阿根廷的经济形势日益恶化,2001年通胀高企、债台高筑的阿根廷不得不开始进行紧缩计划,削减财政赤字。同时为了减少债务的利息支出,阿根廷于2001年6月进行主动的债务重组,主要是债务结构的重组,政府发行长期债券以交换300亿美元即将到期的短期外国债券,新的长期债券利率相对更高,但整体仍然可以为阿根廷在其后的5年内节省超过160亿美元的利息支出。债务结构重组同样用于阿根廷国内。2001年10月和11月,阿根廷政府发行新的债券以交换未来10年内到期的950亿美元的债券,不过新的债券利率更低,而且延期3年支付,这引发了国内债权人的不满和抵触。这实际上已经是阿根廷对国内债权人的违约。

金融管制最终导致主权违约。2001年下半年,资本流出严重,阿根廷为了限制资本的过度流出,开始实行金融管制:限制存款人提取存款,每月限取1000比索,同时冻结美元账户;向境外资金转移被管制;减少对当地投资者持有的450亿美元政府债券的利息支付等。加上对国内债权人的实质性违约，金融管制行为激发了严重的社会不满，引发了全国性抗议，最后阿根廷进入紧急状态。2001年12月23日阿根廷政府宣布暂停偿还其1320亿美元的外债，成为历史上最大的主权债务危机。此时，阿根廷债务水平为其GDP的150%。

2001~2003年阿根廷债务危机的债务重组安排主要是对债权人进行的。宣布暂停偿还外债之后，阿根廷甚至对世界银行、美洲开发银行等多边金融组织违约，这是主权债务危机历史上第一次的多边债务违约行为。债务重组安排首先由IMF提出，2003年1月IMF宣布临时备用安排延期了阿根廷的债务，并提供流动性资金，以帮助阿根廷偿还世界银行、美洲开发银行等的债务。

随着阿根廷经济秩序的恢复和经济的复苏，阿根廷开始进行主动的债务重组尝试，2003年9月阿根廷在IMF/世界银行迪拜年会上提出了针对国际债权人的债务重组计划，即迪拜计划（Dubai Proposal）。该计划针对2001年12月的债务，阿根廷保证偿还重组后的所有债务，但是国际债务总额需要按债务的面值大幅减免75%，即对于870亿美元的债务发行上限为218亿美元的新债务进行重组，阿根廷保证新债务的足额偿还。这个债务重组计划，相当于阿根廷只支付债务面值的25%，如果考虑净现值，那支付比例更低，约为应当支付总额的10%。由于迪拜计划的减免幅度过大，国际债权人强烈反对，最后无果而终。

阿根廷的债务重组最终计划为"布宜诺斯艾利斯计划"（Buenos Aires Offer）。2004年6月，阿根廷加快了国际债务重组进程，提出了新的方案。该计划对818亿美元的债务进行重组，大幅提高新债券发行规模，下限为385亿美元，上限为418亿美元，即偿还票面债务的47%~51%，但需要70%的债权人同意。

其后，阿根廷政府根据债务的总额调整了"布宜诺斯艾利斯计划"新债券的发行规模，总额为432亿美元，偿还票面价值约50%。新债券分为3种：折扣债券（Discount Bond）、平价债券（Par Bond）和准平价债券（Quasi-Par Bond）。其中，折扣债券为199亿美元，现有债券以面值63%折扣（即面值的37%）换取以美元计价30年期的新债券，前5年利率为4.15%，第6~10年利率为8.51%，20年宽限期。平价债券为150亿美元，现有债券以面值换取以美元计价35年期新债券，前5年收益率为2.08%，第6~15年收益率为2.5%，第16~25年为3.75%，其余为5.25%，宽限期为25年。准平价债券为83亿美元，现有债券以一定的折扣（依据不同债券而定）换取比索计价42年期债券，收益率为3.6%~4.0%，宽限期为32年。

由美国、欧洲和日本等债权人组成的全球阿根廷债券持有人委员会仍然对"布宜诺斯艾利斯计划"不满，要求偿还票面价值至少60%。由于这个组织宣称的权益超过阿根廷国际债务的30%，"布宜诺斯艾利斯计划"暂时搁浅。

低利率时代的到来使得"布宜诺斯艾利斯计划"顺利实施。网络泡沫之后，全球进入减息周期，发达经济体的债券收益率水平很低，"布宜诺斯艾利斯计划"承诺的利率开始显得有吸引力，越来越多的机构投资者接受了"布宜诺斯艾利斯计划"的债券交换安排。2005年2月月底，当时阿根廷最大的债权人、由德国与奥地利等国投资者组成的阿根廷债券重组机构接受了阿根廷的债务重组计划，使得"布宜诺斯艾利斯计划"的支持率超过了70%后，阿根廷债务重组计划得以顺利进行。

第十一章
欧债危机的救援与风险[①]

随着债务危机的演进，统一的欧洲带给欧洲人民的福祉正遭受欧元区成立以来的最大挑战，救赎成为欧洲大陆难以漠视的现实。曾经创造欧洲文明的希腊人、曾经勇敢彪悍的爱尔兰人、曾经充满冒险精神的葡萄牙人，先后成为这场债务危机的救赎对象。幸福是相似的，而不幸却是大相径庭的，爱尔兰已经走在复苏的大道上，希腊还在债务的泥潭中苦苦挣扎、欲罢不能。

在法国第五共和国财政部任职时间最长的前部长拉加德领导的 IMF 的援助下，欧洲基于欧洲金融稳定基金开展了一个广泛的自我救赎。甚至有人将债务的魔爪比喻为 14 世纪的黑死病，如果没有一个强有力的救世主，那么债务危机和欧洲联合将走向一个更加困难的境地。但更现实的比喻是，欧洲需要 27 个舵手共同的努力，否则欧洲的未来或将搁浅在债务的礁石上。

在政治博弈和利益博弈的纠结下，欧洲的救赎并非一帆风顺。2012 年 12 月 9 日的欧盟峰会，英国的缺席就好比欧洲救援的诺亚方舟缺少一个重要的舵手，救援的节奏突然被迫改变。如果说 1992 年的英镑危机是英国退出欧洲货币体系的合理理由，那卡梅伦缺席欧盟峰会或许寻找不出一个充分必要的解释，这远比德国不愿意在欧洲央行承担最后贷款人上妥协更让市场生厌。欧洲需要在短、中、长等不同的维度对现实的金融风险、财政货币结构矛盾以及欧洲团结等做出重大的救援，这一切都需要团结和妥协，而不是分裂与固执，最大的救世主似

[①] 本章由肖立晟进行了部分修订。

乎只有欧洲自己。

希腊、葡萄牙、意大利、西班牙等国家的债务问题"已经不是一个国家的问题,而是整个欧洲的问题",甚至是全球性问题。达沃斯2010年度世界经济论坛就认为,下一次危机最有可能就是主权债务危机,债务问题已经成为全球的重要关注。现实的发展也验证了2010年年初达沃斯世界经济论坛的判断是正确的。

现阶段是欧洲债务问题不断扩大并向大中型成员国蔓延,如西班牙和意大利,是债务危机内在的一种传染过程,也是偿付能力的进一步恶化,可能演化为一种持续性的偿付困难。例如,根据2011年7月希腊第二轮救助计划的内容与机制,以及债务问题解决的历史经验,第二轮救助计划只能暂时缓解希腊的偿付危机,而无助于希腊偿付能力的实质性提高,债务问题的最后解决可能需要借助于市场渠道才能完成,主权债务重组可能是希腊债务危机的最后归途。因此,包括希腊等国的债务问题可能出现某种程度的重组,比如利率结构和期限结构调整的"软重组",现实的发展表明软重组是市场的一个良好的意愿,硬重组的可能性已经陡然增加。

如果风险(包括违约)蔓延至其他易受冲击的国家,以及由于欧洲银行大量持有周边国家债务,就会导致欧元区内爆。国际清算银行的数据显示,希腊、葡萄牙和西班牙90%的外债(包括公司债和主权债)是由以德国和法国为主的其他欧洲国家银行持有的。鉴于违约可能引发系统性风险,欧元区和欧盟不会让希腊和其他成员国出现违约的情况,即欧元区和欧盟存在必然的隐性救援。值得注意的是,欧元区的隐性纾困担保虽然不可避免,但在财政领域形成了道德风险,而这正是欧洲央行应该通过加快实施退出策略来极力抵御的。欧元区和欧盟必须足够警惕,采取相关的政策措施,防患于未然,而且欧洲针对债务问题的改革必须是深刻的,希腊、意大利等经济体和欧洲债务问题的最终解决和后续改革必定是一个痛苦的过程(Chatham House, 2010)。

但是,由于目前欧债危机正在深化,改革可能是未来的任务,对于欧元区和欧盟以及IMF,目前更主要的任务是有效地实施危机的救援。一是出台系统性的政策,解决债务危机发生的经济体的债务处置问题;二是防范债务危机向银行危机演进；三是防范债务危机向大中型成员国，特别是意大利传染，以避免系统性危机。

一 欧洲债务问题的救援历程

1. 不救援原则

欧盟针对债务问题的救援经历了一个相对长期和不断升级的过程。2009年年底，希腊债务危机爆发之初，欧盟认为，希腊是由于不遵守欧盟在《稳定与增长公约》设定的财政赤字和公共债务上限而出现债务危机的，希腊必须自己为此埋单，并付诸相应的紧缩和改革政策，实际上欧盟当时贯彻的是"不救援"条款，以防止道德风险的发生。

直到2010年4月月底，欧盟统计局公布债务水平数据之前，希腊和欧盟都认为其债务危机的风险是可控的，即便是需要救援，那也仅需要针对2010年的债务进行再融资。2010年4月月初，欧盟和IMF讨论的救援方案仅为450亿欧元，与希腊2010年年度需要再融资的额度500亿欧元相当。

表 11-1 欧债危机救援重大事件

时间	事件	救援措施
2010年2月11日	欧元区峰会强调需要一致行动应对风险，确保欧元区金融稳定，但要防止道德风险	针对希腊救援进行了讨论，确定了救援的可能性
2010年4月月初	欧元区和IMF讨论救援希腊	欧元区和IMF出台450亿欧元希腊救援初始方案
2010年4月12日	欧盟公布数据，债务问题严重性远超预期，是一个普遍性问题。对希腊第一轮救援	欧元区和IMF出台了1110亿欧元的救援计划，即对希腊第一轮救援计划

续表

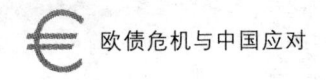

时间	事件	救援措施
2010年5月10日	希腊债务危机和欧洲债务问题引发全球金融市场动荡	欧元区和IMF出台了欧洲金融稳定救助计划，总规模为7500亿欧元，为期3年
2010年6月7日	欧洲金融稳定基金（EFSF）创立	总规模为4400亿欧元，为7500亿欧元计划的核心部分
2010年11月28日	对爱尔兰救援达成一致协议	850亿欧元救援计划
2011年1月25日	对爱尔兰救援	EFSF正式救援爱尔兰
2011年5月17日	对葡萄牙救援达成一致协议	780亿欧元救援计划
2011年6月15日	对葡萄牙救援	首期救援款正式发放
2011年6月20日	欧盟财长会	提高EFSF的救援能力、扩展其救援计划，设立金融稳定的长效机制：欧洲稳定机制（ESM）
2011年6月22日	对葡萄牙救援	第二次发放救援款
2011年7月21日	欧元区峰会：希腊第二轮救援	欧元区国家将向希腊提供1090亿欧元的融资，另外私人部门提供370亿欧元
2011年10月27日	欧盟峰会，欧债危机救援新体系	希腊债务减计、银行业资本重组、欧洲金融稳定基金杠杆化扩容
2011年12月8日	欧盟峰会	ESM投入运行的时间提前一年至2012年7月，与EFSF共同运行一年
2011年12月21日	欧洲央行启动第一轮3年期长期再融资操作LTRO	向欧元区银行提供4891.9亿欧元的1%低息贷款
2012年2月29日	欧洲央行出台第二轮LTRO	向欧元区银行提供5295亿欧元的1%低息贷款
2012年3月2日	欧盟峰会	ESM和EFSF资金总额上限达到7000亿欧元
2012年6月28日	欧盟峰会	通过《增长与就业契约》，以一体化金融框架为基础的银行业联盟取得初步进展，ESM获准直接进入银行和国债市场
2012年9月6日	欧洲央行	出台直接货币交易计划，从二级市场上无上限地购买成员国国债

资料来源：EFSF以及作者的整理。

2. 第一轮救援计划

2010年4月公布的数据使得欧盟和市场都认为，债务问题的严重性超出了预期，涉及的国家已经更多，葡萄牙和西班牙也已经遭遇信用评级降低的境况，如果不针对性地出台更加有力的救援措施，那风险可能进一步传递，所以2010年5月2日欧盟出台了规模为1100亿欧元的新救援计划。

更让欧盟意想不到的是，希腊危机和欧洲债务风险已经蔓延到了全球金融市场，并导致2010年5月第一周出现了罕见的全球金融市场动荡。2010年5月5日，希腊爆发全国性大罢工，引发欧洲股市普遍大跌。2010年5月6日，美国股市盘中下挫近千点，创下历史上单日盘中下跌点数之最。外汇及期货市场也出现了1987年股灾以来最混乱的情况。国际油价一周之内下跌超过10美元。金属、农产品等品种均大幅下跌。大量资金撤离股市和商品市场，为避险涌向黄金和美元资产，黄金价格再次突破1200美元，创下历史新高。鉴于金融市场已经"失控"，欧盟在极短的时间内再次和IMF出台了一系列救援计划，涉及资金高达7500亿欧元，其中欧元区出资4400亿欧元，IMF出资最高规模为2500亿欧元。该救助机制为期3年，至2013年中期。欧洲第一轮救援就此正式出台，并且出台了针对欧债问题的系统性救援框架。

3. 第二轮救援计划

随着欧盟第一轮救援计划的实施，希腊等国的债务问题得到一定程度的缓释。但是，由于希腊的偿付危机只是临时性缓解，希腊还面临源源不断的到期债务，而其财政状况并没有根本改观，其偿付能力没有实质性提高，2010年年底希腊的债务占GDP的比例又进一步提升至142.8%。2011年5月月初，已经接受了530亿欧元救助资金的希腊，又面临着137亿欧元的到期债务支付。希腊由于财政紧缩和经济增长下滑，支付能力实际在降低，面临巨额的到期债务，希腊无奈要求降低欧盟对其援助计划的贷款利率，同时要求债权人延迟债务偿还期限。

希腊债务危机一波未平，一波再起。希腊债务危机在2011年5月月底至6月月初再爆发。2011年5月23日，希腊总理帕潘德里欧表示，希腊无法在 2012 年重返资本市场进行再融资。2012 年希腊需要融资约 270 亿欧元，2013 年还需要再融资 300 亿~400 亿欧元。同时，欧盟、IMF 和欧洲央行的三方审查团在就 2011 年 5 月通过的 1100 亿欧元救助计划所进行的第五次放款（120 亿欧元）前审查时指出，希腊没有严格按照 2010 年 5 月的援助协议进行必要和有效的财政紧缩和经济改革计划，援助计划已经偏离预定轨道。这意味着原定于 6 月发放的 120 亿欧元可能无法如期履约，而 6 月希腊面临 137 亿欧元到期债务。基于此，希腊 10 年期国债收益率飙升至 16.4%，而德国 10 年期国债收益率降低至 6 个月之新低，为 2.96%。2011 年 6 月月初，评级机构——穆迪将希腊的主权信用评级从 B1 降低至 Caa1，未来 5 年债务违约风险上调至 50%。希腊债务危机再起狼烟。此时，黄金价格升至 1500 美元以上。

希腊债务危机再起波澜的同时，欧元区开启并主导了第二轮救助计划。2011 年 6 月月初，欧元区就如何救助希腊的新一轮计划达成临时性协议，但要求私人部门出资约 300 亿欧元。当时市场预期整个救援规模约 650 亿欧元。临时性协议要求希腊的私人部门债权人将即将到期的债务置换成为期限更长的债务，这实际上是债务重组的一定形式，即软重组。

但是，希腊第二轮救援计划由于 IMF 原总裁卡恩的丑闻以及欧元区内部的争论，进展并不顺利，预期 2011 年 6 月月底之前达成各项具体措施的第二轮救援计划，于 7 月 21 日才正式出台，欧元区国家将向希腊提供 1090 亿欧元的融资，另外私人部门提供 370 亿欧元。不过，救援的总规模远超出市场的预期，特别是私人部门承担的义务大大提升了。这也说明了希腊债务问题的严重性。

4. 欧版量化宽松政策

2011 年末欧债危机急剧恶化，希腊的债务危机波及意大利、西班牙国债市场，意大利 10 年期国债收益率一度突破 7% 警戒线；与此同时，欧洲银行体系持有的大量欧洲主权债务敞口面临巨额资产减值损失，同时欧洲监管当局愈发严苛的核心资本充足率要求，导致许多欧洲银行必须大量补充资本金，欧洲银行体系陷入流动性困境。为了缓解银行间市场的信贷紧缩困境，2011 年 12 月欧洲央行启动第一轮 3 年期长期再融资操作

(LTRO)，提供 4891.9 亿欧元的 1% 低息贷款；2012 年 2 月 29 日，欧洲央行出台第二轮 3 年期长期再融资操作（LTRO），向 800 家银行提供 5295 亿欧元的资金。在不到 3 个月的时间内，欧洲央行共计向欧元区银行提供了 1.02 万亿欧元的 1% 低息贷款。这一非常规的货币政策工具获得了意想不到的效果：不仅有效缓解了银行融资难题，还成功地让流动性重回欧洲主权债务市场，大幅提振了市场信心，成为整个欧债危机的转折点。

LTRO 是欧洲央行一项传统的公开市场操作工具，其设计初衷是帮助那些很少有机会进入银行间市场融资的小银行获得相对较长期限的流动性，期限一般为 3 个月。此次欧洲央行实施期限达 3 年的 LTRO，主要目标是为银行提供融资，纾缓银行的融资压力。

具体而言，欧洲央行通过各成员国央行，以回购协议或抵押贷款的形式，向欧元区银行提供利率为 1% 的 3 年期贷款。欧洲央行在为银行体系提供贷款的同时预先确定抵押资产的标准，这将决定银行业获得资金的规模。两轮 LTRO 之所以有规模上的差别，主要原因是欧洲央行放宽了 7 个国家（奥地利、塞浦路斯、法国、爱尔兰、意大利、葡萄牙和西班牙）合格抵押品标准，允许更多的中小银行采用质量较低的资产作为抵押品，从而使中标银行由 523 家增加到 800 家。

LTRO 有两个主要作用：第一，降低银行间市场借贷压力。2011 年年底，3 个月 Euribor - OIS 息差达到 100.6 的高点，欧洲银行间市场几近冻结，银行无法从市场上融到资金。LTRO 的低息资金则让欧洲银行在未来 3 年都无须担心融资问题，至 2012 年 3 月 7 日，3 个月 Euribor - OIS 息差已降至 57.8，银行业流动性保持充裕。第二，增加市场对欧元区主权债券的需求。由于银行必须要有资产作为抵押才可以获得 LTRO 贷款，因此它们会从市场上大量购买欧元区主权债务，将这些作为抵押从欧洲央行换取现金。欧洲央行的数据显示，西班牙银行 1 月购买了超过 230 亿欧元政府债券，意大利银行接近 210 亿欧元，均为历史最高。目前，意大利和西班牙 10 年期国债收益率已降至 4.89% 和 4.88%，为 2011 年 9 月以来最低水平。

LTRO 意想不到的效果获得市场广泛好评。穆迪认为 LTRO 对欧元区受困银行的贷款能力，以及欧元区国家的主权信用评级都有积极作用。由于都是通过扩大央行资产负债表的方式向市场提供流动性，LTRO 经常被称为欧版的 QE。虽然本质都是量化宽松的货币政策，但是二者在操作方式上存在较大差异，这种差异将对今后欧债危机的发展产生重要影响。

（1）QE 是央行主动入市干预，LTRO 是央行通过银行间接入市干预。在 QE 中，美联储通过直接入市购买资产达到政策目标：其中，QE1 购买按揭担保债券，减少按揭与国债的利差，促进房市的恢复；QE2 购买美国国债，压低长期利率，避免通货紧缩，降低失业率。欧洲央行实施的 LTRO 则将选择权交给了银行，只要银行具备合适的抵押品，都可以从欧洲央行获得长期贷款。此时，面对欧洲央行的慷慨放水，欧元区银行获得低息贷款后，有 3 种选择：其一，购买并持有收益较高的欧元区主权债券，进行所谓的"萨科奇套利"；其二，存放于欧洲央行，作为未来还款的准备金；其三，购买欧元区主权债券，再次向欧洲央行进行抵押，获得低息贷款。从以上 3 种选择，我们可以获知，这种操作模式有利于救助资金最稀缺的银行，从而有效化解银行流动性危机；但是，只有当足够多的银行做出第一种选择时，欧洲央行才能达到消除主权债务危机的目的。

（2）注入金融市场的流动性规模控制方式不同。美联储推出 QE 时，是央行直接控制规模，定量购买各类债券资产，所以称为定量宽松；而当欧洲央行实施 LTRO 时，只要欧元区银行持有的资产符合抵押品的要求，就有获得长期贷款的资格，因此，欧洲央行释放的流动性存在不可控性；只能通过改变抵押品的要求，间接控制放贷规模。

（3）政策目标不一致。欧洲央行与美联储不同，法律上不允许通过直接购买资产来压低长期利率，干预国债市场。因而，LTRO 的政策目标是通过提供廉价长期现金，避免银行快速去杠杆化引发流动性危机；并不要求获得现金的银行进入重债国的主权债券市场。事实上，两轮 LTRO 过后，欧洲银行业对主权债券的需求大幅下降，未来欧洲央行若想再次达到干预国债市场的目标，可能会结合新的政策工具。

LTRO 对金融市场产生了深远影响。其中，国债市场：对欧元区主权债券的需求上升，国债收益率下降。自欧洲央行第一轮 LTRO 启动后，西班牙、意大利等重债国 10 年期国债收益率迅速下跌。1 月意大利 10 年期国债利率水平为 6.08%；2 月 28 日降至 5.5%，相比于 2011 年 11 月最高点下降约 2 个百分点。第二轮 LTRO 后，意大利 10 年期国债利率继续下滑。3 月 2

日，意大利10年期国债收益率自2011年8月以来首次跌破5%，降至4.89%。此外，由于欧洲央行LTRO的利率仅有1%，而欧洲银行高级债务的收益率是3.5%，因此这些欧洲银行可能会让高级债务到期，不再展期。届时，市场上投资者获得的资金会涌入国债市场或公司债市场，进一步压低债券收益率。

银行业：欧洲央行通过LTRO注入的1万亿3年期欧元贷款，等于131%的2012年欧洲银行到期的债券规模，72%的2012年和2013年欧洲银行到期的债券规模，相当于欧洲银行直到2014年都已经提前获得了融资。这将降低银行业去杠杆化的痛苦程度，并有效隔离银行业与主权债务的融资成本。

欧洲央行：欧洲央行实施的LTRO通过银行释放流动性，理论上只是银行的最后贷款人，即使部分国家出现违约或破产，欧洲央行并没有义务去担当主权债务的最后贷款人。然而，欧元区银行向欧洲央行提供的抵押品很大一部分是重债国的主权债券，这实际上已经将欧洲央行和主权债券市场牢牢绑定。此外，由于2011年间，欧洲货币市场和国外投资者从欧洲银行业撤离了4520亿欧元，因此，欧洲央行不必过度担忧通货膨胀，未来仍有较大操作空间。

然而，LTRO在稳定金融市场的同时，对实体经济的影响却十分有限。如果说第一轮LTRO增加了金融市场的短期流动性，那么欧洲央行希望第二轮能更好地帮助实体经济，德拉吉呼吁银行把通过LTRO借入低利率资金用于直接放贷，以帮助欧元区经济恢复增长。然而，大多数欧元区银行的选择并不是放贷给实体经济，而是在金融市场套利，或者重新存回欧洲央行。欧洲央行的数据显示，在启动第一轮LTRO的10天内，银行在欧洲央行的隔夜存款规模增加了2170亿欧元；启动第二轮LTRO的次日，欧洲银行在欧洲央行的隔夜存款规模飙升了3016亿欧元。虽然在央行存款并不完全是接受LTRO的银行（市场估计大概有一半的LTRO资金用于主权债券套利，一半重新存放欧洲央行），但这至少反映欧洲银行业对实体经济的信心仍然不足。总体而言，LTRO并没有对实体经济产生直接作用；不过，银行间充裕的流动性，仍然点燃了信贷资金流入实体经济的预期。

LTRO的推出极大地降低了银行的流动性风险和主权债务融资成本，避免了严重的信贷紧缩。欧洲央行的深度介入，成为欧洲主权债务危机的转折点。两轮 LTRO 过后，欧洲央行资产负债规模从 2.42 万亿增长至 3.02 万亿欧元，相当于浑身上下绑满了欧元区主权债券的炸药包，此后，欧洲央行唯一明智的策略只能是继续相机抉择地向市场提供无限量的流动性，确保欧元区主权债券市场不会崩溃，并在同一时间向欧元区成员国政府施加最大限度的压力，迫使它们进行必要的改革。

尽管欧洲央行在 2011 年末实施了 LTRO 政策，维护了银行业的稳定，但是并没有恢复欧元区国家的偿债能力，2012 年第 3 季度以来，西班牙经济形势再度恶化，国际资本从欧元区大量流出，欧元汇率急剧贬值，市场对欧元出现信心危机。为了抑制市场对欧元崩溃的恐慌心理，欧洲央行推出直接货币交易计划（OMT）。根据欧洲央行公布的购债方案，整个救援分为 3 个步骤：

（1）严格限定购债的先决条件。成员国必须能够进入国际债券市场，满足 EFSF/ESM 在一级市场的购债条件，在得到 EFSF/ESM 援助后，欧洲央行才会启动 OMT 购债计划，债券购买主要集中于 1～3 年的短期债券；这暗示欧洲央行不会购买葡萄牙、爱尔兰、希腊等没有进入国际债券市场国家的国债，近期主要会购买西班牙、意大利债券。

（2）欧洲央行放弃债券优先权且债券购买不设上限。欧洲央行会完全冲销 OMT 计划所购买的国债，并且每周公布一次 OMT 计划的持仓总量及市值，每月公布一次 OMT 持仓的平均期限及国别分布。在此过程中，欧洲央行通过 OMT 计划购买债券没有数量限制，且享有与其他债权人同等的索偿地位。

（3）欧洲央行会根据救援国执行条件的具体程度，相机抉择货币政策力度。欧洲央行理事会将从货币政策和条件是否被遵守的角度考虑 OMT 的时限，一旦觉得目的已达到或条件没有被遵守，欧洲央行理事会有权终止 OMT。在对受援国进行彻底评估后，欧洲央行理事会有权决定 OMT 的启动、延续和暂停。在这个过程中，IMF 也将参与设定针对具体国别的 OMT 购债条件并监控计划的实施。

相对此前的证券购买计划（SMP），OMT 有 3 个主要优点：

（1）将购债与欧洲稳定机制（ESM）的救助条件绑定。与 SMP 的广泛救助不同，OMT 要求重债国必须满足 ESM 的救助条件，而且 IMF 还将监控计划的实施，这将有利于引导欧元区成员国进行内部结构性改革，以根治导致危机爆发的深层次矛盾，将后续危机治理的主动权留在德、法等债权国而非南欧债务国手中，避免出现在 2011 年 10 月意大利获得援助后就放缓结构性改革的尴尬情况再度出现。

（2）承诺无限量购买国债。2011 年 11 月欧洲央行实施第一轮 SMP 时，由于欧洲央行公布了购买限度，投资者担心欧洲央行离场后，国债收益率会再度攀升，因此，私人投资者在对重债国国债市场进行投机的同时，也乘机减持重债国的国债资产，导致欧洲央行购买的 2000 多亿欧元国债资产一直存放在欧洲央行资产负债表中，难以进入市场交易。在 OMT 计划中，欧洲央行承诺无限量购买国债，这实际已经对重债国国债标明了潜在收益率水平，这将有利于降低私人投资者的投机行为。

（3）没有优先偿还权。在第一轮 SMP 中，欧洲央行购买的债券一直有优先偿还权，若主权国家出现债务重组，则私人投资者必须在欧洲央行获得偿付后，才有获得赔偿的资格，欧洲央行的入场将会降低私人投资者对国债的兴趣。在 OMT 计划中，欧洲央行明确表示放弃优先偿还权，这有利于引导私人投资者增加对国债资产的稳定需求。

在 2012 年 7 月月底欧洲央行宣布入市干预后，短期风险即将退去，潜在风险开始从重债国转向欧元区整体经济，具体而言：

短期风险即将退去。自西班牙经济形势急剧恶化以来，欧元区崩溃所产生的欧元风险溢价大幅上升，资本大量流出欧元区。欧洲央行此时出手可以稳定市场信心，鉴于其承诺无限量购买欧元区国债，且欧洲央行购入的债券没有优先级地位，预计西班牙和意大利的国债收益率会迅速下降到可承受范围。这有利于稳定重债国金融环境，降低结构性改革难度，给欧元区买到宝贵的时间。

激化欧元区内部矛盾，政策执行可持续性存在疑问。此次 OMT 一直受到德国央行行长魏德曼的坚决反对，随着德国经济放缓和国债风险的上升，德国央行与欧洲央行的矛盾会越来越激烈，这将增加欧洲央行干预市场的难度；与此同时，西班牙政府已经面临偿付危机，国内改革空间日渐萎缩，一旦宣布难以满足欧洲央行的严厉的救助条件，这将再次威胁到欧元的存亡，欧洲央行势必会违反其制定的前提规则，届时欧洲央行的公信力会受到市场广泛质疑。

重债国道德风险上升，长期风险将扩散到整个欧元区。欧洲央行直接进入债务国国债市场购买国债，是一种隐性的赤字货币化，实际上是提前实施了欧元区的财政风险分担机制，让整个欧元区国家共同承担国债风险。债权国的国债将会和重债国国债绑定在一起，投资者会提高债权国国债的风险溢价；而且，当救援机制开始由欧洲央行主导时，债务国的道德风险会显著上升，财政整固有陷入停滞的风险，一旦央行离场，投资者会重新开始对重债国国债市场的投机冲击，提高债权国风险分担的成本。更重要的是，此次欧洲央行执行的 OMT 政策实际上是欧元区所有国家一起承担重债国的融资成本，若未来无法根治内部失衡，欧元区会出现更猛烈的资本外流。

二 欧债危机的救援方案

1. 7500 亿欧元救援计划的内容

7500 亿欧元的救助计划是欧债危机救援的核心政策。2010 年 5 月 10 日出台的救援方案总规模高达 7500 亿欧元，其中欧盟各国政府承诺出资 5000 亿欧元，IMF 承诺出资 2500 亿欧元。实际上，这个救援方案不仅涉及金额巨大，同时还包括一揽子救援计划，是一个具有系统性的救援方案。而且这个方案还在不断发展完善之中，2011 年 6 月欧盟决定在 2013 年将其实体化。目前，这个救助体系主要包括 3 个方面的内容：

（1）欧盟各国承诺的 5000 亿欧元中，4400 亿欧元以贷款、担保方式提供给陷入困境的欧元区国家，而另外 600 亿欧元则用于扩大欧盟现有的国际收支援助基金，用于欧盟国家的救助。这样的资金安排实际上是将救援的对象从希腊扩展至欧元区和欧盟的所有成员国。特别值得注意的是，欧盟将以每年 1410 亿欧元的预算作为担保，通过市场融资，将国际收支救援基金规模扩大至 1100 亿欧元。此前，非欧元区国家匈牙利、拉脱维亚和罗马尼亚已经接受过欧盟国际收支援助基金的支持。

(2) 欧洲央行决定认购欧盟成员国发行的国债,并且不设定购买规模的上限,"以纠正证券市场的偏差"。在欧债危机爆发之后,尤其 2010 年 4 月月底至当年中期,针对欧元和欧元资产的做空行为大肆出现,是欧元汇率大幅贬值和部分成员国国债收益率大幅上升的重要原因。欧洲央行的认购行为,可以有效地防止成员国陷入融资困难或被迫接受高成本的融资,即是说,欧洲央行可以通过变相印钞为成员国融资,这也是量化宽松货币政策的一种形式。2011 年 10 月以来,由于意大利债务问题不断深化,其债券收益率不断上升,欧洲央行明显提升了对意大利等国国债的购买规模。但值得注意的是,在《稳定与增长公约》中欧洲央行并不承担最后贷款人职能,因此欧洲央行购买国债的规模是有隐性限制的,德国不允许因为欧洲央行大肆量化宽松而导致严重的通胀压力。

(3) 这一救援计划还包括了较为广泛而有力的国际合作。一方面,欧盟联合 IMF 组成了主要救援行动,并要求成员国接受 IMF 的贷款条件。IMF 将出资 2500 亿欧元,其贷款利率为 5%,如此之高的贷款利率将迫使欧盟成员国先进行自我的紧缩支出行为之后才向 IMF 贷款。另一方面,美联储重新开启于 2010 年 2 月结束的货币互换协议,为包括欧洲银行在内的外国银行提供美元流动性。2011 年以来,全球主要央行关于欧债救援的合作也持续深入,2011 年 9 月 15 日全球主要央行就联手向市场注入流动性。

2. 现阶段欧洲救援体系

2010 年以来,针对希腊的救援以及欧洲金融稳定基金框架下对希腊、爱尔兰、葡萄牙等国家的救助,使得欧元区和欧盟的金融救助机制不断扩大,成为一个涉及欧元区、欧盟、IMF 以及私人部门的多层次救援体系。

救援的实施主体主要为欧元区、欧盟和 IMF,主要受援主体是欧元区成员国。现行救助体系基本都是通过欧元区和欧盟的财长会和峰会进行救援的商讨和决策。同时,IMF 一直处在积极参与之中,在欧洲金融稳定基金框架下,IMF 承诺了最高为 2500 亿欧元的救助资金。在 2011 年 7 月针对希腊的第二轮救援中,私人部门也成为参与金融救援的一个力量。在这个救援体系中,主要受援主体是欧元区国家,但是除欧元区国家外的欧盟国家的救助由欧盟金融稳定机制(European Financial Stability Mechanism, ESM)负责。

救援的资金来源主要为欧元区成员国国家和IMF。其中,欧洲金融稳定基金(European Financial Stability Facility)规模最高可达4400亿欧元,IMF出资规模最高为2500亿欧元,欧盟金融稳定机制(European Financial Stability Mechanism)为600亿欧元,用于扩大欧盟现有的国际收支援助基金。

各成员国承诺的出资规模,是根据欧元区成员国在欧洲中央银行资本金比例和现实的财政状况做出的。德国在欧洲央行的资本金比例最高(18.9%),财政状况良好,原定出资比例为27.1%,调整后出资比例达29.1%。法国次之,原定出资比例和调整后出资比例分别为20.4%和21.9%。希腊在欧洲央行的资本金比例为2.0%,原定出资比例为2.8%,但是由于希腊财政状况十分糟糕,是救助的主要对象之一,所以希腊没有做出出资承诺。同样无法履行出资责任的还有葡萄牙和爱尔兰。

当某个成员国无法出资时,其他成员国的出资比例就要进行调整,出资总规模也会相应地减少,但整体不能低于4400亿欧元的90%。

表11-2 欧洲金融稳定基金各成员国出资规模明细

成员国	信用评级 (标普/穆迪/惠誉)	ECB资本缴存比例(%)	预设出资比例(%)	最高承诺规模(百万欧元)	调整后出资比例(%)
奥地利	(AAA/Aaa/AAA)	1.9	2.8	12241	3.0
比利时	(AA+/Aa1/AA+)	2.4	3.5	15292	3.7
塞浦路斯	(A-/Baa1/A-)	0.1	0.2	863	0.2
芬兰	(AAA/Aaa/AAA)	1.3	1.8	7905	1.9
法国	(AAA/Aaa/AAA)	14.2	20.4	89657	21.9
德国	(AAA/Aaa/AAA)	18.9	27.1	119390	29.1
希腊	(CC/Caa1/CCC)	2.0	2.8	12388	0
爱尔兰	(BBB+/Ba1/BBB+)	1.1	1.6	7002	0
意大利	(A+/Aa2/AA-)	12.5	17.9	78785	19.2
卢森堡	(AAA/Aaa/AAA)	0.2	0.3	1101	0.3
马耳他	(A/A1/A+)	0.1	0.1	398	0.1

续表

成员国	信用评级 （标普/穆迪/惠誉）	ECB 资本缴存比例（%）	预设出资比例（%）	最高承诺规模（百万欧元）	调整后出资比例（%）
荷兰	（AAA/Aaa/AAA）	4.0	5.7	25144	6.1
葡萄牙	（BBB-/Ba2/BBB-）	1.8	2.5	11035	0
斯洛伐克	（A+/A1/A+）	0.7	1.0	4372	1.1
斯洛文尼亚	（AA/Aa2/AA）	0.3	0.5	2073	0.5
西班牙	（AA/Aa2/AA+）	8.3	11.9	52353	12.8
总计		100	100	440000	100

资料来源：EFSF。

欧洲金融救援的实施基本是采取分步走的策略。一是针对特定国家的救援规模要得到欧元区及其欧洲金融稳定基金的同意，同时对救援的细节达成共识。二是有欧洲金融稳定基金作为救援主体，开始发放救援资金，救援资金的发放是分多次进行，在每次发放之前都要进行一次评估，主要考察受援国的承诺兑现程度以及后续政策的评估。同时，受援国要进行相应的改革，特别是财政整固计划。如果财政政策计划等执行不力，欧洲金融稳定基金可能暂停甚至取消对该成员国的援助。

欧洲金融救援体系未来将实体化。2011 年 6 月 20 日，欧元区和欧盟财长会召开，会议针对欧盟金融稳定和债务危机救援体系达成了新的一致协议。一是欧洲金融稳定基金需要进一步扩大救援的能力（包括私人部门的资源加入）、救援的规模，以确保欧元区和欧盟的稳定性。二是欧洲金融稳定基金作为一个 3 年期的临时性救援机制，将在 2013 年中期到期之后，成立欧洲稳定机制（European Stability Mechanism，ESM）。欧洲稳定机制是一个政府间常设组织，到时将代替欧洲金融稳定基金，为欧元区和欧盟成员国提供金融救援，同时可以干预一级债券市场。ESM 有效救援资金将从 4400 亿欧元扩大至 5000 亿欧元，整体救助规模可达 7000 亿欧元，其中 800 亿欧元可以现金支付，6200 亿欧元为承诺救助资金和担保。此后，随着欧债危机的深化，在 2011 年 12 月欧盟峰会上，欧元区领导人将 ESM 投入运行的时间提前一年，至 2012 年 7 月，又承诺 ESM 会和 EFSF 同时运行一年。在 2012 年 3 月的欧盟峰会上，进一步将 ESM 的有效救援资金扩大至 7000 亿欧元。

```
┌─────────────────────────────────────────────────────────┐
│                    欧洲金融救援体系                      │
│                                                         │
│  ┌──────────────┐  ┌──────────────┐  ┌──────────────┐  │
│  │ 欧洲金融稳定基金│  │欧盟金融稳定机制│  │    IMF       │  │
│  │   4400亿欧元  │  │   600亿欧元  │  │ 最多2500亿欧元│  │
│  └──────────────┘  └──────────────┘  └──────────────┘  │
└─────────────────────────────────────────────────────────┘

┌────────────┐        ┌──────────────┐
│2013年中后期│        │  欧洲稳定机制 │
│            │        │   （ESM）    │
└────────────┘        └──────────────┘
```

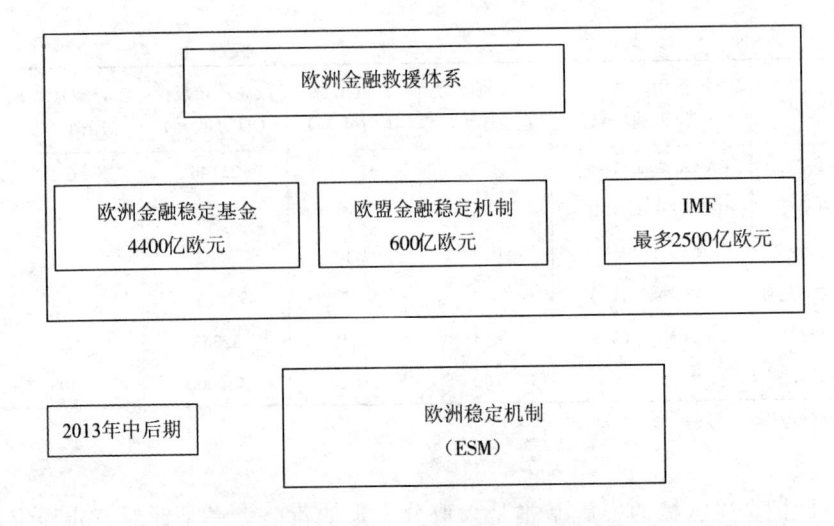

图 11-1　欧洲金融救援体系结构图

资料来源：作者根据相关资料整理。

三　欧洲救援方案的风险

欧盟和 IMF 推出的 7500 亿欧元救援计划以及针对希腊的第二轮救助计划都超出了市场的预期，一则显示欧盟对危机救援的决心，二则隐含地认为欧洲债务问题的严重性。欧盟采取共同的帮扶机制，以 27 个成员国的联盟提供了一种独特的欧盟经济社会合作模式，特别是基于欧元区为核心，来熨平欧盟和欧元区受到的不确定性的冲击，受到了市场和政策界的较大认同。但是，这个救援方案并没有很好地解决希腊和欧洲的债务危机，于是在 2011 年 7 月欧盟不得不进行了针对希腊的第二轮救援计划。

从整体上看，欧盟的现行的救援体系具有潜在的几大风险：

（1）市场风险。尤其是欧洲央行，由于其对成员国国债的认购是不设上限的，这就意味着欧洲央行可能被迫购买超过其风险承受能力的风险资产，而如果这些风险资产价格下跌（比如，投机者做空这些金融资产，这种可能性是存在的，不过德国已经在 2011 年 5 月 19 日宣布禁止卖空令），那么欧洲央行将遭受巨大的损失。当然，这也意味着欧洲央行将分散于成员国的风险集中在自己身上，其本身就是一种风险集中的行为。比如，欧洲央行现在已经成为希腊最大的债主,截至 2011 年 6 月月底,欧洲央行持有希腊的债券超过 500 亿欧元。同时,欧洲央行对意大利国债的购买量也在不断增加。

(2) 道德风险。由于欧盟和 IMF 的贷款资金远远超过市场的预期,也超过了"欧猪五国"在 2010 年债务展期的现实需求,这就意味着成员国的融资需求基本能够得到满足,而且欧盟的"不救援"条款可能不会实行,最后可能导致债务出现问题的成员国在紧缩支出和去赤字的过程中行为不力,最后产生道德风险。希腊就是最为典型的例子,在接受救援之后,希腊并没有有效进行财政整固,财政状况并没有根本改观,其偿付能力没有实质性提高,2010 年年底希腊的债务占 GDP 的比例从年初的 128% 进一步提升至 142.8%。

(3) 政治风险。欧盟各国政府需要最多兑现 5000 亿欧元的资金,由于欧盟成员国目前的经济和财政状况多数是比较差的,特别是欧洲金融稳定基金主要的救援责任将集中在德国和法国等欧盟核心成员国身上,这可能将遭遇政治阻碍,甚至在成员国内部发生较为明显的矛盾,比如德国国内对援助方案就存在明显的分歧,而法国和德国在援助框架和执行上也存在一定的分歧。随着债务危机的深入发展,欧元区成员国之间的政治互信也明显降低,2011 年 10 月以来,在希腊就 2011 年 10 月月底欧盟峰会新救援方案欲举行全民公投之后,德国对欧债救援和欧元区未来发展的基本立场就发生了重大改变。2011 年 11 月中旬,德国国会通过了议案,认可德国政府可以允许欧元区成员国的退出。

(4) 筹资风险。虽然现行的救援框架总规模为 7500 亿欧元,但是除去对希腊、爱尔兰和葡萄牙等国的救援,已经花费的救援规划内的资金超过 2500 亿欧元。如果意大利和西班牙等大型经济体遭遇债务危机,这些国家承诺的救援资金就无法兑现,同时还需要新的救援资金,为此,剩余的不到 5000 亿欧元的资金将可能面临日益紧张的压力。目前,德国和法国正在考虑征收银行税,同时欧盟也可能开征金融交易税,来为金融救援筹资。这可能是欧洲债务问题救援的最紧迫的风险。如果意大利在未来一段时间内,没有办法解决国债收益率持续高位的风险,就可能发生债务危机,那么现有救援框架的筹资风险将极速放大,甚至可能引发整个救援体系的筹资渠道失败。

（5）值得特别注意的债务重组风险。在欧债危机的救援方案中并不包括可能存在的债务重组问题。根据 21 世纪初阿根廷债务危机中的经验看，2005 年为了应对阿根廷债务危机，IMF 也提供了大规模援助，为阿根廷债务融资，但是由于无法承担巨额到期债务展期的巨大压力，阿根廷最后被迫采取债务重组的方式来应对，主要是采取新的债务来换取旧债，而旧债的本金和利息都"被打折"。截至 2011 年 8 月月底，欧盟和 IMF 出台的方案中没有涉及债务重组的内容，而且欧盟认为不存在债务重组的问题。可是，发生债务问题的成员国最后重组其债务的可能性还是存在的。而且，这种做法会给债权人带来较大的损失，因为许多国际金融机构都持有欧洲国家的主权债券。据标准普尔的研究，如果采取债务重组，希腊政府债券（总值约为 2650 亿欧元）将跌至票面价值的 30%，如果其他国家也进行债务重组，可能会使金融机构的资产负债表再度恶化，金融体系出现新的巨大动荡。因此，欧盟应在债务重组问题上做好预案。阿根廷、委内瑞拉、拉脱维亚等多个国家的货币制度设计者史蒂芬·汉克（Steve Hanke）也表示，对希腊的救援计划不能解决该国的"反市场的"经济结构问题，希腊债务违约无法避免。蒙代尔（Mundell）在 2011 年也特别指出，欧元区部分国家在未来一段时期内进行债务重组可能是"不可避免的"。作者在 2011 年的研究中也认为，希腊未来一段时间内进行债务重组的可能性是比较大的，只是软重组和硬重组的区别而已。

部分研究者虽然没有明确指出救援计划的风险之所在，但认为欧盟巨额的纾困计划仅仅是权宜之计（Wolf，2010）。沃尔夫（Wolf）认为，欧洲救援计划的成功与否取决于 3 个重要条件：一是成员国财政政策纪律的遵守，二是不救援条款的约束和市场的力量约束，三是成员国经济应逐步趋同。但是经验表明，在经济下行的阶段，欧元区成员国很难遵守财政纪律；而且在危机爆发的边缘，由于具有内在的联系性和引发系统性冲击的可能性，欧盟不可能实施不救援条款，因此这两个条件是无法满足的。对于经济的趋同性，则是一个更难以达到甚至是无法达到的目标。成员国内部的差异性决定了欧洲救援计划只能解决当前的危机，而无法避免制度性的缺陷和新的不确定性的出现，除非欧盟建立一个承认现实而又具有针对性的应对体系。

四 欧洲债务问题救援的深化

上面我们分析了欧债危机救援方案的细节和风险之所在，由于这个方案正处在施行当中，实际操作可能与预想的还存在一定的差别，欧债危机的救援可能会跟随债务危机的演进做出一定的调整，以便更有效地缓解债务危机的冲击。所以欧元区和欧盟需要在中长期的债务问题应对以及改革方面做出更加深远的改革和调整。

沃尔夫（Wolf，2010）在指出欧债危机的救援方案实际上更是一个短期应对机制的同时还认为，欧洲应该建立一个承认现实、能随机应变、能兼顾差异性的应对体系。在欧洲议会中具有重大影响力的社会党（PES）提出了一个系统的应对体系，在短期、中期和长期的视角中做出不同的政策安排（PES，2010）。一是在欧洲层面建立一个及时性应对机制——"紧急信贷机制"，为希腊及其他可能出现债务问题的经济体提供融资平台。二是在中期层面，必须在欧元区和欧盟内部建立一个危机应急长效机制，建立一个欧洲金融稳定机制。三是在长期中，将欧洲金融稳定机制逐步深化为长期机制，以强化对欧洲经济金融事务的管理。

结合社会党的改革思路，欧债危机的应对方案更多的是体现在短期的应对机制上，即提供了一种紧急信贷机制，为存在债务问题的成员国提供畅通而有保障的融资渠道，以及为成员国的债务问题应对和风险防范提供平台，它首要的还是一种应急机制（PES，2010）。而在中期和长期的危机应对、金融体系管理和制度保障等方面并没有明确的指导方向。欧债危机的风险或将继续发酵。

五 欧债救援的最新发展

近期欧债危机继续恶化，可能进一步升级，其潜在风险在于危机的后续传染性，主要体现在向大型经济体传染和向银行业部门传染。更为重要的是，针对欧债危机的救援仍然存在重大争议。特别是全球最大的城市银行——法国-比利时合资的德克夏银行（Dexia）已经倒闭，给欧债救援的有效性带来极大的质疑，同时也给欧债危机向银行业传染敲响了警钟。

1. 欧债救援国际压力大增

2011年下半年国际社会对欧债危机救援的及时性、有效性和针对性提出了重大的质疑。加拿大财长就指出，欧洲债务问题是目前全球经济最为紧迫的问题，而欧洲在过去一年中的应对之策是不恰当的，欧洲应该出台积极果断的政策措施，以防止全球危机的产生。

欧洲盟友美国也对欧债问题表现出了重大关切。美国财长盖特纳认为，欧债危机对全球经济复苏带来了实质性风险，虽然美国对欧债的风险暴露较小，但是鉴于美欧经济联系的紧密性，欧债危机可能引发连锁反应，最终造成美国和全球的经济困顿。美国总统奥巴马也强调，欧洲应该迅速行动应对债务危机。

在2011年G20领导人峰会召开前夕，G20财政部长和央行行长会议也强调，如果欧洲不能及时有效解决其主权债务危机，那将会给全球经济带来扩散性的危机，欧洲应该迅速出台"全面方案"。2011年G20峰会主席国法国指出，欧债危机的应对问题将是本轮金融峰会的重大议题。

在国际社会施压的情况下，特别是G20的表态，使得德国和法国面临内外的多重压力。出于内部的稳定压力和外部的政治压力，法、德已经承诺在2011年11月月初G20峰会召开之前出台系统性的救援计划，即在当年10月27日欧盟峰会将会对欧债救援取得新的共识。在该峰会上，欧盟就救援资源的杠杆化扩大、希腊债务减计处置，以及银行业资本重组等方面做出了新的安排。

2. 欧债救援扩大

资金缺口是欧洲债务问题救援的最紧迫风险。在以欧洲金融稳定基金为主导的救援体系下，欧债危机救援的资金来源主要为欧元区成员国和IMF。其中欧洲金融稳定基金规模最高可达4400亿欧元，IMF出资规模最高为2500亿欧元，欧盟金融稳定机制为600亿欧元。除去对希腊、爱尔兰和葡萄牙等国的救援，已经花费的救援规划内的资金超过2500亿欧元，剩余的不到 5000 亿欧元的资金将可能面临日益紧张的压力。如果意大利等大中型经济体遭遇债务危机，那么这些国家承诺的救援资金就无法兑现，同时还需要新的救援资金，资金缺口日益凸显。

资金缺口问题的解决将是欧债救援和欧元区稳定"全面方案"最重大的内容。资金紧缺问题及其解决途径的分歧，在救援希腊时已经表现得非常明显。面对希腊债务危机救援不断扩大的资金缺口，是利用现有的救援资金还是采取新的救助方式，德国和法国以及 IMF、欧盟、欧洲央行仍然没有取得共识。资金缺口问题还表现在欧洲银行业的资本重组问题上，根据欧洲银行监管局的预测，未来一年欧洲银行业为了达到新的资本金要求，需要募集的资金为 2750 亿欧元。

此前 2011 年 7 月欧元区和欧盟财长会针对欧盟金融稳定和债务危机救援体系达成了初步的一致协议，认为欧洲金融稳定基金需要进一步扩大救援的能力（包括私人部门的资源加入）、救援的规模，以确保欧元区和欧盟的稳定性。欧洲金融稳定基金的有效救援资金将从 4400 亿欧元扩大至 5000 亿欧元，整体救助规模可达 7000 亿欧元。

为了解决欧元区救援资金不足的难题，2011 年 10 月 27 日，欧盟峰会通过了欧洲金融稳定基金的杠杆化方案。此前，德国议会已经通过了欧洲金融稳定基金杠杆化方案的基本原则，德国在现有救援框架内将承担 2110 亿欧元的救援资金。根据杠杆化方案，该基金的救援规模将通过一个特殊目的投资工具（SPIV）和一项债务担保计划提高 3 倍左右，有效救援资金或将从 4400 亿欧元扩大至 1 万亿欧元。该特殊目的投资工具，主要是为了吸引中国和中东等主权财富基金和海外私人部门的资金来购买受困欧元区成员国的债券。时任法国总统萨科齐表示，将与中国国家主席胡锦涛进行商讨，以吸引中国的资金投资这个特殊目的投资工具。

2011 年 10 月 27 日，欧盟峰会后达成初步协议，拟进一步采用金融杠杆把 EFSF 可贷资金规模扩充至 1 万亿欧元以上。2012 年 2 月 17 日，欧元区临时救助基金欧洲金融稳定基金（EFSF）正式推出欧洲主权债券保护工具（ESBPF），根据这一方案，EFSF 只需为重债国新发行的主权债务发行提供担保；从而使 EFSF 可以仅仅专注于新债发行而不是存量债务，这将在很大程度上缓解 EFSF 的负担。ESBPF 的主要用途是对符合条件的国债进行部分担保，降低这些国债的减值风险。例如，ESBPF 为西班牙担保 20% 后，投资者将在风险保护和所支付的利息之间进行权衡，如果感到满意，就会认购所发行的全部债务。由于 EFSF 只需要对部分债券进行担保，因此相较于直接发放贷款，将显著增加帮助筹集的资金。如果以 25% 的平均风险覆盖率计算，每担保 1 欧元可以帮助筹集 4 欧元的资金；那么，2500 亿欧元的可贷资金规模将可以扩充至 1 万亿欧元。整个 EFSF 杠杆化方案还没有具体落实，但是通过杠杆化操作后，EFSF 将变得更加复杂，其中蕴含的风险也被迅速放大。

2012 年 6 月 28~29 日，欧盟领导人峰会在比利时首都布鲁塞尔召开。欧盟领导人针对欧债危机推出一揽子救助措施，承诺采取坚决措施应对金融市场紧张，在建立欧洲统一银行监管机制的前提下，各国同意欧洲金融救助机制 EFSF/ESM 可以直接用来进行银行救助，并可以用来购买重债国国债。在建立基于欧洲央行的单一银行监管体系的前提下，欧元区领导人承诺欧洲救助机制 EFSF/ESM 可以直接用来向银行进行注资，比如帮助西班牙银行体系进行资产重组，同时承诺银行注资贷款并不具备优先债权人地位。在这种情况下，EFSF/ESM 作为欧洲银行业联盟清算和救助基金的雏形初现。同时，为降低重债国融资成本，各国领导人还授权欧洲救助基金 EFSF/ESM 可以用来购买重债国家的政府债券，以降低其债券收益率。

3. 银行业是欧债救援的又一重点

到 2011 年年底，救助欧洲的各项方案和机制更多关注的是如何为债务到期时遇到再融资问题的国家提供流动性支持，这是一种治标不治本的做法。站在 2011 年年底这个时点，从全球的角度来看，欧洲的银行问题更值得人们担心。

欧洲银行业抵御风险的能力并不强。欧洲银行监管局在欧洲 21 个国家 90 家大银行进行的压力测试显示，欧洲银行业仍需强化其资本金。压力测试显示，截至 2010 年年底，90 家大银行的资本充足率为 8.9%，其中 20 家银行一级核心资本充足率低于 5%，需要在未来两年内补充 268 亿欧元的资本金。

欧洲银行持有大量的南欧国家发行的欧元债券。截至 2011 年 9 月月底，希腊、葡萄牙、爱尔兰、意大利和西班牙 5 国未清偿国债本金规模为 2.72 万亿欧元，本息为 3.7 万亿欧元。根据作者的计算，欧洲银行业对"欧猪五国"的国债本金风险头寸超过 5100 亿~5700 亿欧元。而参加压力测试的 90 家欧洲大银行 2010 年年底的资本金为 12089 亿欧元。

德克夏银行因持有欧债风险敞口而破产，西班牙第三大银行 Bankia 银行已经向政府申请援助，这使得欧洲意识到欧债危机正向银行业危机转化，可能会导致系统性的金融危机。在欧债危机救援的"全面方案"中又一重大内容就是欧元稳定计划，其中最为核心的是欧洲银行业的资本重组计划。德国总理默克尔表示，"我们决心采取一切必要行动，对我们的银行进行资本重组"。

欧盟救援欧洲银行业的核心是进行资本重组。目前主要体现在 3 个方面：一是欧洲银行业的最低核心资本充足率将大幅提高，欧盟银行监管局已经原则同意要求银行将核心一级资本充足率提高到 9%，而不是 2011 年 7 月压力测试时的 5%。二是对于持有债务危机国家债券风险敞口的银行，需要追加额外的资本缓冲。三是确保银行在一定时间内能够获得与需求相匹配的融资安排，不排除进行政府担保。

虽然欧盟理事会、欧洲央行、欧元区成员国对银行业重组仍存在重大的技术性分歧，比如核心资本充足率水平，同时还需要和 IMF 等机构协商。但是，欧洲已经着手进行银行救助及资本重组的准备工作。为了避免西班牙银行业风险传染至欧元区国债市场，欧元区领导人已经还是致力于建设统一的银行监管体系，并承诺欧洲救助机制 EFSF/ESM 可以直接用来向银行进行注资，比如帮助欧元区银行体系进行资产重组，同时承诺银行注资贷款并不具备优先债权人地位。在这种情况下，EFSF/ESM 作为欧洲银行业联盟清算和救助基金的雏形初现。

2011 年年底实行的长期再融资计划和 2012 年 9 月宣布的直接货币交易计划，对于银行业也是重大的实质性利好。银行业资本重组对于银行来说是要收缩资产负债表的，是一项长期有利、短期有弊的政策举措，使得银行业的资本金更加紧张，同时可能使得银行争相抛售资产，使得资产端进一步恶化。但是，2011 年年底的长期再融资计划，使得银行摆脱了流动性危机，可以较好地满足资本重组的流动性需求，一定程度上隔断了债务危机向银行业危机转换的渠道。2012年9月的直接货币交易计划，使得各成员国的国债缺口被填补，更重要的是，各成员国的国债收益率大幅降低，国债价格随之上涨，这使得银行业的资产方进一步改善，一定程度上缓解了银行业资产负债表困境。

4. 短期风险缓释，长期风险仍存

欧债危机的发展存在向大中型经济体传染、向银行危机转化以及欧元稳定性等重大中长期风险，但是预计随着德、法两国的妥协，欧债救助机制的扩大和完善，将较为有力地改善救援机制的资金缺口问题，而且对于希腊等经济体的救援的有效性将提高，可以降低对希腊债务硬重组的可能性，这对于稳定欧洲债券和金融市场是必要的。

欧债救援的新举措，特别是银行业资本重组的进行，将有效地降低欧债危机进一步传染的风险，尤其防范了潜在的银行业危机。特别是2012年12月月底施行的3年期长期再融资计划，这在短期内对于释放债务危机的风险、降低银行业流动性风险、提高银行业的宏观审慎和微观审慎水平、稳定金融市场的情绪，是有益的。2012年9月的直接货币交易计划，对于改善银行业资产负债表也是实质性利好。

值得注意的是，欧债问题的普遍性是制度性矛盾的结果，现有救援框架更多的是解决偿付危机导致的流动性困难，而对于提高长期偿付能力的作用是有限的。债务危机的根本解决在于偿付能力的实质性提高，在于公共收支结构的根本转型，在于欧盟和欧元区成员国经济结构的完善和增长潜力的提升。因此，欧债危机对于全球经济和国际金融市场将是一个中长期的制约因素。

第十二章
欧盟金融监管改革及宏观审慎管理框架

金融风险和宏观财政风险，或许是两个不同层面的问题，但是现实的图景是欧洲尚未走出金融危机的风暴又陷入了债务危机的灾难中。这好比欧洲尚未从9次东征中复苏，又很快陷入了可怕的黑死病一样。幸运的是，金融危机使得欧洲对金融风险的防范，尤其是系统性风险的应对提上了经济政治议程，且已经卓有成效。

基于宏观审慎管理制度框架，欧洲已经在银行、证券、保险等部门建立起了新的风险防范机制，特别是系统性风险的预警、防范及应对体系。但是，欧洲将更多的精力集中在防范金融行业的风险上，而对于国家财政收支层面的宏观审慎的关注显然不足。

当债务的风险传染至欧洲的银行业部门时，2011年1月1日正式运行的欧洲新的金融监管体系似乎已经在对债务危机的衍生风险进行积极的应对。因此从银行业的资本金重组来说，欧洲显得足够审慎。虽然更加宏观层面的审慎的缺失可能使得欧洲银行业风险之墙无法抵御债务危机的巨大风暴，但是欧洲的努力至少给银行业的稳定多了一点安全保障。

2011年以来，欧债危机继续深化，欧盟银行业由于持有发生债务危机的成员国的债券而面临资产负债表调整压力。2011年10月，全球最大的城市银行德克夏银行的破产，使得欧盟认为加强银行业宏观审慎管理的必要性进一步提升。

在本轮金融危机中，欧盟（除英国）主要经济体基本是以银行主导的金融体系，受危机的冲击相对美、英而言较小，但仍然是系统性的冲击，欧洲金融体系和实体经济受到严重的损害。金融危机仍然在深化，继冰岛、希腊危机之后，欧洲主权债务以一个"普遍性"问题引发了国际社会对欧洲经济及稳定的广泛关注和担忧（郑联盛，2010）。

此前，面对全球金融危机时，欧盟认为，金融危机暴露出欧盟金融监管相对分割，无法进行相对统一而完整的监管，特别是金融机构的跨境业务以及系统性风险，从而弱化了欧盟整体以及成员国监管体系的有效性，使得欧盟难以应对跨境金融风险的传染和系统性风险的防范（European Commission，2009）。在此背景下，由美国次贷问题引发的金融风险迅速在欧盟大部分成员国传播和深化，欧盟的金融风险及其引发的经济风险不断升级，直至主权债务危机的普遍出现。

美国金融监管体系改革的核心是在维系现有金融监管框架下强化系统性风险的应对，建立宏观审慎框架、强化微观审慎标准以及加强对消费者的保护。而欧盟金融监管的重点是在维系欧盟统一市场的基础上，强化对欧盟层面的系统性风险的管理，以及加强微观层面的审慎标准。

欧盟金融监管改革和宏观审慎体系建设进展重大。本轮金融危机之后，欧盟深刻认识到改革欧洲金融监管体系的重要性和必要性，特别是泛欧的跨境金融风险监管。但是，由于欧盟理事会中各国政府的分歧较大，金融监管体系改革进展相对缓慢。美国金融监管改革取得里程碑式的进展之后，欧盟金融监管改革和成员国合作才加速，2010 年 9 月欧盟理事会和欧洲议会就包括宏观审慎和微观审慎两个层面的泛欧金融监管新体系达成妥协，9 月 22 日欧洲议会正式通过改革方案。泛欧金融监管体系改革的深刻影响在于，它改变了欧盟内部各国相对独立分散的监管格局，初步建立了第一个相对超越国家主权的监管体系。但是，欧洲金融监管体系的改革留有许多问题有待解决，2009 年提出的欧盟监管体系在成员国层面的直接监管权以及三大监管机构的监管权力集中于单一监管机构等改革仍是争议之中。

欧盟金融监管体系改革集中在宏观和微观两个层面：与美国不一致的是，欧盟在宏观层面强调的是跨境风险的传染和顺周期效应引发的系统性风险，而美国相对集中在本国系统性风险特别是系统重要性机构的监管，对顺周期效应相对关注较少；在微观层面，欧盟主要致力于提高微观审慎监管的标准，致力于限制型监管，而美国是扩大监管范围、填补监管漏洞以及提高监管有效性，不过仍然是倾向于原则性监管。

一 欧盟监管体系的演进

由于欧盟是一个超主权的区域政治经济合作实体，其金融合作以及金融监管的相关问题一直以来是与欧盟一体化进程相匹配的。就整体而言，欧盟金融货币合作以及金融监管合作主要是以欧元的发展作为基础，1999年欧元正式流通，开辟了欧盟金融货币合作的一个里程碑，此后欧盟的金融监管合作进入一个合作深化阶段。2001年莱姆法路西框架得以实施，这是欧洲金融监管合作的分水岭，这个框架的实施意味着欧洲金融监管进入超主权层面。经过近10年的发展，欧盟层面的金融监管实际上取得一定的进展，银行、证券和保险行业在欧盟层面的监管协调责任分属于欧盟的3个委员会，但这3个委员会并非监管实体。

美国金融危机爆发之后，金融风险在欧盟层面传染。欧盟认为，为了应对金融危机和防范金融风险的跨境传染，需要夯实监管主体的权力以及加强欧盟层面的监管力度，2010年9月欧洲议会批准《欧盟金融监管体系改革》方案，致力于建立宏观审慎和微观审慎两个层面相结合的欧盟新的金融监管体系。

1. 1985~1998年欧盟金融监管

经过20多年的发展，欧洲共同体终于在1991年12月通过了《马斯特里赫特条约》，即《欧洲联盟条约》，欧洲一体化取得了里程碑式的进展。相应地，在这前后，金融货币合作以及金融监管合作也取得了实质性的进展。

自20世纪70年代中后期开始，欧洲一体化进程不断深入，欧共体认为在实现了国民待遇之后，需要就阻碍要素自由流动的各国法律差异进行重点解决。1985年欧共体理事会发布《关于建立内部市场的白皮书》，欧共体立法机构遵循服务自由和设立自由的基本精神，在欧共体金融市场一体化方面坚持最低限度协调原则（Principle of Minimal Harmonization），以相互承认原则（Principle of Mutual Recognition）为补充，以母国控制原则

（Principle of Home Country Control）为表现形式，推进欧共体新的法律机制一体化，共同促进欧洲金融体系和市场的一体化进程（Commission of the European Communities, 1985），所以《关于建立内部市场白皮书》是欧共体以及其后欧盟金融服务和监管体系合作的基础文件。

欧共体时期金融监管合作实践重大的进展是《第二号银行指令》。在1983年的《并表监管指令》的基础上，欧共体在1989年出台了《第二号银行指令》，这基本奠定了欧洲金融行业监管一体化的法律基础。在这个监管指令中，欧共体理事会在银行领域推行两个原则：一是单一银行执照原则，二是母国控制原则。单一执照原则（A Single License System）是指在欧共体一个成员国注册成立的银行可以自由地在欧共体其他成员国开设分支机构；在欧共体某一个成员国注册成立的银行，其在该国所从事的业务也可以在其他成员国开展，东道国不得施加额外的注册要求和营业条件。母国控制原则要求在欧共体范围内通过开设分支机构以及提供跨境金融服务等方式从事银行业务活动的金融机构，原则上应该由该机构成立注册地成员国的监管当局承担监管责任，特别是并表监管责任。由于实行相互承认和单一执照原则，母国控制原则将是一个必然的政策选择。

服务自由、单一执照、母国控制以及相互承认等原则，已经基本奠定了欧共体金融体系和金融监管的合作基础，特别是母国控制原则在一定程度上使得东道国的金融监管主权部分让渡给银行的注册国监管当局。当然，这种权力的让渡使得一些成员国担忧，认为这不仅是监管主权的让渡，更重要的是在金融环境恶化条件下的处置权力的让渡，是金融稳定保障机制的一个漏洞。因此，欧共体将银行的日常业务操作的直接监管权保留给东道国，并保留了3种特别情况处置条款，给予东道国实行金融监管的权力：一是东道国出于公共利益考虑，仍然保留在必要情况下对在其他成员国注册成立的银行分行及其跨境金融服务进行监管的权力；二是基于《第二号银行指令》，东道国为实行货币政策所采取的监管措施不受母国控制原则的约束，从而保障货币政策的独立性；三是银行流动性监管由东道国监管当局承担。

2. 1999～2001年过渡期

1999年1月1日至2001年1月1日为欧元流通的过渡期，也是欧盟金融服务体系和监管体系改革的过渡期。欧元开始流通之后，为了适应新形势下的金融监管，欧盟对1989年《第二号银行指令》进行了全面的修订，在2000年出台了欧盟《2000年银行法》〔《欧洲议会和理事会关于信用机构设立和经营的指令》（2000/12）〕，规定一家银行可以经营传统的存贷款业务，以及金融租赁、汇款、信用卡、旅行支票、保函等业务，还可以经营债券、咨询、证券和债券管理及保险箱业务等"全能业务"，相应的监管转向全覆盖监管，并再次重申此前欧共体关于银行业自由服务、单一执照、母国监管和相互承认等监管原则（European Communities，2000）。

为了配合欧元的启动以及欧盟区域内信用机构业务的全能化，1999年欧盟委员会颁布了《欧盟委员会金融服务行动计划》（The Financial Services Action Plan of the European Commission，FSAP），2000年里斯本首脑会议上签署通过了该计划，成为欧盟金融服务和金融监管合作新的法律框架。该计划对建立欧洲单一金融市场的优先指标和事项进行了分析，并提出了在2005年完成欧洲金融市场一体化的时间表，同时为了保证单一市场目标的实现，提出了3个战略安排：一是建立单一的金融服务批发市场，二是确保金融零售市场的开放及安全，三是加强审慎监管。这个计划包括银行、证券、保险、混业经营、支付清算、会计准则、公司法、市场诚信以及纳税等金融市场的各个要素都做出了统一安排，致力于统一规范涉及金融服务业监管的各个环节（汤柳，2010）。而且该计划强调金融监管应该及时适应金融业发展与创新的步伐，加强金融行业风险管理以及强化对投资者、消费者保护等。

3. 莱姆法路西框架

2002年1月1日欧元正式取代主权货币全面流通，欧盟经济一体化迈入了一个新的纪元，这对欧盟层面的金融货币合作以及金融监管提出了新的要求。

2000年3月通过的《欧盟委员会金融服务行动计划草案》将金融一体化要求细致化，要求在承认各国差异的基础上实现更好的监管协调，提高监管效率。2000年，欧盟委任名人委员会对欧盟的证券行业监管一体化进行研究，这个研究小组以莱姆法路西为主席，并于2000年11月形成了初始建议报告，经过各成员国的审议及其后修改，在2001年2月形成了最终报告。

《莱姆法路西报告》对欧盟证券行业监管提出了基本原则及具体建议。欧元全面流通之后所建立的欧盟证券行业监管体系就是基于《莱姆法路西报告》。该监管框架在承认各成员之间的立法原则和技术规则差异的基础上，从4个层次的维度提出了欧盟证券行业监管体系的建设方案：

层级1是欧盟委员会，该层面在保持欧洲金融市场开放和公平竞争方面加强工作，强化最上层的立法权，即立法和规则制定权。

层级2是与欧盟传统的立法程序相协调，建立广泛的欧盟监管规范，建立欧盟证券委员会（EU Securities Committee），强调其监管规范细则制定权。

层级3是根据市场的发展和变化，审议评估和完善欧盟的监管框架原则，建立欧盟证券业监管委员会（Committee of EU Securities Regulators）来加以指导和评估监管政策，加强其顾问、咨询和指导职能。

层级4是成员国有责任在这个框架内实行欧盟监管规范以强化监管合作促成不同监管主体形成监管网络，强调具体监管责任的落实。

《莱姆法路西报告》为欧盟证券行业监管提供了蓝本，根据相应的建议，欧盟建立了新的证券业监管体系。这个监管体系在欧元全面流通之后使得欧盟监管机构更具弹性地应对市场变化，加深了欧盟及成员国之间证券监管的合作，提高了监管协调效率和监管的有效性。2003年《莱姆法路西报告》的体系建设建议被推广适用于银行业和保险业，使欧盟层面的金融监管体系更加全面，从而开启了欧盟基于莱姆法路西框架的监管体系建设。2004年欧洲议会通过了金融监管体系改革方案，将基于莱姆法路西框架42项建议中的39项作为欧盟监管规范，要求各成员国执行，欧盟金融体系的监管逐步建立起上至欧盟下至成员国的四层级监管体系。

莱姆法路西体系在2003~2006年深入发展，欧盟层级和各国监管当局协调不断加强，欧盟不断完善其四层级监管体系，直至美国金融危机的爆发。

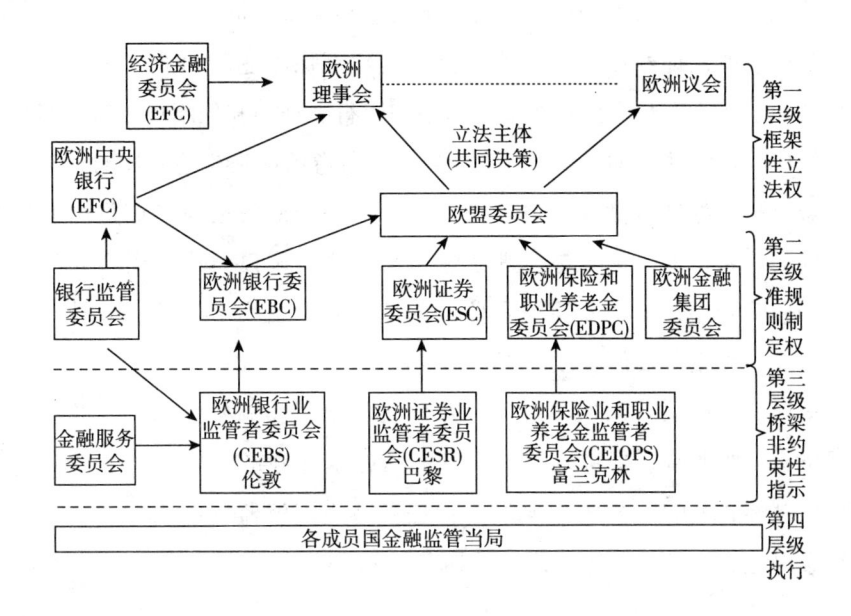

图 12-1　扩展至整个金融体系的莱姆法路西框架及四层体系

资料来源：中国保险学会。[①]

在欧盟莱姆法路西监管体系中，第一层级是框架性、原则性的立法层级，即原则性条款的制定权。一般是欧盟委员会提出立法建议，欧盟理事会、欧盟委员会和欧洲议会三方共同决策。一旦立法建议被通过，就适用于欧盟范围内所有的金融机构的监管。

第二层级是细化第一层级的法律规范，相当于是第一层级的法律"解释"。该层级包括欧洲银行委员会、欧洲证券委员会、欧洲保险和职业养老金委员会和欧洲金融集团委员会4个委员会。每个委员会由欧盟成员国财政部的高级官员组成，主要任务是建议、明确和决定有关对第一层级原则、指令和条例的实施细则，解决法律的实施程序问题，建立完整的监管法律规范，并可以根据实际情况有效地调整和变更规章的细节。该层级实际上

[①] 该框架的示意图由中国保险学会翻译，详细见中国保险学会，2010，《欧盟金融改革动向》，3月，http://www.iic.org.cn/D_infoZL/infoZL_read.php?id=9388。

具有金融监管技术性条款的制定权。

第三层级是非约束性体系组成。主要包括 3 个委员会：欧洲银行业监管者委员会、欧洲证券业监督者委员会以及欧洲保险业和职业养老金监管者委员会。这 3 个委员会由各个成员国中的银行、证券和保险行业监管当局的代表组成。值得注意的是，3 个委员会提出的指示都是非约束性的，都不执行对金融机构的日常微观审慎监管，仅作为一个欧盟层面和成员国监管当局之间的联系桥梁，主要是促进欧盟与不同成员国以及成员国之间的信息交流和监管合作，推动欧盟金融监管的趋同化，提高监管的有效性。该层级具有非约束性以及倡议性条款的制定权。

第四层级即执行层次，由各国监管机构执行实施欧盟指令、条例，欧盟委员会担当监督、促进实施的责任。执行层次在欧盟监管体系中是最为重要的载体，是欧盟金融宏观审慎管理和微观审慎监管的主体力量，也是体现金融监管主权的载体。该层级具有实际监管权。

二 欧盟金融监管体系改革及金融宏观审慎管理框架

全球金融危机对欧盟金融经济体系也造成了巨大的冲击。基于莱姆法路西框架的监管体系在实现金融风险的早期预警，以及防范和应对金融风险的跨境传染与系统性风险方面存在不足，欧盟认为有必要对金融监管体系进行改革，特别是对金融宏观审慎管理的改革，以完善欧盟层面的金融监管框架，维持欧盟金融体系的稳定性。

1. 欧盟金融监管体系改革的历程

金融海啸爆发之后，欧盟金融监管体系改革随即提上日程。在欧盟委员会的请求下，2008 年 11 月以法国央行前行长德拉罗西埃（Jacques de Larosière）为主席、包括欧元之父之一的奥特马尔·伊辛（Otmar Issing）等其他 7 名委员的欧盟金融监管高级小组（de Larosière 委员会）开始进行研究，并且对欧盟的金融监管体系改革提出了政策建议。

2009 年 2 月，de Larosière 委员会就出台了建议报告，认为需要进行金融监管体系的重大改革，以实现三大政策目标：一是建立一个新的完善的监管框架，以减少金融风险、提高风险管理效率，提高金融体系吸收系统性冲击的能力，弱化顺周期放大效应，强化透明度原则，并完善金融市场公平的激励机制。二是强化欧盟的金融监管协调，特别是宏观审慎管理和微观审慎监管协调。基于现有的监管框架，建立更加强势的欧盟层级监管主体以监管欧盟范围内的金融参与者。三是完善风险应对管理机制，在监管领域建立信心和信任。该委员会认为欧盟的金融监管必须在以邻为壑和强化合作中选择后者，以发挥统一市场的优势。上述报告的核心即是确认欧盟未来的金融监管构架是金融宏观审慎管理和微观审慎监管相互结合的双层体系，其最主要的建议是建立一个委员会和一个监管系统：欧洲系统性风险管理委员会和欧洲金融监管系统，欧洲金融监管系统由银行、证券、保险3个监管主体组成，3个监管主体分别由此前的3个监管委员会实体化而成，并赋予相应的监管权力。同时，这一报告还对在银行资本金、信用评级机构、以市定价原则（Mark to market）、影子银行体系、证券化及衍生品、投资基金等方面的微观审慎监管提出了具体的政策建议。

基于de Larosière委员会的政策报告，欧盟各成员国于2009年5月达成初步协议。经过欧盟和成员国的广泛讨论和协调之后，在5月达成的协议基础之上，2009年6月19日欧盟理事会通过了《欧盟金融监管体系改革》方案（Reform of EU's Supervisory Framework for Financial Services），确立了欧盟金融监管体系改革的框架建议，其核心的改革措施主要包括4个方面重大内容：一是成立欧盟系统风险委员会，建立宏观审慎管理机制；二是建立欧洲金融监管系统，加强欧盟层级的微观审慎监管及其协调；三是减少金融体系的顺周期效应；四是强化以银行为主导的对金融机构的全面风险管理。

2009年9月月底，欧盟委员会公布了欧盟金融监管改革方案的细节（European Commission，2009）。但是对于金融监管改革的细节，欧盟成员国仍然存在较大的争议，比如英国和德国在欧盟系统风险委员会的职权及其与监管主权的平衡就存在分歧，德国强力要求泛欧监管主体扩大直接监管权，而英国持反对意见。欧洲议会热衷于欧盟金融监管体系特别是系统风险委员会和三大金融监管主体具有直接的监管权力，可是遭到不少成员国政府的反对，它们担心其国家主权特别是金融监管权被部分削弱。

由于金融危机的逐步远去，而欧洲又出现了新的问题——主权债务危机，为此欧盟及其成员国的注意力又转向了主权债务问题，而金融监管合作协调的力度相对降低了。直到2010年7月美国参议院通过了最终版本金融监管改革法案并由奥巴马总统于7月21日签署成为法律，一直处在全球金融监管改革特别是国际标准制定前沿的欧盟，才感到改革的压力。

经过一年的博弈，2010年9月7日欧盟成员国对金融监管改革方案达成妥协：一是同意建立系统风险委员会和由3个监管实体组成的欧盟金融监管系统。二是欧盟层级的监管机构只有在特别情况下具有直接监管权，可以直接对成员国的金融体系进行监管。三是日常的监管权仍然由各国监管当局保留。四是更具争议的事项留待未来3年协商解决：其一是欧盟金融监管系统对泛欧金融机构的直接监管权；其二是将3个欧盟监管主体的监管权力统一成为单一监管主体的职能，即建立统一监管体系（Morrison Foerster，2010）。在取得这些妥协之后，2010年9月22日，在所有成员国的同意下，欧洲议会通过了欧盟金融监管改革计划。欧盟理事会经济金融委员会于2011年11月17日最终通过了该计划，并确定欧洲系统风险委员会和3个欧盟监管主体在2011年1月开始建立运行，以替代此前的监管委员会。2010年12月16日，欧洲系统风险委员会正式成立运行，2011年1月1日三大监管主体也正式运行，欧洲新的金融监管体系已正式建立。

2. 欧盟宏观审慎管理框架

在欧盟的金融监管体系改革中，金融宏观审慎管理从一开始的de Larosière委员会政策报告就是核心的改革内容，一定意义上说，欧盟的金融监管改革的出发点就是金融宏观审慎管理。不管是建立新的监管框架，还是提高欧盟层面的监管协调，或者是提高监管的有效性和风险应对能力，都是"保障欧盟金融整体稳定和单一市场的必要举措"。

如果从广义的宏观审慎管理改革出发，欧盟金融监管改革的宏观审慎框架主要包括3个方面：一是建立泛欧的系统性风险应对机制，成立欧洲系统性风险委员会；二是建立欧盟金融监管系统，成立3个监管实体；三是强化微观审慎的监管指标。这3个方面是欧盟金融监管体系改革相辅相成的内容，它们构成了欧盟新的金融监管体系的核心内容。

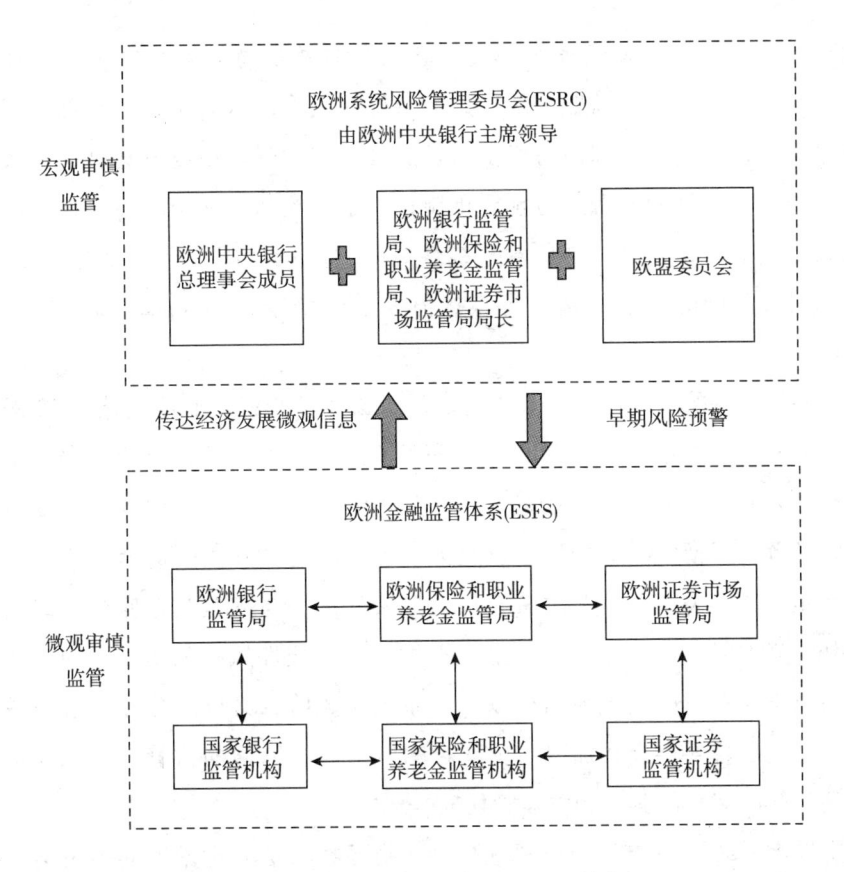

图 12-2 基于宏观审慎和微观审慎的新欧盟金融监管体系

资料来源：中国保险学会。

（1）宏观审慎管理机制。

在金融全球化和欧盟一体化不断深入的背景下，金融风险在仝球和欧盟区域内传播，金融危机具有更大的区域和全球传播性，但是各国金融监管者对金融机构和全球金融市场的杠杆率、风险敞口和风险管理安排等的全面信息掌握是不足的。而且各个国家监管当局的监管水平和机制存在很大差异，各个国家监管机构也无法独立承担区域监管责任，因此必须强化欧盟整体的有效监管，并需要在欧盟层面建立完善系统性风险应对机制及其建立健全金融宏观审慎管理框架。

在宏观审慎管理方面，新成立的欧洲系统性风险管理委员会将在欧洲中央银行的支持下，执行宏观层面的审慎监管。欧洲系统性风险委员会的宗旨是对欧盟金融体系的宏观审慎管理负责，适应金融体系发展带来的风险挑战，并考虑宏观经济的发展，避免金融紧张局势和金融风险大肆传染，削弱或消除影响欧盟金融稳定的系统性风险，以利于欧盟内部市场的有序运行，确保金融部门对经济增长的可持续贡献。该委员会具有三大职能：一是建立早期金融风险预警机制；二是监控和评估金融稳定性的冲击因素及其危害；三是提供应对系统性风险的政策措施。在必要的情况下，可以对成员国的金融体系进行直接但秘密的警示（European Commission，2009）。

在欧洲系统性风险委员会成立之后，该委员会将其职能细化为10个方面：甄别和预判系统性风险、收集分析信息、发布系统性风险预警甚至公开化、发布风险应对的政策建议、在紧急情况下可以向欧盟理事会发布秘密性的预警以便理事会能够调整政策以提高欧盟监管主体的紧急应对能力和政策空间、关注预警及政策建议的后续发展、与欧盟其他监管组织紧密合作，必要时可以向欧盟监管主体提供关于系统性风险的信息，创立和发展可以量化的高质量风险指标以辨别系统性风险、必要时参加欧盟金融监管系统的联合委员会、加强与国际金融组织和第三国的监管合作以及执行欧盟法律框架下的其他相关监管任务。

欧洲系统风险委员会由总理事会、指导委员会、学术顾问委员会、技术顾问委员会以及秘书处组成。其中，总理事会是确保欧洲系统风险委员会履行职能的最主要机构，其具有投票权的委员包括欧洲中央银行的行长及副行长、成员国中央银行行长、欧盟委员会一名代表、三大监管机构的主席、学术顾问委员会的主席和两名副主席以及技术顾问委员会主席，其没有投票权的委员包括各成员国监管当局的一名高级代表以及欧盟经济金融委员会主席。其首任为期5年的主席由欧洲中央银行行长担任。该委员会秘书处设在法兰克福，与欧洲中央银行一同办公。

欧盟对系统性风险的防范除了设立系统风险委员会之外，还特别对顺周期效应作出相关的审慎监管安排。欧盟认为，金融监管体系中的一些要素带有顺周期特征，甚至放大了顺周期效应，比如对资本金要求和会计准则等，是系统性风险的重要来源。2009年7月7日欧盟委员会经济与金融会议上，各成员国就如何削弱和消除金融体系及其监管的顺周期性取得一致意见，计划实行具有前瞻性的会计标准，实行坏账准备动态拨备机制，设立逆周期的资本缓冲机制、加强金融机构高管报酬改革以及对以市定价和公允价值规则的修改。

(2) 欧盟金融监管系统。

此前，欧盟层级的金融监管协调主要是由银行、证券和保险3个监管者委员会来履行的，但是由机制相对松散的3个委员会来履行主要金融部门的监管技术条款研究、协调和制定，并与成员国进行互动，相对而言是心有余而力不足的，而且欧盟的法律框架并没有赋予委员会相关的监管权力。因此，在金融风险跨境传染的防范中，3个监管者委员会无法胜任。de Larosière委员会政策建议，必须夯实欧盟层级的监管主体，将3个委员会实体化，并赋予相关的监管权力，这最后演化成为欧盟银行监管局、欧盟证券市场监管局以及欧盟保险和职业养老金监管局3个监管主体，共同构建欧盟金融监管的执行体系。

欧盟金融监管系统的3个机构继续承担过去监管者委员会作为咨询主体的有关职责之外，其权限大幅扩大并拥有了法人地位，单个监管局的主要职责包括：一是对成员国监管机构之间的分歧具有法定的仲裁权；二是具有制定约束性金融监管指标的决策权；三是具有向欧盟范围内的金融机构颁发准入许可证；四是与欧洲系统风险委员会合作，防范系统性风险；五是在紧急情况下，可以向金融机构采取直接调查并作出技术性决定；六是可以禁止或限制被认为会影响金融稳定的金融活动和产品。整体而言，3个监管局最主要职能是建立一套整适用于欧盟的趋同性监管规则和一致性监管操作，按照共同性条约的有关规定发展约束性协同技术标准，制定非约束性技术标准供各国监管者自行决定是否采纳，确保欧盟的一致性微观审慎监管操作以及维护共同市场的稳定性。

(3) 加强微观审慎监管。

除了建立欧洲系统风险委员会以应对系统性风险、施行金融宏观审慎管理，以及设立欧盟金融监管系统进行欧盟层面的微观审慎监管标准制定与协调，欧盟认为，还需要强化微观审慎的监管指标，夯实微观审慎监管的基础，才可能达到金融宏观审慎管理的效力，建立一个稳定的金融体系以及有效的共同市场。

欧盟在微观审慎监管的强化方面主要关注3个方面：一是加强对系统重

要性机构的微观审慎监管指标；二是强化资本金机制；三是完善风险和危机管理体系。

以资本金为例，欧盟在对银行资本金要求方面，欧盟委员会在2008年10月和2009年7月先后向欧盟理事会和欧洲议会提交了关于修改《资本金要求指令》的提案，建议对银行的交易账户不同时期建立额外资本缓冲机制，增强违约风险管理，并制定交易账户下证券化头寸的风险要求；在再证券化业务方面，提出更高的资本金要求，对银行从事复杂的再证券化投资业务加以一定的限制。

此外，欧盟还对储蓄担保计划、信用评级机构监管、风险预警、证券化的留存要求、交易账户的额外资本金、信息披露、流动性风险管理以及影子银行体系的监管都制定了严格的监管指标。

三　宏观审慎管理的实践：债务危机下的银行资本重组

到2011年10月欧盟峰会召开之前，救助欧洲的各项方案和机制，更多关注的是如何为债务到期时遇到再融资问题的国家提供流动性支持，这是一种治标不治本的做法。从全球的角度来看，欧洲的银行问题更值得人们担心。全球最大的城市银行——法国－比利时合资的德克夏银行（Dexia）的倒闭，引发了全球对欧洲银行业的重大担忧。现在，欧盟要求银行业承担希腊主权债务50%的资产减计，银行业的风险明显增大。

欧洲银行业抵御风险的能力原本并不强。欧洲银行监管局在欧洲21个国家90家大银行进行的压力测试显示，欧洲银行业仍需强化其资本金。压力测试显示，截至2010年年底，90家大银行的资本充足率为8.9%，其中20家银行一级核心资本充足率低于5%，需要在未来两年内补充268亿欧元的资本金。

欧洲银行持有大量的南欧国家发行的欧元债券。截至2011年9月月底，希腊、葡萄牙、爱尔兰、意大利和西班牙5国未清偿国债本金规模为2.72万亿欧元，本息为3.7万亿欧元。根据作者的计算，欧洲银行业对"欧猪五国"的国债本金风险头寸至少为5100亿~5700亿欧元。而参加压力测试的90家欧洲大银行2010年年底的资本金为12089亿欧元。欧洲银行业承担希腊主权债券的50%的资产减计，大约要损失1000亿欧元。

银行业部门持有希腊主权债务进行50%的资产减计，加上此前德克夏银行因持有欧债风险敞口而破产，使得欧洲意识到欧债危机正向银行业危机转化，可能会导致系统性的金融危机。在欧债危机救援的"全面方案"中又一重大内容就是欧洲银行业的资本重组计划。德国总理默克尔表示，"我们决心采取一切必要行动，对我们的银行进行资本重组"。

欧盟救援欧洲银行业的核心是进行资本重组。目前主要体现在3个方面：一是欧洲银行业的最低核心资本充足率将大幅提高，欧盟银行监管局已经原则同意要求银行在2012年6月30日将一级核心资本充足率提高到9%，而不是2011年7月压力测试时的5%。这比巴塞尔协议Ⅲ的要求提高了2个百分点，并提早了7年。二是对于持有债务危机国家债券风险敞口的银行，根据需要可以追加额外的资本缓冲，欧洲银行监管局需要综合考虑银行业对各国的风险敞口。三是确保银行在一定时间内能够获得与需求相匹配的融资安排，不排除进行政府担保。

在融资安排上面，欧盟领导人特别强调了银行增资、长期融资以及公共救援的协调性，应该避免2008年各成员国各自为政的无序局面。一是必须保证银行业中短期融资，避免出现信贷紧缩的状况，并保证足够的信贷进入到实体经济，欧洲央行以及成员国中央银行需要提供相应的短期流动性支持。二是渐进有效地提升银行业资本金的水平，使其能够承受风险冲击，比如希腊主权债券的资产减计。欧洲金融稳定基金已经做出了相应的资金安排。三是在欧盟层面建立一个长期融资体系，健全准入、定价和条件性等标准，欧洲银行监管局、欧洲中央银行以及欧洲投资银行等必须联合行动，在适当的情况下为银行的长期融资提供担保等帮助，使得银行业能够获得长期的资金支持。四是针对长期融资安排的政府担保是可行的，可以是国家层面甚至是欧盟层面的支持与担保。

虽然欧盟理事会、欧洲央行、欧元区成员国对银行业资本重组仍存在一定的技术性分歧，细节工作由2011年11月的欧盟财长会具体制定，但是此前欧洲已经着手进行银行救助及资本重组的准备工作。欧洲央行在10月17日的隔夜资金投放规模高达2690亿欧元，为2010年6月以来之最高水平。同时，欧洲中央银行加大了对发生债务问题的成员国的债券的购买量，特别是对意大利的债券，防止收益率过快升高，防范银行出现资产负债表急速恶化，从而保障银行和金融体系的宏观稳定性。

四 小结

由于欧盟是一个超越国家主权的联盟，其基于欧洲中央银行的货币体系已经实现了一体化，运行体系基本平稳，各成员国将货币主权让渡给欧洲中央银行。从目前的形势看，虽然欧债危机给欧盟货币合作带来了一定的冲击，但其整体仍然是相对稳定的，并且为欧洲区域内部的贸易投资往来提供了便利。

在金融监管层面，欧盟金融监管框架此前是基于欧盟层面的3个行业监管委员会，但是委员会的职能主要是协调和政策建议，并没有直接监管权。更重要的是，成员国的监管协调相对处在较低层面，特别是监管标准趋同化以及跨境监管的协调相对不力，这无疑弱化了欧盟层面金融监管的有效性和整体性。欧盟认为，这样的监管框架无法规避金融风险跨境传播以及系统性风险的防范及应对。因此，需要对整个欧盟层面的监管体系进行改革，一方面匹配货币合作一体化的制度适宜性，另一方面是从系统风险的空间演进的维度进行风险的防范和应对。

欧元的诞生对欧洲金融货币体系以及金融监管框架带来了根本性的变革力量。2001年年底形成的欧盟证券行业的监管改革方案，即《莱姆法路西报告》，奠定了欧元流通后欧盟证券行业监管体系的初步框架。莱姆法路西框架随后从证券行业向银行、保险行业扩展，成为欧盟层面的金融监管框架。莱姆法路西体系是由4个层面组成的：最上层级的是欧盟委员会，以及欧盟理事会和欧洲议会，拥有立法权和框架规则制定权；第二层级的是监管规则的细化，监管规范的制定，是承接立法权和执行权的中间环节；第三层级的是指导、咨询和顾问环节，作为欧盟原则监管和成员国实际监管的协调环节，拥有建议权，但建议不具有约束性；最底层级的是成员国的现场监管权。

本轮金融危机之后，欧盟认为莱姆法路西框架在欧盟层面的监管、成员国监管协调以及系统风险防范等方面存在不足，所以，确立了欧盟金融监管体系改革的框架建议，其核心的改革措施主要包括4个方面重大内容：一是成立欧盟系统风险委员会，建立金融宏观审慎管理机制；二是建立欧洲金融监管系统，即建立银行、证券和保险3个监管局，加强欧盟微观审慎监管及其协调；三是减少金融体系的顺周期效应，建立相应的微观指标；四是强化以银行为主导的对金融机构的全面风险管理。最为核心的是，建立欧盟系统风险委员会以及欧洲金融监管系统。

虽然欧洲新的监管体系是区分为宏观和微观审慎两个层面，但是仍然没有打破莱姆法路西框架的4个层级的大体系。只是在莱姆法路西框架的第一和第二层级强化了金融宏观审慎管理的职能，在第四层级通过强化微观审慎指标来促进成员国监管的趋同性，以提高欧盟监管的整体性和有效性。当然，在新的监管框架中，欧盟层面的监管设有紧急情况条款，在紧急情况下，欧盟层面的系统风险委员会和3个监管局，可以直接向成员国发布监管的建议，如有必要可以行使直接监管成员国金融机构的权力。

不过，值得注意的是，在金融危机中，欧盟监管体系并没有根本性的失败，因此欧盟的监管改革基本没有改变原有的监管框架，是原有框架的升级和职能的强化。而美国的金融监管改革，特别是沃尔克规则，则是意在应对混业监管模式和分业经营模式的制度错配，而欧盟层面的制度错配问题并没有美国那么明显。因此，金融监管体系改革对欧美金融体系的影响可能是不一样的，美国的监管改革影响更加重大，而欧盟监管的改革更多是在欧盟层面的金融宏观审慎管理的强化。

在欧债危机爆发之后，特别是自2011年以来，希腊等经济体债务违约的风险不断攀升的过程中，欧洲银行业的宏观审慎监管在持续加强，比预期的来得更加迅速而猛烈。欧盟银行监管局已经原则同意要求银行在2012年6月30日将一级核心资本充足率提高到9%，而不是2011年7月压力测试时的5%。这比巴塞尔协议Ⅲ的要求提高了2个百分点，并提早了7年。欧盟针对银行业的宏观审慎监管，在金融危机和债务危机的双重风险下，已经走在了全球前列，这为欧洲银行业的稳定，奠定了良好的制度基础。

但是，由于欧债危机的应对中，欧盟希望建立一个银行业联盟，并由欧洲央行实行统一监管，根据2012年下半年以来欧盟和成员国领导人的意愿，银行业联盟的成立是一个大概率事件，这意味着欧洲央行的统一监管职能也可能随之确立，这样就产生了欧洲央行与欧洲银行监管局的职能重叠和分工问题。这将是未来一段时间内，欧洲银行业和金融体系审慎监管的一个重大课题。

第十三章
欧债危机与欧元区的未来[1]

当历史的年轮到了 2012 年年底，欧洲主权债务危机已经演绎了 2 年多，但是，这似乎像是中世纪的黑暗，阴冷、漫长、难现曙光。欧元区各个经济体像是寒冬阴雨冷雪下的流浪汉，蜷缩一团，挤在一起，围绕在"团结向前"的火炉旁，虽然这个火炉的火焰已经奄奄一息。

欧元区应急式的危机应对，暂时阻止了欧洲银行业陷入崩溃的泥潭，同时也让重债国家避免陷入流动性紧缺的失血厄运。但是，正如一些预言家所述，现时的欧洲已经进入一个中世纪式的萧条与衰退。

当时，希腊语《新约》从拜占庭流入了西欧，为后来的宗教改革和文明发展创造了条件。米兰多拉的著名作品《论人的尊严》也为文艺复兴奠定了一定的基础。中世纪的黑暗在社会文化价值体系的改革中逐步迎来了光明。如果欧债危机让欧洲陷入了那时的黑暗，那欧洲或许也需要那时的改变，才能走出阴霾。虽然，欧洲在欧债危机中付出了很多，但是历史的经验表明，它们或许还需要付出更多。

在 2012 年，尽管欧元区经历了希腊大选风波、西班牙银行业和国债危机等重大事件冲击，但受益于欧洲中央银行执行的一系列非常规货币政策，欧元区金融市场逐步趋于稳定，财政风险分担机制初现雏形。与此同时，欧元区出台了一系列措施和政策推进欧元区制度建设，在财政联盟、银行业联盟等欧元区一体化项目上取得重大进展。预计在短期内，欧元区宏观经济再平衡需要继续深化，欧债危机仍是全球金融市场最大的不确定性；

---

[1] 本章由何帆和肖立晟撰写。

在长期内，欧债危机的解决机制已步入正轨，在降低欧元区内部宏观经济失衡的基础上，欧元区会继续推进一体化进程。

一 2011~2012年欧债危机总体形势分析

2012年，欧债危机进入新阶段。西班牙同时爆发银行业和国债危机，希腊大选引发退欧风波，欧债危机从边缘国家蔓延至西班牙、意大利等核心国家；为了平复市场情绪，欧洲中央银行两度入市干预，缓解了银行业流动性紧张的局面，稳定了国债市场，暂时消除了欧元崩溃的风险溢价，为欧元区继续推进制度建设提供了宝贵的时间。

1. 欧债五国债务期限结构及2012年到期情况

2012年是欧元区重债国的偿债高峰期，也是欧洲银行业去杠杆化的关键时期，投资者普遍关注债务国的偿债能力，以及银行间借贷市场是否有足够的流动性满足再融资需求。

从各国债务总量来看，深陷债务危机的欧债五国（意大利、西班牙、葡萄牙、爱尔兰、希腊）在2012年合计共需要再融资约6504亿欧元。其中，意大利在2012年全年的到期债务高达3371亿欧元，超过其他四国的到期国债总和，在2012年整个欧元区约1万亿欧元的到期债务总额中占比超过三成。

从偿债压力来看，2012年2月是第一个偿债高峰，欧债五国偿债总额为805亿欧元；3月是第二个高峰也是全年偿债数额的峰值，将达863亿欧元。其他几个债务到期高峰分别出现在2012年4月、7月和10月。这些月份的到期债务分别为776亿欧元、629亿欧元和648亿欧元。2012年的几个偿债高峰月份是市场关注的焦点。其中，意大利2月到期的国债数额在整个2012年到期国债中最多，达531亿欧元，3月和4月分别都是453亿欧元。这3个月到期国债总额达1437亿欧元，占全年到期国债的42.6%。西班牙2012年全年到期债务有1479亿欧元，其中4月、7月和10月的偿债负担最重，分别为227亿欧元、202亿欧元和283亿欧元。

随着欧债到期高峰的来临，欧洲融资环境可能会进一步恶化，金融市场的动荡将会加剧。2012年2月、3月、4月几个连续的偿债高峰给欧元区当局带来了巨大压力，而西班牙10月283亿欧元的到期国债则直接促成了欧洲央行制订直接货币交易计划（OMT）。

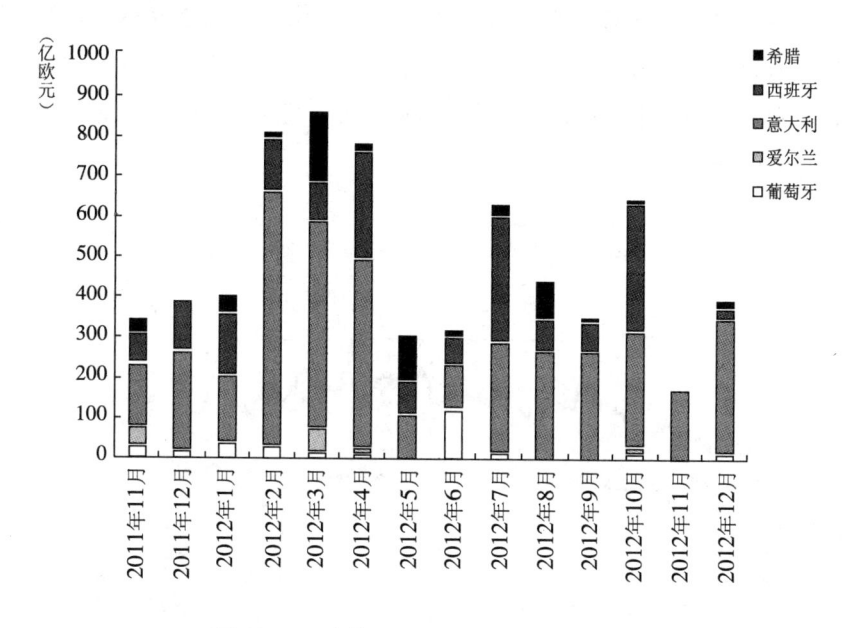

图13-1 欧债五国2012年债务到期分布

资料来源：*Bloomberg*。

2. 欧元区国债市场风险骤升，欧洲央行两度推出干预措施

希腊退欧风波和西班牙银行业危机是2012年欧元区国债市场的主要冲击来源。

在2012年第2季度，由于希腊国内出现政治动荡，市场质疑希腊能否留在欧元区，这引发第2季度欧洲重债国的国债收益率不断上行，截至6月29日，希腊10年期国债收益率达到26.00，较3月月末上升23%。

2012年7月，西班牙银行业危机和地方债务危机形势急剧恶化。7月，西班牙国内银行不良贷款由6月的1683.7亿欧元升至1693.3亿欧元，约占贷款余额的9.9%，创50年来新高。与此同时，西班牙地方债务危机全面爆发，加泰罗尼亚等4个自治区向西班牙政府申请流动性援助，资金总需求预计将达112亿欧元。西班牙经济陷入多重困境，投资者信心丧失殆尽，10年期国债收益率一度攀升至7.62%。作为欧元区第四大经济体，若西班牙融资成本达到难以承受的地步，将直接威胁到欧元的存亡。

投资者对欧元区能否持续的质疑提高了重债国的融资成本，扰乱了欧元区的改革步伐。为了维护欧元区的完整，欧洲央行两度入市干预，消除了银行业流动性风险和欧元区崩溃风险溢价，暂时稳定了重债国的国债市场。

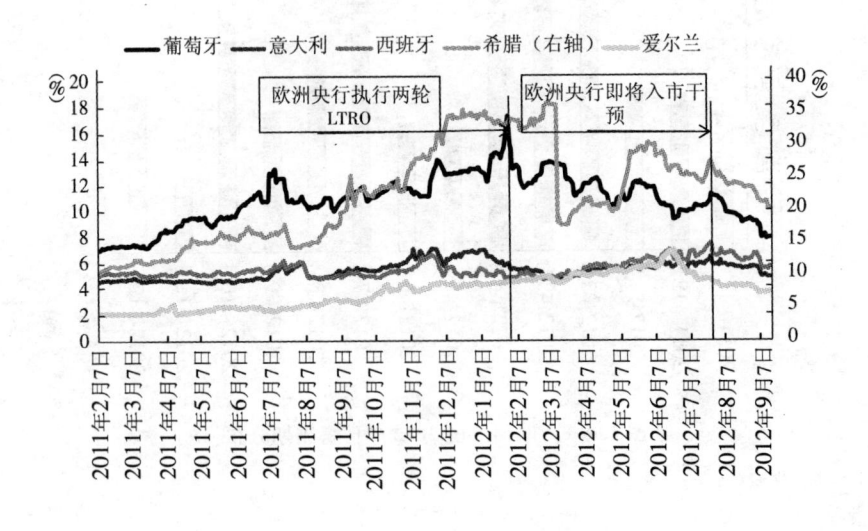

图13-2 欧债五国10年期国债收益率

资料来源：*Bloomberg*。

2011年年底，欧元区银行业危机与主权债务危机同时爆发，意大利10年期国债收益率突破7%的求援"警戒线"；西班牙10年期国债收益率升至6.28%，逼近历史高点，市场一度陷入恐慌（见图13-2）。

2011年12月和2012年2月欧洲央行果断启动两轮LTRO，意大利、西班牙等重债国10年期国债收益率迅速下跌。3月2日，意大利10年期国债收益率降至4.89%；西班牙10年期国债收益率也下降至4.88%。因此，两轮3年期LTRO（长期再融资操作）稳定了欧元区2012年第1季度的主权国债市场。

2012年7月，西班牙10年期国债收益率一度飙升至7.62%，意大利10

年期国债收益率则被拉升至6.57%，逼近历史高点，市场对欧元再度出现信心危机（见图13-2）。

2012年7月26日，欧洲央行德拉吉表态将尽一切努力捍卫欧元，包括采取措施降低高负债成员国国债收益率，使得意大利、西班牙等重债国10年期国债收益率迅速下跌。

2012年9月6日，欧洲央行宣布实施直接货币交易计划（OMT），9月16日西班牙10年期国债利率水平降至5.785%，相比于2012年7月最高点下降约2个百分点。意大利10年期国债收益率降至5.017%，均为2012年5月以来最低水平。

受市场乐观情绪的影响，希腊和葡萄牙的国债收益率也分别降至20.7%和8.085%，为第2季度以来的最低点。

因此，可以说欧洲央行执行的直接货币交易计划政策消除了欧元崩溃风险溢价。

3. LTRO提供流动性，银行业融资压力缓解

由于欧洲商业银行普遍大量持有欧元区重债国的国债，欧债危机的爆发重创了欧洲银行业的资产负债表。根据欧洲银行局（European Banking Authority，EBA）第二轮压力测试的结果，欧洲银行业的资本金缺口约为1080亿欧元；IMF的估算结果为2000亿欧元的资本金缺口，摩根士丹利的测算则是2750亿欧元。

鉴于欧洲银行业面临极大的补充资本金压力，2012年年初，衡量银行业资金紧张程度的指标——3个月欧元区银行同业拆借利率与隔夜利率掉期利差（Euribor - OIS spread）达到100.6个基点的高位（见图13-3），欧洲银行间市场几近冻结，银行无法从市场上融到资金。

为了缓解欧洲银行体系濒临枯竭的流动性，2011年12月和2012年2月，欧洲央行实施了两轮3年期长期再融资操作（LTRO），在不到3个月的时间内，共计向欧元区银行提供了1.02万亿欧元的1%低息贷款。这一非常规的货币政策工具获得了意想不到的效果：不仅有效缓解了银行融资难题，还成功地让流动性重回欧洲主权债务市场。

欧洲央行通过LTRO注入的1.02万亿3年期欧元贷款，等于131%的

2012年欧洲银行到期债券的规模，或者72%的2012年和2013年欧洲银行到期债券的规模，相当于欧洲银行直到2014年可能的债券损失都已经提前获得了融资。

上述的这项措施将有效降低银行业在去杠杆化过程中，由于资产损失而出现流动性危机的概率。

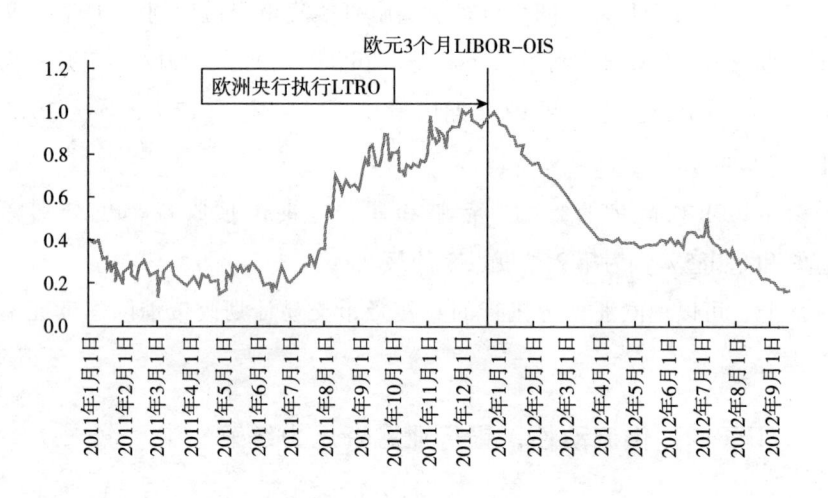

图13-3　3个月欧元区银行业同业拆借利率与隔夜利率掉期息差

资料来源：*Bloomberg*。

此后，尽管2012年欧债危机变数频生，但是，代表欧洲银行间流动性紧张程度的指标Euribor-OIS利差却一直逐渐下降，截至9月月末已降至0.167的低位，并没有出现如2011年7月间持续大幅扩大的情况。这说明两轮非常规货币政策（LTRO）效果显著，主权债务危机向银行间市场传导的链条被削弱，对于提振市场信心起到了关键作用。

4. 重债国资本大量外逃，欧元区出现资本流出

关于希腊可能退出欧元区的猜测在5月达到最高峰，当月希腊银行业零售和企业存款环比下降5.3%，创历史新高。西班牙银行业存款在4月和5月分别下降1.9%和0.5%。这主要是缘于市场对西班牙银行重组和救助进程的不确定性的担忧。由于私人部门对希腊和西班牙银行缺乏信任，因此，资本大量外逃。货币当局必须为资本外逃提供资金，否则希腊和西班牙银

行即将陷入破产的境地。TARGET 2 账户余额①显示，欧元区顺差国的央行扮演了融资者的角色，它们悄然借出大量资金。其中，德意志联邦银行是最大的资金提供者，也是存款外逃的主要目的地。2012 年前 8 个月，债权国在 TARGET 2 的余额中增加超过 6698 亿欧元的资产，而重债五国则增加了超过 6830 亿欧元的负债（见图 13-4）。

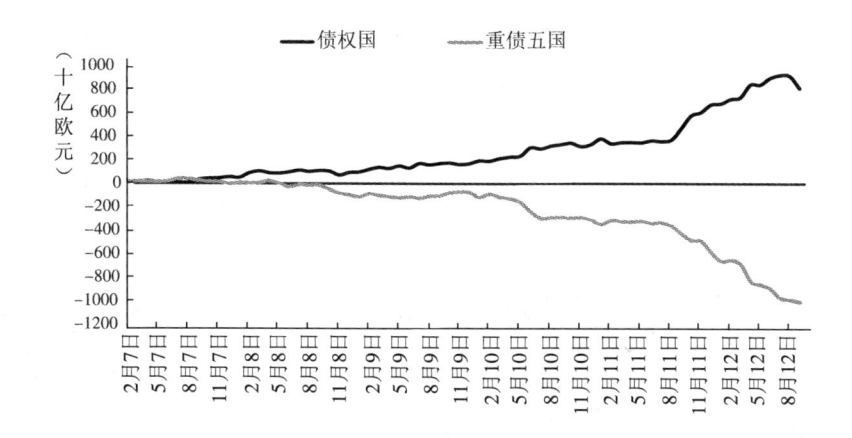

图 13-4 2012 年 TARGET 2 余额变化

注：债权国包括德国、荷兰和芬兰，重债五国包括希腊、意大利、爱尔兰、葡萄牙和西班牙。

资料来源：*Euro Bank*, *National Central Bank*。

在欧债危机的不同阶段，欧元区的资本流出表现出了不同的特征：2010 年 4 月至 2011 年 6 月是第一阶段，希腊、爱尔兰、葡萄牙等国爆发债务危机，资本大量从边缘国家流向德法等核心国；2011 年 7 月至 2012 年 6 月是第二阶段，意大利、西班牙爆发债务问题。在这个阶段中，一方面，市场对欧元信心动摇，一部分资本流出；另一方面，欧元区的海外资产开始回流。二者相抵后，仍然有一小部分净资本流出，欧元出现小幅贬值。从 2012 年 6 月开始，由于欧债危机久拖不决，西班牙经济形势急剧恶化，市

---

① TARGET 2 是第二代泛欧实时全额自动清算系统（the Trans-European Automated Real-time Gross settlement Express Transfer System）的简称。这是欧元区各国央行之间的一个交易结算机制，用于为欧洲各国央行提供实时全额清算服务。在欧债危机其间，TARGET 2 余额变动为正可以近似代表私人资本流入；TARGET 2 余额为负则近似代表私人资本流出。

场开始对欧元掀起新一轮质疑的高潮,根据图 13-4,债权国在 6 月和 7 月间的资本流入减少,而债务国的资本流出却仍然在增加,这意味着资本不再是在欧元区内部流动,而是大量流出欧元区。与此同时,欧元贬值幅度明显加大,在 7 月内对美元贬值幅度接近 3%（见图 13-5）。欧债危机已经从国债市场蔓延至外汇市场。

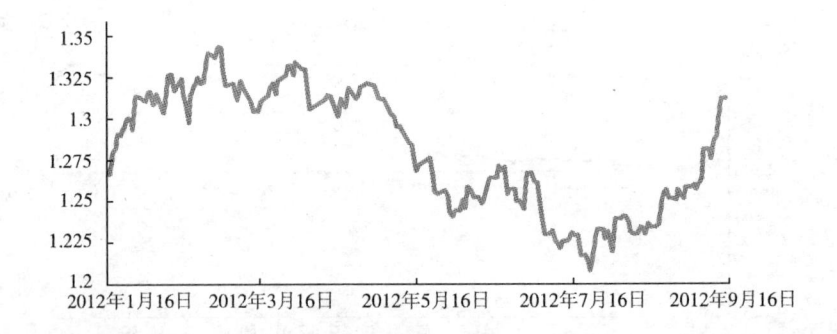

图 13-5　欧元兑美元汇率

资料来源：ECB。

二　欧元区的纾困政策与制度建设

欧债危机的根源之一在于制度设计的缺陷。一个以欧元和欧洲央行为基石的货币联盟,却不存在财政联盟和银行业联盟,不存在统一的经济治理机制,也不存在有效的结构性经济政策协调机制。这些固有的制度缺陷削弱了投资者对欧元区的信心,促进了危机的传染和扩张。因此,能否完善制度缺陷是欧元区走出危机的关键。在 2012 年 6 月峰会其间,欧洲理事会主席范龙佩作了"朝着真实的经济与货币联盟迈进"的报告,与欧洲央行、欧盟委员会、欧元集团[①]等一道勾勒出了未来欧元区的"四个基石"：一体化的金融体系、一体化的预算体系、一体化的经济政策体系、强化民

[①] 欧元集团是欧元区财长们的月度例会机制,旨在为欧元区成员间的经济政策协调提供一个平台。欧元集团主席的主要任务就是主持召开每月一次的欧元区财长会。

主立法和问责机制。上述机构将共同对这一目标提出一个包含了具体措施和期限的路线图，包括当前条约下可以推进的领域以及需要哪些条约的修订。在此基础上，欧元区在银行业联盟、财政联盟取得了重要进展，欧债危机整体正在走向有序治理阶段，欧元区正逐步从货币一体化向财政一体化过渡。

1. 欧元区建立财政联盟的理论基础

一般而言，区域内国家若想成立共同货币区或货币同盟，理论上应符合一定的经济金融标准或条件，以降低或避免区域内不对称冲击的影响。财政政策在一个共同货币区中所应扮演的角色，最早出现在克恩（Kenen）于1969年的分析。克恩论点包含以下两个部分：

（1）不对称的经济冲击。共同货币区为两个或两个以上的国家共同使用单一的货币，因此若各国的财政政政策各自为政，容易对区域内各国造成不同程度的经常性干扰，不利于区域经济金融稳定。例如，区域内一个国家发生经济衰退，因而采取了扩张性的财政政策，其政策效果若外溢至景气过热的国家，会产生通货膨胀的问题，而若景气过热的国家同时实施紧缩性的财政政策，也会进一步对经济衰退的国家，产生负面的影响，形成恶性循环。简而言之，若区域内各国的财政政策，各自为政，就有如不对称的冲击，必然影响共同货币区的稳定。

（2）区域风险共担机制。成立货币区并不代表区域内不会发生重大的经济金融问题，如果区域内各国缺乏超国家的财政移转机制，从经济情况较佳的国家中，转移必要的资源至需要援助的会员国，以共同承担区域经济风险，则由于受困国本已失去货币政策与汇率政策的自主权，若本身财政情况也有问题，将难以从困境中脱身，而其负面效果也会外溢至其他成员，对整个共同货币区将产生不利的影响。

上述两点说明共同货币区必须建立有效的财政政策协调机制以及跨国的财政移转机制，以便在事前防制或事后援助，更理想的状况是实行财政政策的统一或单一化，以有效化解潜在的危机。

2. 签订《财政契约》，推进财政联盟

2012年欧元区在财政一体化方面取得了重要进展。2012年1月30日，

欧盟成员国领导人在欧盟峰会上宣布,除英国和捷克以外的欧盟 25 国通过了旨在加强财政纪律的《财政契约》草案。此后,25 个成员国在 2012 年 3 月的春季峰会上正式签署草案,随后启动批准程序,一旦得到欧元区 17 个成员国中的 12 国批准便可付诸实施。《财政契约》的基本特征如下:一是政府同意接受有关政府赤字和政府债务的规则的约束;二是《财政契约》的要求写入各国宪法;三是若违反《财政契约》,欧洲法院可实施制裁;四是运用过度赤字程序和财政制裁矫正财政失衡。

表 13 -1 《财政契约》、欧盟基本法规、《稳定与增长公约》的比较

政策工具	财政规则	监督措施
欧盟基本法规	名义赤字占 GDP 比例低于 3%	适当金额的罚金
《稳定与增长公约》	国家设定的中期目标:结构性赤字上限为 GDP 1%,属于预防性工具	GDP 的 0.2% 的计息存款
《财政契约》	结构性赤字需低于 GDP 0.5%;引入了两项矫正性工具:过度赤字程序与过度失衡程序,加入了自动矫正机制	将 GDP0.2% 的计息存款转为 GDP 0.2% 的罚金,欧洲法院将有权对结构性赤字超过 GDP 0.5% 的国家进行惩罚,最高惩罚金额不超过该国 GDP 的 0.1%

《财政契约》强化了"欧盟《稳定与增长公约》(SGP)"的执行力。SGP 规定,成员国的预算平衡应等于国家的结构性赤字,财政赤字的上限为 1%,公共债务不能超过 GDP 的 60%。但是这只是一个预防性工具(preventive arm)。《财政契约》则引入了两项矫正性工具:过度赤字程序(Excessice deficit procedure,EDP)与过度失衡程序(Excessive Imbalance Procedure)。这意味着《财政契约》的监督不仅适用于政府赤字与债务,也适用于其他总体经济失衡。一旦有国家严重背离财政目标或其修正时间表出现变化,矫正机制将自动启动。在偏离既定规则的情况下,缔约国有义务实施国家自动矫正机制。《财政契约》机制将以欧盟订立的共同原则为基础。共同原则将规范矫正机制的性质、规模与时限,以及在欧元区层面负责监

控落实规则。

《财政契约》为欧元区加强监督与协调经济政策奠定了基石。在财政纪律方面,《财政契约》与欧盟《稳定与增长公约》相比是更为强而有力的政策工具,并将通过纠正机制促使欧盟国家进行必要的结构性改革。尽管《财政契约》本身并没有明确规定缔约国何时实现预算平衡与削减债务以符合《财政契约》之要求,但毫无疑问,《财政契约》规则将对欧元区各国财政政策有直接影响,同时欧盟最高司法机构欧洲法院将承担监控规则付诸实行的责任。

但是,财政联盟也带来了副作用。为了让成员国尽快达到财政目标,欧元区财政整固的力度过快过猛,导致重债国陷入了衰退泥潭无法自救。这是因为财政整固在减少支出的同时也降低了经济增长速度。一方面,财政整固会增强投资者对一国国债的偿还能力的信心;但是另一方面,经济增长速度的下降又会引发投资者对经济前景的担忧。由于在经济衰退其间财政乘数往往大于1,所以二者合起来的效果最终会让一国整体债务比率上升而非下降。例如,目前意大利政府国债/GDP 等于 120%,财政乘数等于 1.5(即政府紧缩一单位会引起 GDP 减少 1.5 个单位),那么实行紧缩财政政策后,债务总量每减少 1%,GDP 总量会下降 120%×1.5%,最终,国债/GDP 反而会上升到 120.98%。也就是说,财政整固在减少支出的同时也降低了整体经济规模。在这种情况下,财政整固本身会增加而不是降低政府债券的风险。这也是西班牙不断要求降低财政赤字标准的主要依据:在衰退最严重的国家执行严苛的财政紧缩,无疑是对降至冰点的宏观经济再泼了一盆凉水。

当前欧元区在一定程度上已经陷入流动性陷阱,而且失业率也达到了高峰。这不仅会让财政乘数显著上升,还会产生自我实现的恶性循环:失业的居民会降低对未来的预期收入和就业概率,从而降低当期需求,进一步增加失业率,恶化经济增长,降低减赤效果。在零利率和不出现通货紧缩的情况下,当期的减赤措施会对长期的潜在产出产生持续影响。

3. 建立银行业联盟,推进金融一体化

在 2012 年 6 月月末的欧盟峰会上,各国就银行联盟达成以下共识:如

果建立单一银行监管机制,将由欧洲中央银行统一实行监督;在可能的情况下,欧洲稳定机制(ESM)可以直接向银行提供救助资金。银行联盟有望打破主权债务风险与银行风险之间的负向反馈机制,从而避免欧洲债务危机与银行危机的彼此扩散。

9月,欧盟委员会拟定了欧洲银行业联合监管体系的蓝图。欧洲银行业联盟的建立将分为三步走:首先赋予欧洲央行对欧元区所有银行的监管权,欧元区以外的欧盟国家的银行可以自主选择是否加入这一监管体系;其次,由银行自己出资设立一个基金以应对可能出现的银行破产清算;最后,建立一个健全的存款保险机制,在银行破产或重组时保护欧元区储户利益。欧盟委员会建议增加欧洲央行在欧元区单一银行监管中的权力。根据建议草案,欧洲央行将对欧元区6000多家银行拥有"第一监管权"。监管对象不仅仅是那些大的、具有系统重要性的银行,连欧元区最小的银行也在监管之列。该提案已正式提交欧洲议会审议,并预期在12月中旬举行的欧盟峰会上获得通过。如果一切顺利,此监管法会在2013年1月1日正式实施,统一银行业监管机构也会同时启动。

在稳定金融市场的基础上,欧元区会加强对银行业的集中监管,建立银行清算机制,切断银行业与主权债务之间的传染链条,保护公共财政健康。

4. 正式成立ESM,建立金融防火墙

2012年9月12日德国宪法法院裁决ESM合法,这将成为欧元区财政整合的新起点。ESM的设立需要各成员国批准欧洲《财政契约》。该契约给各国设置了严格的财政纪律,并附带相应的惩罚机制;通过该契约,欧盟可以进一步强化针对欧元区各国的财政监管职能,推进欧洲经济财政一体化进程。

2012年7月11日,欧元区各国财长正式签署成立ESM(欧洲稳定机制)的协议,为请求救助的欧元区成员国提供金融援助,同时附加严格条件如宏观经济调整计划,切断主权债务危机的传染风险,保持成员国的金融市场流动性和经济稳定。EFSF(欧洲金融稳定基金)在2013年7月前可能与ESM并行,但是在7月以后,EFSF合并至ESM。ESM资本总额将定在

7000亿欧元规模，其中不能用于放贷的资本缓冲预计为2000亿欧元，所以最终的贷款能力为5000亿欧元。在资金来源方面，6200亿欧元为欧元区成员国政府同意"通知即付"的资本，800亿欧元是成员国政府直接注入的资本，预计从2012年10月8日后开始注资，2012年第4季度将注资320亿欧元，使ESM贷款能力达到2100亿欧元；在2013年7月将再次注资320亿欧元，贷款能力进一步提升至4200亿欧元。2014年上半年完成最后160亿欧元的注资，ESM贷款能力达到5000亿欧元。除了成员国注资以外，ESM可以在一级市场以银团贷款交易和拍卖方式发行欧元计价的1~30年期限的ESM债券和货币市场工具以及非欧元计价的本票等融资工具，也可以以二级市场出售的方式进行额外募资，或在担保融资交易中增加抵押，从而增大自身的融资能力。

尽管ESM的成立增强了欧元区对重债国的救助能力，但是随着西班牙、意大利等国相继陷入债务困局，ESM资金不足的局限性迅速凸显。西班牙和意大利的GDP占整个欧元区的30%，国债余额总额达到2.8万亿欧元，即使把欧洲金融稳定基金（EFSF）和欧洲金融稳定（ESM）的资金全部加起来也不够纾困，是两个"大到不能救"的国家。因此，救援方案只能依靠欧洲中央银行入市干预。

5. 欧洲央行实施非常规货币政策，稳定金融市场

欧洲央行是欧元区恢复市场信心的火箭筒。欧洲央行在欧债危机中一直保持着非常克制的态度，但是一旦欧元的存续面临真正的威胁，欧洲央行将会毫不犹豫地购入更多资产来平息危机。欧债危机目前面临着多重均衡——悲观主义或乐观主义的自我实现结果。与银行业挤兑自我实现的过程类似，政府国债市场也存在流动性向偿付性危机转化的可能性。由于政府负债的流动性比它们的资产流动性要高得多，因此，如果投资者认为政府具有清偿力，那么政府就可以按无风险利率借款；如果投资者开始产生怀疑，并要求更高利率，那么高利率很可能逐步导致政府违约。债务水平越高，从具有清偿力到违约之间的距离就越短，具有清偿能力的利率与可能违约的利率之间的差距就越小。

一旦市场对欧元区的质疑达到阈值边缘，欧洲央行就需要实施有效货

币政策暂时稳定金融市场，为欧元区的制度建设和结构性改革争取宝贵的时间。2012年欧洲央行分别宣布了两种非常规货币政策，分别是3年期长期再融资计划（LTRO），以及即将实施的直接货币交易计划（OMT）。

2011年12月和2012年2月29日，欧洲央行接连启动两轮3年期长期再融资操作（LTRO），向欧元区银行提供了1.02万亿欧元的1%低息贷款，极大地降低了银行的流动性风险和主权债务融资成本，避免了严重的信贷紧缩。但是由于借助银行向国债市场注入资金受限于银行资产需求，因此，当西班牙形势再度急剧恶化，欧洲央行需要直接进入国债市场才能稳定市场信心。

2012年9月6日，欧洲央行行长德拉吉宣布启动"直接货币交易计划（OMT）"。在新的购债框架下，欧洲央行将给欧元区各成员国政府提供继续推行改革的激励，但这要以各政府能够达到其改革计划目标为前提。一方面，央行要求西班牙等重债国推行债权国家要求的严格的财政缩减以及改革计划；另一方面，央行会相机抉择进入国债市场干预，帮助相关国家降低融资成本。这一购债计划为重债国政府争取到了更多时间来应对债务危机。

根据欧洲央行公布的购债方案，整个救援分为3个步骤：

（1）严格限定购债的先决条件。成员国必须能够进入国际债券市场，满足EFSF/ESM在一级市场的购债条件，在得到EFSF/ESM援助后，欧洲央行才会启动OMT购债计划，债券购买主要集中于1~3年的短期债券。这暗示欧洲央行不会购买葡萄牙、爱尔兰、希腊等没有进入国际债券市场国家的国债，近期主要会购买西班牙和意大利债券。

（2）欧洲央行放弃债券优先权，且债券购买不设上限。欧洲央行会完全冲销OMT计划所购买的国债，并且每周公布一次OMT计划的持仓总量及市值，每月公布一次OMT持仓的平均期限及国别分布。在此过程中，欧洲央行通过OMT计划购买债券没有数量限制，且享有与其他债权人同等的索偿地位，这打消了投资者投资国债时偿付权靠后的顾虑，有利于引导私人投资者进入重债国国债市场。

（3）欧洲央行会根据救援国执行条件的具体程度，相机抉择货币政策力度。欧洲央行理事会将从货币政策和条件是否被遵守的角度考虑OMT的时限。一旦觉得目的已达到或条件没有被遵守，欧洲央行理事会有权终止 OMT。在对受援国进行彻底评估后，欧洲央行理事会有权决定 OMT 的启动、延续和暂停。在这个过程中，IMF 也将参与设定针对具体国别的 OMT 购债条件并监控计划的实施。

在短期内，欧洲央行 OMT 政策消除了投资者对欧元和西班牙国债的恐慌情绪。鉴于其承诺无限量购买欧元区国债，且欧洲央行购入的债券没有优先级地位，预计西班牙和意大利的国债收益率会迅速下降到可承受范围。这有利于稳定重债国金融环境，降低结构性改革难度，给欧元区买到宝贵的时间。

长期风险将由整个欧元区共同承担。欧洲央行直接进入债务国国债市场购买国债，是一种隐性的赤字货币化，实际上是提前实施了欧元区的财政风险分担机制，让整个欧元区国家共同承担国债风险。债权国的国债将会和重债国国债绑定在一起，投资者会提高债权国国债的风险溢价；而且，当救援机制开始由欧洲央行主导时，债务国的道德风险会显著上升，财政整固有可能陷入停滞，而一旦央行离场，投资者会重新开始对重债国国债市场的投机冲击，从而提高债权国风险分担的成本。

总体而言，欧元区财政体系和金融领域的一体化进展，为欧元区走向完全融合奠定了制度基础。欧洲央行进入主权债务市场纾困有利于稳定市场信心，维护欧元区国债市场的稳定，恢复投资者对欧元的信心。

三　欧元区政策评估

2012 年欧元区一系列的制度建设为欧元区走向深度一体化铺平了道路，但是，要实现这些政治目标还需要考虑债权国组建财政联盟的成本。欧元区自建立以来一直饱受经济学家质疑：在主权不同的国家间实施统一货币，将会产生巨大的不对称性冲击（De Grauwe，2012）。这种不对称性冲击广泛存在于国债市场、劳动力市场和金融市场，并在欧元区内部引发了巨大的宏观经济失衡。要彻底解决欧元区内部的不对称性冲击，需要形成一个完全的政治和经济联盟。然而，一旦成立政治和经济联盟，债权国就需要共同负担欧元区边缘国家的私人和公共债务。在这种情况下，欧元区内部失衡程度越低,债务国竞争力越强,债权国未来需要承担的成本就越小,实现财政金融一体化的概率会越高。

因此,根据欧元区宏观经济失衡的发展状况,我们可以评估当前政策的可行性。

1. 经常账户失衡

根据欧盟公布的最新数据(见图13-6),欧债五国经常账户赤字显著下降,其改善程度与速度均超出大多数经济学家的预料。其中,爱尔兰的经常账户已经基本达到平衡,甚至略有盈余,意大利、西班牙也已经进入3%的临界点。总体而言,赤字国对外部资金的依赖程度有所下降。

值得注意的是:如果赤字国经常账户的改善是由于劳动力市场的改革降低了劳动力成本,导致国际竞争力上升,那么这种改善状况将会稳健而可持续;如果经常账户改善只是由于紧缩政策暂时降低了国内需求,那么一旦经济恢复正常,经常账户将会出现一定程度的反弹。

因此,对于债权国而言,债务国国际竞争力的提高将是债务共担的长期基础。

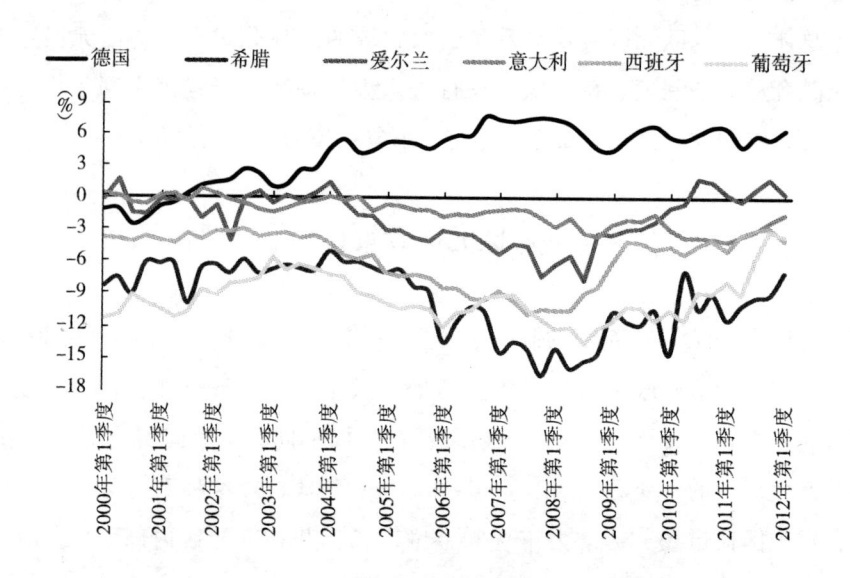

图13-6 欧元区各国经常账户余额占GDP比例变化

资料来源:*EU*。

2. 劳动力市场改革与国际竞争力调整

为了衡量欧元区重债国劳动力市场改革的程度，我们采用各国2011年至2012年第2季度劳动力成本增长比率作为参考指标。如图13-7所示，德国从2011年至2012年第2季度的劳动力成本增加了5.4%，西班牙、意大利和葡萄牙分别增长了3.2%、3.1%和1.6%，希腊甚至下降了6.8%，均小于德国增长率。这代表国内的财政紧缩和结构性改革的确降低了重债国劳动力成本，有利于经济长期的可持续增长，对改善欧元区宏观经济失衡有重要意义。然而，尽管劳动力市场的改革取得了重要成果，在图13-8中，我们却发现劳动力市场的改革并没有相应地提高重债国的国际竞争力。

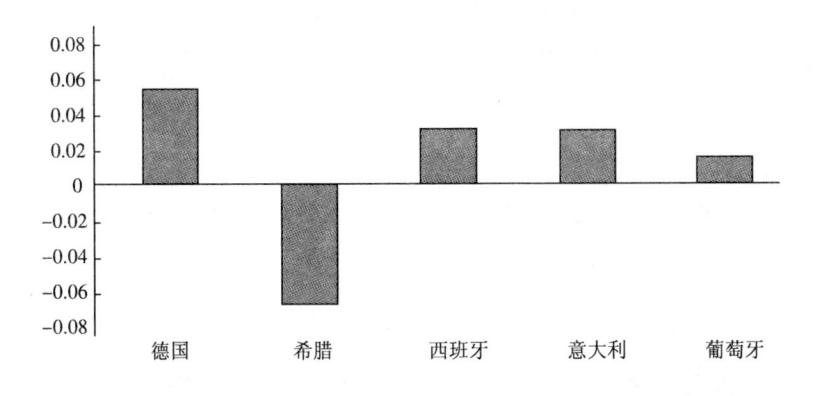

图13-7　2011~2012年欧元区国家劳动力成本增长比率

资料来源：*Eurostat*。

本章采用欧元区各国的实际有效汇率来度量各国国际竞争力的变化[①]。尽管欧元区国家采用统一的货币，但是由于通货膨胀率不同，各国实际有效汇率并不相等。因此，重债国相对德国实际有效汇率的变动可以表示国际竞争力的变化。本章采用国际清算银行提供的实际有效汇率指数：上升

---

① 劳动力成本的变化只有传导到商品价格上，才能真正提高一国商品的国际竞争力，因此，我们采用一国与贸易伙伴之间的实际加权有效汇率作为国际竞争力的指标。

代表升值，国际竞争力降低；下降代表贬值，国际竞争力提高。在图13-8中，德国从2011年1月至2012年8月，实际有效汇率下降了4.5%，除希腊下降幅度达5.8%外，爱尔兰、意大利、葡萄牙和西班牙仅分别下降了4.4%、1.3%、0.7%和3.3%。尽管重债国国际竞争力有所提高，但与实际有效汇率相对德国的差距并没有缩小。这意味着在欧元区内部，南北地区国际竞争力的差距仍然在上升。

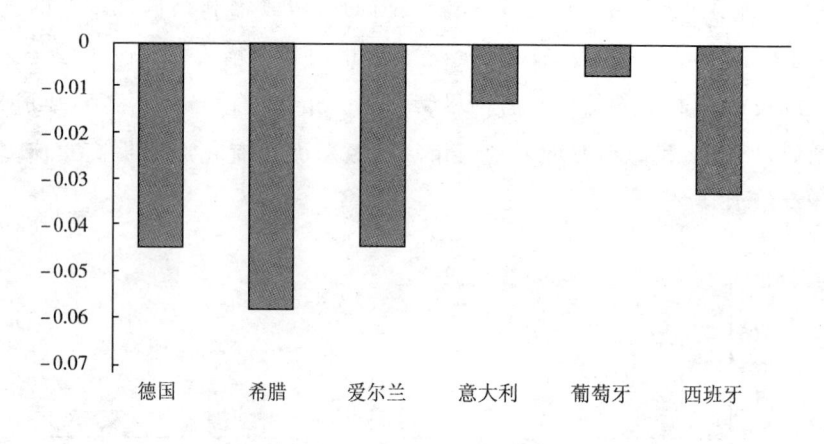

图13-8 2011~2012年欧元区国家实际有效汇率变化比率

资料来源：国际清算银行（BIS）。

3. 调整政策的不平衡是欧元区改革政策的主要缺陷

在欧元区推出的一系列改革政策中，欧元区债权国一直强调重债国需要同时执行财政紧缩和结构性改革政策，并以此作为纾困条件。从理论上说，执行严格的财政纪律可以打消企业和消费者对政府财政健康状况的担忧，促进长期内经济健康增长；实行结构性改革则可以降低劳动力成本，促进欧元区重债国重获竞争力，实现可持续增长。从图13-6来看，重债国的外部失衡已显著缓解，爱尔兰的经常账户已经达到平衡，西班牙、意大利和葡萄牙的经常账户相较危机前已大为改善。

然而，欧元区调整政策却存在较大的不平衡性：其一，德国等欧元区盈余国没有增加总需求，调整成本完全由重债国承担。欧元区是一个相对封闭的经济体，从失衡走向均衡的过程应该需要逆差国和盈余国同时付出代价。然而，德国在约束重债国财政紧缩的同时，缺乏动力去执行调整计划，提高通货膨胀率，共同承担债务成本。在这种情况下，欧元区各国的通胀率较为平衡，相对价格调整的差异非常有限，重债国内部贬值的调整方式难以实现。其二，忽视了价格黏性的滞后效应，劳动力成本的下降没有及时传导到商品价格，导致重债国实际有效汇率居高不下，竞争力水平依然停滞不前，难以创造新的就业岗位。如果我们将经常账户分解为出口和进口两个部分就可以清楚地发现，当前希腊、西班牙、葡萄牙、意大利经常账户的改善主要是缘于国内需求下降导致进口减少，而非出口增加。截至2012年第1季度，希腊的进口相对2007年高峰时期下降了43%，西班牙下降了23%，意大利下降了12%，葡萄牙下降了16%，相对应的出口上升幅度分别为-18%、3%、0.5%和5%。总体而言，德国主导的政策措施是让重债国通过降低国内需求为代价，维持政府债务的可持续性。但是，由于在欧元区内缺乏政策协调，这种过于严厉的紧缩政策会将外部失衡转移至内部失衡，造成国内失业率迅速攀升，最后激化国内矛盾而难以为继。

四　欧元区宏观经济失衡的调整与欧元区的未来

欧债危机的爆发生动地表明，在缺乏财政一体化的前提下迅速推进货币一体化，非但不会促进成员国经济水平与经济周期的趋同，反而会加剧成员国的分化。因此，欧元区若想彻底摆脱欧债危机困扰，必然需要加快实施财政一体化，将欧洲一体化提升到一个新的水平。财政一体化意味着部分财政权力由成员国向欧盟的转移，欧盟将能更及时地监测成员国的预算情况并建立失衡预防机制。在预算不达标的情况下，欧盟将出台强制性纠正措施。各成员国任意而为的财政政策空间将受到严格限制。

在达成财政联盟之前，欧元区需要继续解决日益严重的宏观经济失衡的问题。在2012年之前，欧盟尚未足够重视宏观经济失衡问题，没有采取针对性措施，也没有利用其非正式协商的方式来引导各国政府协调解决竞争力问题。2012年2月14日，欧盟委员会发布首份年度预警机制报告（Alert Mechanism Report），标志着欧盟宏观经济监督进程迈出第一步。宏观经济监督与财政监督一起,构成了欧盟经济治理的两大支柱。根据欧盟的宏观经济调整框架,预计未来为了解决欧债五国的宏观经济失衡问题、调整欧元区内部竞争力,欧元区可能会从以下3个方面入手:

(1) 继续推进劳动力市场改革。比较激进的改革策略是放松劳工保护并减少失业救济。首先,放松劳工保护有利于在经济衰退时降低薪酬,就业和工资就能根据经济景气周期进行灵活调整。在欧元区内,由于货币政策不能用来应对不对称冲击,放松劳工保护可以提高工资弹性,而且改革的速度越快,失业率就会降低得越快。其次,减少失业救济有助于刺激失业人员接受工资较低的工作,从而增加就业,拉低平均工资水平,增加劳动密集型产业的竞争力。之所以西班牙能够出现25%的超高失业率,就是因为其原有的劳动法属于保护过度,失业人群宁愿接受失业救济也不接受工资较低的工作。

(2) 德国等债权国需要负担一部分改革成本。由于经济竞争力的提高是以牺牲一部分劳动者福利为代价,要达到德国的竞争力水平,欧债五国需要足够的时间做相应调整,结构性改革政策若过快过猛则会遭到国内外经济社会的抵制,在2012年,以法国总统奥朗德为代表,要求松动财政紧缩政策的呼声突起。这得到意大利和希腊等国政府的支持,也得到了国际货币基金组织、世界银行等国际金融机构的响应。这代表欧债五国的紧缩改革政策已经达到极限,迫切需要相应的配套政策。德国可以有两种选择:其一,增加国内投资,提高国内需求及通胀率,增加对欧债五国进口,降低其改革压力;其二,放松财政紧缩目标,推出相应的经济增长政策。前一种选择是以降低德国竞争力为代价,但维持了欧元区的财政纪律;后一种选择则是放松了财政整固的目标,增加了德国参与到欧元区财政风险分担的成本。究竟德国如何选择取决于欧元区政治博弈的结果。

(3) 增加欧元区的外部需求。已有的研究表明(Zsolt Darvas,2012),在欧元区内部通过内部贬值法进行调整,重债五国的劳动力成本已大幅下降,缩减了与欧元区内部债权国的区内逆差。然而,这种再平衡的规模和手段已经非常有限;未来需要通过增加整个欧元区的外部需求,进一步调整当前欧元区失衡。在2012年其间,由于欧元实际有效汇率仍然在升值,欧债五国对于欧元区外国家的调整几乎没有发生,甚至在一定程度上有所恶化。未来可以通过欧元一定程度的贬值,来增加欧元区的外部需求,缓解重债五国的调整压力。

需要强调的是欧元区政治干扰因素对结构性改革的影响。政治干扰因素主要来自欧债五国内部,工会反对劳动力市场改革,希望保持较高的工资水平,各国政府必须要应对罢工和示威抗议的压力。政治家需要考虑选举问题,而劳动力市场改革的成本和收益在时间上并不对称,改革的成本(选民的不满)会立即兑现,而收益可能需要在未来一段时间(选举以后)才能体现出来。所以,政治家更倾向于推迟改革,通过扩大财政支出来应对因竞争力不足造成的失业问题,各国政府一般只会在"没有其他选择"的情况下才被迫改革。

尽管欧债五国的内部失衡调整还处于艰难的去杠杆化阶段,但是整个欧元区有充足的时间和弹性推进渐进的一体化进程。主要有如下两个原因:其一,作为主要债权国的德国已经被牢牢绑定在欧元区上(何帆等,2012),德国财政部的研究表明,在欧元崩溃后的第一年,德国经济的衰退将高达约10%,这意味,欧元崩溃无法接受和无法想象,德国政府会采取任何可行的措施避免这种情况的发生。其二,欧洲央行拥有巨大的潜在救援能力。全球金融危机开始之后,欧洲央行的总资产负债表的扩张对比美国联邦储备银行和英格兰银行相对较小。欧元体系目前拥有的资产总计只占GDP的3%,远低于英格兰银行的21%和美联储的17%。如果欧洲央行进一步购进1万亿欧元的西班牙和意大利主权债券,也只会将欧元体系持有的总债券推高到欧元区GDP的14%。在欧债危机中,欧洲央行只是有限地购买资产,这并非由于其没有能力或者不愿意采取干预措施,相反却反映了ECB在各国中央银行中无可匹敌的政治权力。在欧洲央行的OMT(直接货币购买计划)政策框架下,欧洲央行已经成为事实上的欧元区经济政府,可以监督欧元区领导人采取可信的财政紧缩措施、实施结构性改革。

2012年,财政契约是欧元区推动财政一体化取得的重大进展。欧洲央行已经稳定了欧元区金融市场,欧元区内部的经济治理改革也在有条不紊地推进。在可预见的未来,一旦全球经济走向复苏,欧元区将会通过财政政策的协调彻底解决欧债危机。需要指出的是，仅追求财政政策的统合或单一化，尚不足以完全解决欧元区不对称冲击的副作用，这是因为各国除了财政政策以外，还有就业政策、工资政策、产业政策等，若未经协调仍然会产生问题。最适货币区理论的学者主张共同货币区应走向政治同盟，以促使各个政策领域协调一致，届时，如何推进劳动力市场、产业政策的协调将是欧元区进一步走向政治联盟的动力。

第十四章
欧债危机对中国的影响及启示

远在公元前202年开始的张骞出使西域开辟的以洛阳、长安为起点，经过甘肃、新疆，到达中亚、西亚，并连接地中海各国的丝绸之路，建立起了中国和欧洲贸易的通道。唐、宋时期以中国西南地区为起点，经南亚、中亚、西亚，最后同样到达欧洲的茶马古道也淡然地讲述了历史的沧桑和中欧贸易的源远流长。

公元1727年荷兰东印度公司决定派出两艘商船到中国购买茶叶，次年12月崭新的科斯霍恩号率先起航，而另一艘新船布朗号因港口结冰而未能起锚，1729年8月科斯霍恩号到达了中国广州港。1730年7月13日返回了德赛尔港。

科斯霍恩号的航行，改变了中国和欧洲海上贸易的模式，实现了从中转贸易到直接贸易的巨大转变。随后，中国和欧洲的直接贸易在东印度公司的带动下快速发展起来。

不管是中国人还是欧洲人，似乎都没有意识到300~400年后欧洲会是中国的最大贸易伙伴。就像海上贸易取代陆上贸易一样，在中国加入WTO之后，更加自由的贸易使得中欧经贸关系经历了历史性的发展高潮。自2008年以来，欧盟已经是中国第一大出口市场，同时也是中国第三大外商直接投资来源地。

正当远隔万水千山的中欧两个经济体彼此呼应之时，欧洲的债务危机突如其来。中欧经贸关系经历了从历史性的高点回落的现实，而且随着欧债危机的深化，作为全球最大的经济体之一的欧洲的负面外溢效应更加凸显，债务危机对中国的冲击已经从单纯的经贸领域向更加广泛的金融经济稳定演进。

2010年以来，欧债危机集中爆发于希腊，其后不断蔓延并愈演愈烈，希腊、爱尔兰、葡萄牙等经济体已经出现了严重的债务危机，意大利和西班牙等经济体正面临债务问题的煎熬，而法国和英国也面临了明显上升的债务压力。

虽然，欧洲建立了相对完善的救援体系，并不断升级，但是截至2011年10月月底，欧债危机并没有平息的迹象，甚至还存在两个重大的风险点：一是向意大利等大中型经济体传染，法国、英国等风险也在加大；二是可能向银行业传染。

欧债危机的爆发和深化，还实质性地影响了欧元体系的未来之路。是不是会有成员国退出欧元区？是希腊，还是意大利，或是德国？欧元区是否会分崩离析？欧元作为一种国际储备货币的命运何去何从？这些疑问均已经成为国际金融市场上广泛关注的问题。

同时，欧债危机还深刻影响了全球经济的复苏。2009年，IMF认为全球主要经济体应对美国金融危机的政策有效，经济增长将保持强劲的可持续增长态势，但是欧债危机的爆发和深化，使得全球经济复苏受到阻力，全球经济放缓，不出现严重的"二次衰退"就已经是较好的情景了，根本不可能出现可持续的强劲增长。

作为全球第三大经济体和欧盟最大经贸伙伴之一，中国难以在欧洲主权债务的深化中独善其身。欧盟是中国第一大出口市场，是中国第三大外商直接投资来源地，欧债危机不断恶化，已经对中国与欧盟整体的贸易投资产生明显的负面冲击。由于欧债危机未来的不确定性仍然很大，对中国的影响将进一步深化。

一 欧债危机对中国经济的潜在冲击

如果从2008年年底的冰岛债务危机算起，欧债危机已经持续3年了，即使是以2010年4~5月算起，欧债危机也发展了2年半。根据目前的发展趋势，欧债危机难以在短期内解决。因此，欧债危机对中国的冲击将持续。在经济与金融全球化时代，任何一个开放经济体都难以在一种区域性金融危机中完全置身事外。正如美国次贷危机给中国经济造成了严重负面影响一样，欧债危机同样可能给中国经济造成显著负面冲击。欧债危机将在贸易、投资、宏观政策、外汇储备管理、资本管制等方面给中国造成新的压力。

中国与欧盟的贸易投资将是首当其冲。欧盟是中国第一大出口市场，是中国第三大外商直接投资来源地，欧债危机不断恶化，已经对中国与欧盟整体的贸易投资产生明显的负面冲击。欧债危机爆发之后，欧元区和欧盟的经济增长明显下滑，失业率迅速提高，目前整体维持在10%左右，欧盟整体的需求水平明显下降。从2010年5月以来，中国对欧盟的出口明显下滑，欧盟对华投资也大幅下降。另外，为寻找新的经济增长点，欧盟国家可能会把重点转移至对外贸易领域，这意味着欧盟各成员国将实施更为强硬的贸易政策。作为欧元区最重要的净出口国，中国无疑会成为欧元区国家实施贸易保护主义的对象。中国的出口局势将更加艰难。

中国的宏观政策可能面临两难选择，内外两个大局的统筹面临新的不确定性。一方面，随着欧盟对华进口的减少，中国的外部需求明显下降，企业出口更加困难，出现破产和失业等经济社会问题，需要中国采取扩展性的财政货币政策。但是，中国目前通货膨胀压力较大、房地产资产泡沫明显、地方债务风险较大，财政货币政策应该更加稳健审慎。中国正处在改革开放的攻坚阶段，从外需增长模式向内需增长模式转换，但是如果在欧债危机冲击下，中国经济结构转型的压力过大，可能引发新的系统性风险，中国宏观政策面临艰难选择。

欧债危机的爆发增大了全球短期资本流动的波动性，这自然也会增加中国所面临短期国际资本流动的易变性。欧债危机的爆发使得美元对欧元汇率显著上升，这将在一定程度上削弱美元套利交易的吸引力，甚至可能引发大量短期国际资本从欧洲流回美国。然而由于目前市场上存在着显著的人民币升值预期，且中美利差短期内难以改变，因此欧债危机的爆发则可能导致更大规模的短期国际资本流入中国，从而进一步加大中国国内的冲销压力，加剧流动性过剩与资产价格泡沫。这同时也增加了未来短期国际资本一旦集中撤出，可能给中国资产市场与人民币汇率造成的潜在冲击。

中国外汇储备多元化管理的难度增大。我们估计，目前中国外汇储备的币种构成大致为：美元资产60%～70%，欧元资产20%～25%，其他币种5%~10%。次贷危机爆发之后,随着美国政府采取了史无前例的扩张性财政货币政策,导致中长期内美元贬值可能性加大。因此,中国外汇资产多元化的方向是增持更多欧元资产。但随着欧债危机的爆发,欧元对日元与美元已经显著贬值,并可能进一步贬值。这无疑加大了中国外汇储备多元化的难度。目前的外汇储备投资恐怕已经不是在好资产与坏资产之间进行选择,而是在坏资产与更坏的资产之间进行选择。更重要的是,欧债危机的深化直接挑战了中国外汇储备资产的安全性、流动性和增值性原则。

欧债危机的爆发可能进一步强化美元在国际货币体系中的地位,从而增大人民币国际化面临的阻力与难度。如果说,自欧元诞生以来,欧元与美元"两虎相争"为全球储备货币领域引入了实质性竞争,从而为人民币国际化拓展了空间的话,那么如果欧洲主权信用危机的爆发造成欧元在国际货币体系中的地位下降,则美元霸权将会进一步强化。未来中国政府推进人民币国际化的努力,可能会遭遇更为激烈的、来自美元和美国政府的正面竞争。

二 欧债危机对中欧贸易的影响

2010年以来,欧债危机愈演愈烈,欧债危机的救援和相关的政策改革也逐步深入。在救援的过程中,相关的经济体都需要进行相应的财政整固计划,以提高财政收支状况的可持续性。由于欧洲债务问题具有普遍性,其他欧元区成员国和绝大部分欧盟成员国都需要进行一定的财政整固。

财政整固计划一般分为两个层面。一方面是减少财政支出的规模或增加财政收入的数量,以减少当期的财政赤字,这个方面的整固一般都会直接造成该经济体的总需求和经济增长的下移。另一方面是对财政支出结构的调整,比如从以前的社会福利、固定资产投资等更多地投向教育、研发和新兴产业等,以提高经济增长的潜力,以为未来进一步解决财政赤字和公共债务问题提供经济增长和就业的基础。就整体来说,财政整固计划会造成总需求水平的相对下降,经济增长会受到一定的冲击。

对总需求的抑制是普遍性且将持续较长时间。如果大部分成员国都进行财政整固计划,同时由于债务问题引发的其他经济社会问题,比如罢工等,也会直接导致经济增长效率降低,总需求水平进一步下滑,作为一个整体,欧元区和欧盟在欧债危机的演进中,其总需求水平也是会相对不足的。而且由于财政整固和债务危机的彻底解决对于欧元区和欧盟都是一个中长期的问题,所以其对总需求和经济增长的约束将会持续较长的一段时间。

欧元区和欧盟是一个高度开放的经济体,持续的总需求不足将直接引发对其他经济体商品服务等需求的下降。欧元区和欧盟虽然是一个高度发达的区域内贸易实体,域内贸易所占的比例较大,但是其仍然是全球最大的一个出口市场。欧债危机导致其总需求的不足,将会对其贸易伙伴造成直接的冲击。

欧盟是中国第一大贸易伙伴,欧债危机对中国出口的冲击是明显的。根据中国海关的统计,2010年中国和欧盟的双边贸易规模达到了4797.2亿美元,同比增长31.8%,中欧贸易规模超过了2008年全球金融危机爆发前的最高水平,再创历史之新高,但是2010年欧债危机的影响已经在显现,从2010年5~10月,中国对欧盟出口的增长速度持续放缓,增长同比速度从高位的49.7%持续下跌至19.8%,2010年12月中国对欧盟出口同比增长进一步降低至18.3%。2011年以来,中欧贸易仍然受制于欧债危机的约束,下降更加明显。

1. 2010年中欧贸易回顾

2010年中欧贸易再创历史新高。根据中国海关的数据,2010年中国和欧盟的双边贸易规模达到了4797.2亿美元,同比增长31.8%,中欧贸易规模超过了2008年全球金融危机爆发前的最高水平,再创历史之新高。其中,中国对欧盟出口为3112.4亿美元,中国从欧盟进口为1684.8亿美元,同比增长速度分别为31.8%和31.9%,对欧盟的出口和从欧盟的进口占中国出口和进口总额的比例分别为19.7%和12.1%,中国对欧盟的出口占中国出口总额的比例为16.1%。欧盟继续保持中国第一大贸易伙伴和出口市场的地位,同时欧盟也是中国第二大进口来源地。

中欧贸易受欧债危机的影响逐步显现。2010年以来,欧债危机的影响逐步深化,欧元区和欧盟的经济增长放缓日趋明显,总需求水平和对外进口需求也逐步放缓。从2010年5~10月，中国对欧盟出口的增长速度持续放缓，增长同比速度从高位的49.7%持续下跌至19.8%，2010年12月中国对欧盟出口同比增长进一步降低至18.3%。中国与欧盟贸易呈现高位回落的态势。

2. 2011年以来的中欧贸易

欧债危机在2011年有继续恶化趋势，特别是2011年4月欧盟统计局和各成员国公布经济和财政数据之后，欧债危机以更大的范围、更大的力度和更大的冲击力，给欧元区和欧盟经济带来不确定性。欧元区2010年同比增长仅为1.4%，2011年欧元区同比增长为1.5%，其中还得益于基数效应。2012年欧元区预计陷入0.5%的负增长，且衰退趋势可能延续至2013年。欧元区和欧盟经济下滑甚至衰退，拉低了全球总需求水平，使得中国对外出口大幅下跌。

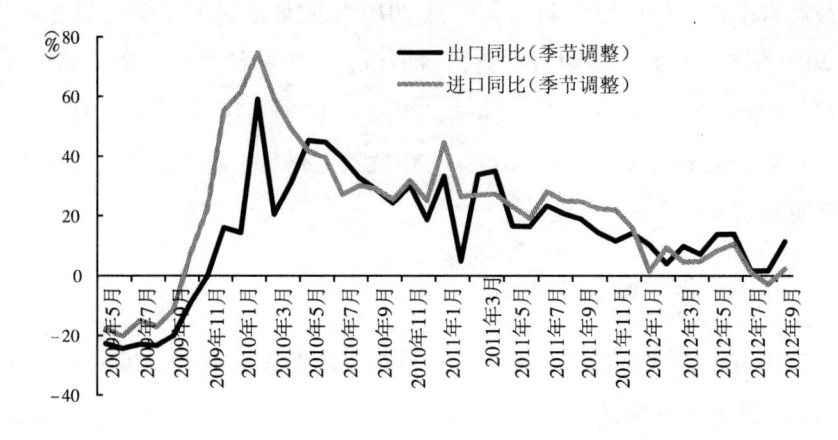

图 14-1 中国进出口增长趋势

资料来源：*Bloomberg*。

中国和欧盟的贸易随着欧盟经济增长水平降低而明显下降。据欧盟统计局统计，2011年中欧双边贸易额为5939.7亿美元，增长13.6%。其中，欧盟对中国出口1881.2亿美元，增长26.4%；自中国进口4058.5亿美元，增长8.6%；欧方逆差2177.3亿美元，减少3.2%，中国是欧盟第二大出口贸易伙伴和第一大进口来源地。但是，自2011年以来，中国对欧元区和欧盟的出口出现了大幅度的下降。2012年，中国对欧洲出口出现负增长，1~9月中欧进出口总值同比下降2.7%，其中中国对欧盟出口同比下跌5.6%。

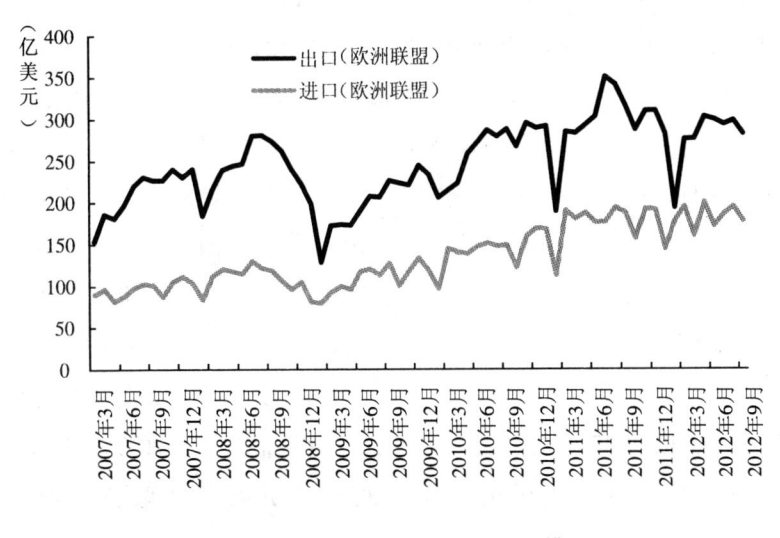

图14-2 中国对欧盟的出口规模

资料来源：*Bloomberg*。

三 债务危机对中欧投资的影响

欧洲是中国外商直接投资的重要来源地，几乎所有的欧盟成员国对中国都有投资。根据中国商务部的数据，2010年欧盟对中国实际直接投资为65.9亿美元，同比增长10.7%，为中国全年实际利用外资规模的6.2%，欧盟是中国第三大外商直接投资来源地。中国已经成为欧盟企业在欧盟之外最重要的汽车、石化、钢铁和民用航空器材等的生产基地，同时欧盟对中国的直接投资的范围不断扩大，从传统制造业为主向服务业、金融等领域扩展。

但是，欧债危机的持续深化使得欧盟对中国的直接投资出现明显下滑。2011年10月，中国商务部在新闻发布会中表示，欧洲对华直接投资的增长速度为负，欧盟27国对华实际投资金额为41.84亿美元，同比降低1.8%。2010年中国吸收外商直接投资平稳较快回升，首次突破1000亿美元，达到

1057.4亿美元，同比增长17.4%，创历史最高水平。但是，受欧债危机及欧盟对华投资负增长的影响，全球对华直接投资也明显下滑。2011年全年实际使用外资1160.11亿美元，比2010年增长9.72%，再创历史新高。但是12月当月，全国实际使用外资122.42亿美元，同比下降12.73%。2012年以来，实际利用外资仍然维持负增长态势，2012年9月中国实际使用外资金额84.3亿美元，同比下降6.8%，连续第10个月下降。

在中欧直接投资中，欧盟对中国的投资是占主导的，中国对欧盟投资的规模相对有限，但是增长趋势向好。2010年，中国对欧盟的直接投资是增长较快的。根据中国商务部的数据，2010年中国企业对欧盟的非金融类投资继续保持2009年以来的高速增长态势，2010年对欧投资达21.3亿美元，占中国对外直接投资总额的3.6%。根据有关研究和统计中国企业境外投资已经覆盖欧盟27个成员国，欧盟成为中国企业境外非金融类直接投资第四大目的地。2010年中国企业对欧盟成员国非金融类投资同比增长297%。

在欧债危机持续演化的过程中，中国对欧盟的投资并没有受到明显的影响。根据美国荣鼎咨询（Rhodium Group）的数据，中国对欧盟27国的非金融类直接投资规模持续快速增长，截至2011年6月月底，大约为150亿美元。荣鼎咨询的数据显示，2011年上半年中国在欧盟的投资继续保持增长态势，上半年完成投资额高达33亿美元，超过2010年全年规模约50%。预计2011年中国对欧盟的直接投资可能达到历史性的80亿美元，其中不包含金融类投资。荣鼎认为，中国在欧盟的能源、天然气、制造装备、金融部门等的投资可能高速增长。

实际上欧债危机的深化发展，给欧盟对华直接投资带来了巨大的冲击，但是也给中国企业投资欧盟提供了良好的契机。以前，欧盟和成员国基于对中国非市场经济地位的定位，对中国企业出现一定程度的保护主义情绪，限制甚至禁止中国企业对其投资，中国企业在欧洲投资受到了不公平待遇，这是中国企业在欧投资几年来难以大幅增长的重大根源。

本轮金融危机之后，欧洲企业面临了更多的资金压力，部分成员国及其企业对华资本的态度开始有所转变，接受一些中国企业的直接投资，中国投资的领域也不断扩大，从以前的能源、资源向高端制造、通信技术、金融资产、兼并收购等扩展，其中吉利汽车收购沃尔沃、三一重工德国建厂。华为在欧洲的发展相对更加深入，华为在欧洲有2700多名欧洲员工，大约有6000名服务工程师来自欧洲的服务合作伙伴。债务危机不断深化以来，欧洲国家对中国投资抱着更加开放和务实的态度，欢迎中国的投资。2011年9月，中坤投资集团宣布拟购买冰岛300平方千米土地，约占冰岛国土面积0.3%，冰岛政府对此表示欢迎。

根据普华永道的报告，欧元的相对疲软和欧元区资产大幅贬值成了中国投资者寻找合适交易的良机，2011年中国大陆对欧跨境交易激增，达到了历史性的61笔，从早期的统计数据来看，2012年的交易数很可能超过2011年的纪录。

更为重要的是，欧债危机的爆发和传染，给中国进行金融类投资提供了更好的机会。以前，中国企业在对欧投资中处于不利地位，而且价格相对较高。债务危机爆发之后，欧洲金融机构的资产在大幅缩水，其股份价格也大幅下降，这为中国扩大多元化投资提供了更好的机遇。比如，中国的主权投资基金可以通过市场以相对更低的价格投资欧洲的金融机构特别是银行；中国的企业也可以如此行动。在未来欧债的救援中，中国的私人部门企业也可以更多地参与进来，比如为欧洲的企业提供担保贷款或者进行股权及业务方面的合作，这对于中国企业进入欧洲并在欧盟发展提供了更好的机遇。

四 欧债危机对中国宏观调控的影响

欧债危机的持续发展，已经从贸易、投资等方面直接对中国经济增长造成明显的冲击，中国和欧盟的贸易和投资都大幅下降，使得中国经济增长面临更多的压力。

一方面，是中国的总需求水平将进一步下降，特别是出口方面，同时由于欧盟对华直接投资的下降使得中国的技术引进和未来的潜在增长受到一定的负面影响，中国未来增长前景增加了新的不确定性。

另一方面，中国经济整体处在一个经济结构转型的重要阶段，外部环境的恶化和外需水平的降低，使得中国调整经济结构的压力持续增加，如果中国内需启动相对不利,面临持续不利的外需,中国经济转型的风险在加大。

欧债危机的持续演进,使得中国内外两个大局的统筹面临新的风险。因此,中国宏观调整的政策也会遭遇新的不确定性。

从财政政策看,中国会处在相对的两难问题。由于此前中国4万亿元经济刺激政策的施行,中国财政政策的支出方面保持了高速的增长态势,虽然中国财政收入状况良好,但是由于这些经济刺激政策的效果有待进一步观察,特别是对财政收入的影响仍然不确定。所以中国虽然整体保持积极的财政政策,但是没有大的空间和弹性来持续刺激经济增长,只能更多地朝民生工程和研究发展等领域倾斜。同时,中国地方财政状况存在较大风险,特别是地方融资平台的债务问题正逐步凸显,中国为了防范财政政策风险,也不大可能继续大幅扩张财政政策。

正是因为欧债危机对中国的出口和投资产生了明显的负面影响,比如出口企业的破产和失业状况恶化,这些都需要财政的一定支持,而且为了防范外部风险的扩大化、加快向内需模式转型以及防范经济结构转型的系统性风险,也需要积极的财政政策,因此中国继续保持积极的财政政策是一个趋势。

中国的财政政策需要兼顾两个方面的影响,真正做到内外两个大局的统筹,才能防范系统性的经济风险。

货币政策同样面临财政政策的两难问题。特别是目前中国通货膨胀水平的压力较大,2011年7~8月,消费者物价水平接近6%的水平,居民基本生活面临重大的物价压力,所以在未来一段时间内中国的货币政策将是保持紧缩的格局,中央政府已经明确表示通货膨胀是未来宏观调控之首要。但是,货币政策的持续紧缩,代表着信贷增长水平将会降低,这会使得微观企业的融资需求无法得到满足,2011年以来,浙江、江苏、广东、福建等地就已经出现了中小企业因融资困难而破产的情况,而且有一部分企业是由于出口需求萎缩需要转向开拓国内市场而进行融资的。因此货币政策在持续紧缩的格局下,如何满足中小企业的融资和转型的需求,是中国货币政策当局面临的现实挑战。

中国货币政策的挑战还包括热钱的流入。2011年5月,中国银行体系的外汇占款规模达到3764亿元人民币。尽管当年同月中国货物贸易顺差创出年内新高（130亿美元），实际利用FDI规模也环比略有上升（92亿美元），但用"月度外汇占款增量－月度货物贸易顺差－月度实际利用FDI"的高频方法估计的短期国际资本流入依然高达358亿美元，显著高于同年4月的279亿美元。自2010年8月至2011年5月，短期国际资本已经连续10个月流入中国，累积流入规模3248亿美元。这是迄今为止短期国际资本连续流入时间第二长的时期，仅次于2004年6月至2005年8月连续15个月的短期国际资本流入，但当时资本流入的累积规模仅为1394亿美元。但是在2011年7月热钱流入的趋势发生了明显变化，开始由净流入变为净流出，2011年10月估算的热钱流出规模接近300亿美元，中国出现了和2008年年底、2009年年初一样的热钱大进大出的不利格局。

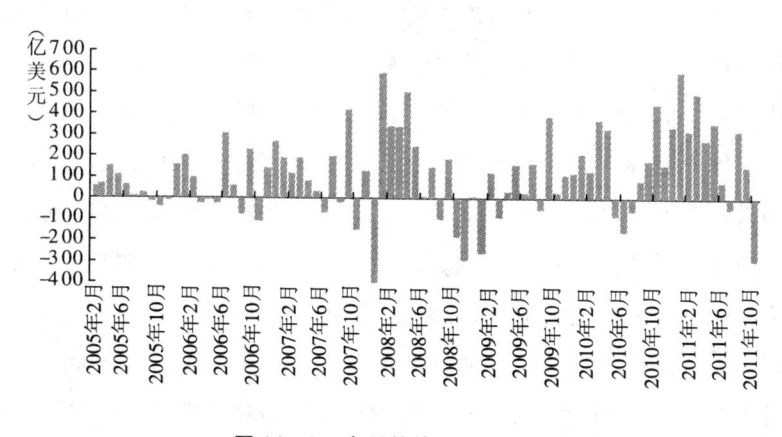

图14-3 中国热钱流入的估算

资料来源：CEIC。

五 欧债危机对中国外汇储备投资和管理的影响

截至2011年6月月末，中国外汇储备高达31975亿美元。根据中国国家外汇管理局的最新数据，2011年第3季度，中国外汇储备又增加了921亿美元（初步数），如此使中国外汇储备规模高达32896亿美元。而2011年6月月末，全球第二大外汇储备国日本的外汇储备规模仅仅为11375亿美元，比5月环比下降0.2%。如果按中日外汇储备的增长趋势看，2011年年底,中国外汇储备规模是日本3倍余。

如此规模的中国外汇储备,基本都是投资于美、欧等发达经济体的金融市场,特别是国债市场。根据相关的研究,从币种结构看,美元是中国外汇储备中的第一大货币资产,规模为60%~75%,欧元是第二大资产货币,规模占比为20%~25%;剩余部分是其他货币资产。从绝对规模看,欧元资产至少为6600亿美元。有研究甚至认为,中国外汇储备中的欧元资产可能接近1万亿美元。

至于欧债危机的"核心国家"的风险敞口到底有多大,至今没有确切的数据。目前仅有外国媒体报道称,中国持有意大利国债约4%,规模为760亿欧元左右。根据中国银行2011年一季报的数据,该行并没有持有希腊债券。中国工商银行等也表示没有投资希腊债券。不过,由于中国投资欧元资产的规模巨大,中国的外汇管理当局及其银行业应该会持有意大利的国债资产,同时可能持有德国、法国以及英国等国家的债券。

由于欧债危机日益深化,将给中国的外汇储备资产的安全性带来重大挑战。即使中国持有"欧猪五国"的国债仅限于外国媒体报道的760亿欧元,如果在2011年之前没有抛售,那损失也是非常明显的。意大利10年期国债票面价格下跌接近83%,这意味着中国浮动亏损十分明显。如果意大利等大型经济体爆发债务危机,那么法国的国债收益率将大幅飙升,就此中国可能因为持有法国国债亦面临新的重大损失。我们以中国持有欧元资产规模为6600亿欧元计,如果两个国家的国债价格下跌10%,那中国的浮动亏损将是660亿欧元,约5662亿元人民币(以欧元兑人民币汇率8.58计算),占2010年中国财政收入83080亿元人民币的约6.82%。

更为重要的是,欧债危机的爆发使得中国外汇储备管理面临新的困境。此前,美国金融危机的爆发让中国意识到外汇储备资产应该更加多元化,比如投资更多的欧元和其他货币资产,但是欧债危机的深化显示投资欧元资产同样面临重大的风险,甚至从近期的趋势看,投资欧元资产可能比美元资产更加危险。欧债危机引发的危机国国债收益率飙升的现实,警示着中国近3.3万亿美元的外汇储备资产实际上都是不安全的,外汇储备资产的安全性、流动性和增值性的管理原则受到了极大的挑战。

外汇储备资产的贬值可能是最后的结果。静态地看,中国持有的欧洲国家的国债收益率除德国外都是在上升的,中国的欧元资产面临浮动亏损的格局,如果即时卖出相当于亏损出局。动态地看,如果不出售持有的欧元资产,那发生债务问题国家的国债价格可能进一步下跌,中国浮动亏损将更大。更为重要的是,如果债务问题引发为债务危机,最后的结果可能是债务重组,那资产减计可能是最后的归途。根据历史的经验,债务重组中的债务减计规模可能达到50%。2011年10月月底的欧盟峰会决定,希腊针对私人部门的债务减计的比例至少是50%。

当然,欧债危机对于中国的外汇储备管理以及金融投资可能并非都是风险。发生债务问题的国家的国债确实存在比较大的风险,但如果是欧盟、欧元区包括欧洲金融稳定基金发行或可能发行的多边债券即可能是较好的投资品种,同时IMF为了增资而发行的债券以及为了救援欧债危机发行的债券,也可能是比较好的投资对象。从欧盟和IMF救援希腊、爱尔兰和葡萄牙等经济体所发行的债券看,其收益率能达到5%左右,比起美国和德国国债近2%的收益率而言,是相对较好的配置资产。

此外,中国的外汇资产投资包括金融投资也可以更多地向实物资产倾斜。为了解决债务问题,或者进行财政整固,欧洲国家可能以较低的价格出售国有资产,因此中国可以更多参与对这些资产的投资。比如2011年11月,中国石油化工集团全资子公司国际石油勘探开发公司出资35.4亿美元,以认购增发股份和债权的方式获得葡萄牙Galp巴西公司及荷兰服务公司30%的权益,Galp为葡萄牙最大的国有能源公司。考虑到后续增资扩股等,中国石化的总投资规模可能达到51.8亿美元,约合328.9亿元人民币。2012年年初,中投公司获得了英国泰晤士水务9%的股份。2012年11月1日,中投公司投资5.582亿欧元获得了英国希思罗国际机场10%的股权。

最后,欧洲银行业未来将面临重大的资本金需求,中国可以在风险管理的原则上适时投资欧洲银行业。欧洲银行业在全球具有系统重要性,2011年第1季度末,其资产规模占全球银行业规模的比例为52.57%。但是,欧洲银行业的风险抵抗能力不强,持有较大的欧洲五国债务敞口,未来资本金补充的需求较大。根据欧洲银行监管局的压力测试,欧洲90大银行需要筹资近300亿欧元来满足5%一级核心资本充足率和9%的核心资本充足率的监管标准。同时,希腊减计私人部门债务50%,就将产生约1000亿欧元的资产处置,而大部分为欧洲银行业所承担,欧洲银行业为此需要补充资本金来符合监管标准。另外,根据欧盟2011年10月月底的峰会决定,欧洲银行业要进行资本重组,在2012年6月30日之前一级核心资本充足率达到9%,需要募集至少2750亿欧元的资金。再者,如果欧猪五国或其他国家因债务发展问题,欧洲银行业需要进行更多的资产减计,将需要更多的资本金。在风险管理的基础上,中国可以根据形势和市场的变化,适时投资欧洲银行业。

六 欧债危机对中国的启示

从冰岛、希腊、爱尔兰、葡萄牙再到欧洲整体,这充分反映了债务问题的普遍性和严重性。但是,从更广泛的视角看,欧洲债务问题具有内外两重因素。其外部因素仍然是美国金融危机,从某种程度说,欧洲债务问题是美国金融危机持续深化的结果。各国政府为应对金融危机大规模增加政府支出,这在欧洲造成了重大的财政问题。当前我们可以看出,全球金融危机的影响仍在深化,许多潜在风险可能尚未显现,随着危机继续深化,很多风险将会显现化,并对金融体系和全球经济带来一定的冲击的负面影响,全球经济复苏的基础仍然不扎实。

其内部原因是,相关经济体实施了非审慎的经济刺激政策。希腊、爱尔兰等国财政赤字占GDP的比例超过10%,西班牙、葡萄牙超过9%,欧盟27国平均财政赤字占GDP的比例为7%左右,已经远远超过《稳定与增长公约》3%的约束。更值得我们注意的是,希腊、葡萄牙、意大利等国家的债务问题是一个长期的问题。希腊在20世纪末以来财政状况一直处于较差的状态。为了能加入欧元区,希腊提供了虚假的财政数据,1998年财政赤字占GDP的比例为4.1%,而报告仅为2.5%;1999年赤字占GDP的比例是3.4%,而报告仅为1.8%。

欧洲债务问题还有欧洲自身的特色因素,即欧盟经济制度的错配。欧元区各成员国实行同一货币制度,具有统一的货币政策,但欧盟却没有统一的财政政策。而各个国家在应对金融危机的时候所处的经济周期、经济结构和发展阶段都是大相径庭的,所以欧盟难以实行统一的政策来应对危机，这样差异化政策又进一步恶化了与统一货币政策的矛盾性。已故著名经济学家弗里德曼就认为缺乏统一的货币政策基础是欧元区长期存在的根本性制约因素。随着债务问题的发展，欧盟的整体性可能受到一定的冲击，这并非是说一定有国家会退出，但其内部分化的趋势可能被强化。

对于中国而言，中国远离欧债危机现场，中期内也不可能发生主权债务危机，但是债务问题应该引起中国的足够重视和警惕。

（1）应该积极制定相关的政策措施，防止欧洲债务问题对中国的冲击，比如欧洲主权债券的直接风险，以及汇率风险、出口萎缩以及经济增长放缓等间接风险。同时，欧洲债务问题警示，全球金融危机的冲击远未结束，仍然处在深化的进程中，中国仍需要警惕与防范。

（2）应该在经济刺激和宏观稳定上取得一个有效的平衡。审慎的宏观经济政策是保持宏观经济稳定的基础，脱离实际的大规模投资和极度宽松的政策基础将隐藏巨大风险。中国应该根据自身国情制定经济刺激方案和相应的退出策略，防止政策的脉冲性调整，防止产能过度扩张、财政赤字过度膨胀、货币政策过度宽松。比如，爱尔兰就是由于非审慎的货币政策和房地产政策，使得房地产泡沫不断累积，最后爆发危机。

（3）需要审慎配置外债的期限和币种结构。对于币种结构而言是针对外债的，中国人民币兑美元汇率在近期保持在较为稳定的水平，为此外债的汇率风险尚没有出现，而且中国的外债水平较低，截至2009年年末，中国外债余额为4286.47亿美元，外债偿债率为2.87%，债务率为32.16%，两个指标都处在安全区间之内。从币种结构看，在2009年年末的登记外债中，美元债务占67.76%，日元债务占11.89%，欧元债务占6.38%，其他债务包括特别提款权、港币等，合计占13.97%。中国目前外债中的币种结构与外汇储备中的币种结构类似，偿还风险较小。从期限结构看，2009年年末，短期外债余额为2592.59亿美元，占外债余额的60.48%，也处在安全区间。2010年中国外债增长了约28.06%，达5489.38亿美元，其中短期外债比例为68.44%，比2009年提高了近8个百分点，但整体规模仍然相对有限，中长期外债所占比例为31.56%，同比增长2.2%。2010年外债增速是2009年的两倍，但主要是由于贸易信贷和贸易融资的快速增长，其中贸易信贷余额为2112亿美元，所占比例高达56.22%，为此短期外债的整体风险不大。2010年欧元债务所占比例为4.41%，比2009年年末下降了1.97个百分点。目前，中国外债的整体风险较小，处在安全的水平上，但是，随着汇率机制改革的逐步深化，汇率风险、币种结构和期限结构等问题可能会有所显现，虽然风险整体较小，仍需要防范。

（4）全面审视中国的主权债务问题，引以为戒。中国政策是成功的。2009年财政赤字所占GDP的比例低于3%，总债务占GPD的比例低于20%，远低于国际警戒线60%，审慎性优于发达国家。但中国应从外汇储备、贸易结构、外债负担以及整体债务状况等方面更加全面的审视中国债务问题。还有，中国地方债务问题应该引起高度重视。地方政府债务水平较高是"公开的秘密"。由于地方政府收入来源有限且不稳定，在医疗和教育方面又要加大开支，地方政府的财政赤字压力持续扩大。中金公司在2010年研究报告指出，2009年年末地方政府融资平台贷款余额（除票据外）约为7.2万亿元人民币，其中2009年新增额为3万亿元人民币。预计2010年和2011年后续贷款为2万亿~3万亿元人民币，到2011年年末达到10万亿元人民币左右。10万亿元地方政府负债约占我国2009年GDP的1/3、相当于国家外汇储备的70%。加上国债，中国总债务水平可能甚至达到GDP的50%左右。如果再加上四大资产管理公司1.4万亿元人民币坏账资产、四大国有银行近2万亿元人民币不良资产、养老金账户空账以及高校债务等约10万亿元人民币隐性负债，中国的真实负债水平可能高达70%~80%。雷因哈特和罗格夫（Reinhart and Rogoff）于2010年在分析全球70个国家的历史经验后指出，公共债务增长加速和隐性债务的大范围出现一般都是主权债务问题的"明显和自然"的前奏。可见，中国首要的任务是要明确自身的债务水平。最后，中国还应该关注临时性负债。随着经济刺激政策的逐步退出，"谁在裸泳"将大白天下，所以中国应该防范具有系统重要性的部门和机构出现重大的坏账，比如大型国有企业和金融机构的不良资产。

第十五章
中国在欧债救援中的角色

2000多年前，中国和欧洲就已经建立起了经济贸易关系，而今作为全球经济另外一个重要的经济体，中国也难以抵御欧债危机对中欧经贸关系以及对中国经济金融稳定的负面冲击。相对而言，中国具有更好的基本面，具有全世界最多的外汇储备，因此就某种意义上说，中国可以成为欧债危机救援的红衣骑士。

但是，作为一个发展中国家，中国面临更多的发展问题，特别是医疗、教育、养老等民生体系很大层面的缺失，与欧洲高度发达的福利社会相比较而言，中国似乎没有理由将资金投向一个风险尚未释放完毕的债务旋涡之中。中国更应该将国家财富转为居民急需的社会保障服务。

当然，作为一个负责任的大国，中国适当参与欧洲救援似乎也是合乎情理的。但是，如果这样的事情通过私人部门的市场化运作，似乎比公共部门的直接购买债券特别是发生债务危机的国家的国债来得更加安全。欧洲的危机给中国带来了很多不利的冲击，可是对于中国对欧洲投资的多元化来说，或许带来些许机会。

欧债危机不断蔓延。自2011年中期以来，欧债危机开始从希腊、葡萄牙等中小经济体向西班牙、意大利等大型经济体蔓延。特别是近期意大利的债务问题引发了广泛的关注，市场预期意大利债务问题可能演化为债务危机，意大利国债收益率和信用违约掉期大幅上涨，显示出市场担忧的不断累积。

欧债危机的救援或需扩大。目前，欧债危机救援框架主要是以欧洲金融稳定基金为基础的救援机制，总规模为 7500 亿欧元，此前救援希腊、葡萄牙和爱尔兰等经济体已经支付和承诺支付的规模超过了 2500 亿欧元。在欧债危机持续深化的条件下，欧债危机救援的资金压力持续增加。

意大利债务是欧债危机发展的关键。如果意大利发生债务危机，那对救援体系将是实质性冲击：一是意大利作为救援主体承诺的救援资金 787.85 亿欧元将无法兑现，欧洲金融稳定基金的规模将大幅缩水；二是意大利可能成为被救援的对象，欧洲救援体系的压力将急剧加大。2011 年年底，作为全球第三大债券市场，意大利的债务危机发展成为欧债危机未来发展的重大决定力量，如果意大利发生债务危机，那么欧债危机或将成为系统性危机。

中国或成为欧债危机的重要参与者。欧洲债务问题出现以来，中国政府一直采取积极态度，"多次表示中国愿意伸出援助之手，继续加大对欧洲的投资"。随着意大利债务问题的浮现，针对中国救援意大利及欧债危机的讨论不绝于耳，关于意大利财政部官员与中国国家外汇管理局、中国投资有限责任公司等接触的报道见诸报端。中国或是欧洲国家债券的重要买家，根据外国媒体援引意大利官员的话称，中国持有意大利国债约 4%，价值约 760 亿欧元。

在欧债危机持续深化的过程中，欧洲金融稳定救援体系所面临的市场风险、道德风险、筹资风险以及债务违约风险等都在持续上升，意大利债务问题的应对成为未来债务危机发展的风向标。2011 年 10 月月底，欧盟峰会通过了新的救援政策，其中之一就是杠杆化救助资源，将欧洲金融稳定基金的规模扩大至 1 万亿欧元，其中的杠杆化产品需要得到其他经济体的支持。法国时任总统萨科奇明确表示向中国国家主席胡锦涛传递希望中国进行支持的意愿。作为第一大外汇储备持有国，中国是否应该出手救援意大利和欧盟其他债务危机国家，成为中国国内热烈讨论的重大议题。

一　要不要救援的争论

中国政府对救援欧洲持积极态度。中国政府在多个场合表示了愿意积极参与欧债危机的救援，继续加大对欧洲的投资。2011 年 9 月 14 日在中国大连的达沃斯世界经济论坛上温家宝总理表示,中国愿意伸出援助之手,继续加大对欧洲的投资,并希望能够在下个月与欧盟领导人的会晤能有突破性的进展。

是否救援欧债危机在学术讨论中存在争议。随着欧债危机的不断升级,特别是希腊债务违约的可能性增加、意大利可能发生债务危机的情况下,国内对于是否进一步援助欧债危机、是否购买意大利债券等事项的讨论热烈,观点不一。国民经济研究所所长樊纲在接受外媒采访时表示,"中国应该考虑买入意大利主权债券,因眼下此类债券具有较高的投资价值"。中国人民银行货币政策委员会委员李稻葵表示,"中国救不了任何国家"。中国社会科学院学部委员余永定认为,中国不应该购买欧元区国家单独发行的债券,但可以考虑欧洲金融稳定机制下的债券。

二 救援的成本收益分析

中国是否要进一步救援欧洲是需要考虑成本收益的。从收益上看,主要体现在几个方面:一是体现负责任大国的作用,为全球金融稳定和经济复苏贡献力量;二是积极参与欧债危机的救援,可以在对欧关系上取得一定的主动,比如市场经济地位的谈判;三是目前面临债务问题的国家的国债收益率比较高,价格很低,在没有出现债务违约的情况下,具有较好的投资价值。

从成本方面看,如果中国购买欧元区国家发行的债券,主要面临的风险就是主权债务的违约及其后的债务重组。根据标准普尔的研究,如果采取债务重组,希腊政府债券(总值约为2650亿欧元)将跌至票面价值的30%。历史上最大的债务重组是2001年阿根廷债务危机,违约规模为1320亿美元,阿根廷提出的债务重组计划要求减免本息总支付规模的75%,以净现值计算偿付比例仅为本息的10%,最后的妥协大致是支付50%,以净现值计不足本息的30%。

从综合成本收益看,收益主要体现在政治方面,体现负责任大国的作用,以及在对欧关系的相对主动。但是,由于存在债务违约及债务重组的可能,投资债券的收益率并非是确定的,比如希腊1年期国债收益率超过

100%,其支付义务的兑现可能性存在重大不确定性。市场预期,希腊债务违约和债务重组是必然的结果。因此,从成本收益看,中国投资意大利国债并非具有明显的、确定的、无风险收益。

从投资组合的配置看,意大利国债只是可选品种之一,并非具有完全的吸引力。如果以现在意大利国债略低于6%的收益率计,相对美国国债2%的收益率是有价值的。如果是针对中国国家外汇管理局的投资而言,意大利国债可能相对美国国债具有吸引力。而对于中投公司而言,意大利长期国债6%的收益率,并非具有明显的相对收益。根据中投公司的2010年年报,中投公司境外全球投资组合2010年收益率达到11.7%,自该公司成立以来的累计年收益率为6.4%。

更为重要的是,中国的政策当局需要对意大利出现债务危机做出系统性的政策安排,这是中国最需要内外统筹的情形。一是中国对意大利的债务处置问题,据报道中国持有意大利国债为760亿欧元,这部分资产如何处置。二是中国和欧盟之间的经贸关系,需要对出口和投资的下滑做出一定的风险防范和应对之举。三是中国是否参与潜在的意大利债务危机的救援,更为重要的是救援的方式、对象及风险管理。四是在宏观经济政策方面做出一定的安排和协调,比如财政和货币政策的结构性放松以及整体的应对通胀和资产泡沫的政策紧缩的协调。五是针对金融市场稳定以及银行业风险做出宏观审慎安排,意大利如果发生债务危机,可能会演化为银行业危机及金融危机,冲击程度可能不亚于次贷危机,中国金融当局需要做出预案。

三 中国的角色定位

从中国政府的表态看,中国参与欧债危机的救援可能是较大概率的事件,只是参与的程度和方式存在不确定性。根据外媒的推论,中国可能会参与到欧债危机的救援,而且将提供资金等方面的援助,但是,救援的规模可能相对有限。对于中国而言,如果要参与欧债危机的救援,首要的是清楚自身的定位。

现行欧洲救援体系的救援实施主体主要为欧元区、欧盟和IMF。现行救助体系基本都是通过欧元区和欧盟的财长会与峰会进行救援的商讨及决策。同时，IMF 一直处在积极参与之中，在欧洲金融稳定基金（European Financial Stability Facility，EFSF）框架下，IMF 承诺了最高为 2500 亿欧元的救助资金。在 2011 年 7 月针对希腊的第二轮救援中，私人部门也成为参与金融救援的一个力量。救援的资金来源主要为欧元区成员国和 IMF。其中，欧洲金融稳定基金规模最高可达 4400 亿欧元，IMF 出资规模最高为 2500 亿欧元，欧盟金融稳定机制（European Financial Stability Mechanism，EFSM）为 600 亿欧元。

如果中国参与救援，中国只能是一个参与者。现行救援体系的主体是欧元区、欧盟和 IMF，资金也主要来自欧元区和 IMF，中国无法直接参与到救援的决策之中，更无法评估和约束受援国的财政整固进程和经济结构改革，只能是救援的外围参与者。英国《金融时报》指出，中投不是欧洲的救星，中国也不愿意承担全球救世主的角色。意大利是全球第三债券市场，2010 年债市规模为 2.5 万亿美元，大部分为国债，中国确实无力承担意大利救援主体的职能。英国《金融时报》认为，即使是"金砖五国"也救不了欧洲。

如果中国参与救援，发挥的作用相对有限。中国发挥的作用主要体现在资金的支持以及对市场信心的提振，可以缓解和抑制债务危机的进一步恶化，而债务危机的发展以及欧债危机的根本解决不是中国力所能及的。欧洲的债务危机不仅是一次流动性危机，更是一种持续性的偿付危机，中国的潜在救援主要是为发生债务危机的经济体提供直接或间接的资金支持，一定程度上可以缓解流动性危机，但是债务危机的根本解决在这些国家的偿付能力的提升，在于公共收支结构的根本转型，在于欧盟和欧元区成员国经济结构的完善和增长潜力的提升。

四 中国参与救援的潜在方式

如果中国要参与欧债危机包括意大利债务问题的救援，那就需要考虑采取什么样的方式参与。

（1）救援的原则。如果参与救援，风险原则和主动原则是中国行动的基础。中国应该在严控风险的条件下,基于主动原则,采取审慎有序的政策,有针对性、有选择性地参与欧债危机的救援。

(2) 援助的规模。中国是全球最大的外汇储备国,超过3万亿美元的外汇储备,但是这并不代表中国能够动用的资源很大。一是中国外汇储备管理和中投资产管理都具有相对稳定的资产、币种和期限结构,很难短期内为增持某种资产大幅调整资产结构;二是不管是中国国家外汇管理局还是中投公司都具有风险管控标准,资产安全性、流动性相对收益性更加重要;三是意大利债券收益率和欧债危机的不确定性仍然很大。因此,中国潜在参与欧债危机的救援的规模应该是有限的,这也是中国参与救援的风险防范的最根本体现。

(3) 多边方式与双边方式。如果采取双边的方式,中国直接购买意大利等国家的债券,表面看收益率比较高,具有较为明显的投资价值。但是,单一国家的债券在欧债危机深化的条件下可能出现违约和重组,比如希腊。这种双边方式的买入,还是存在较大的风险。如果采取多边方式,可以有两个途径:一是与欧洲金融稳定基金或欧洲央行合作,中国将救援资金划转给欧洲金融稳定基金或欧洲央行,由欧盟和(或)欧洲央行担保,收益率由欧盟和中方共同商定,实际上就是一种紧急贷款。或者由欧洲金融稳定基金发行债券,中国购买这种债券,作为一种市场运作下的债权融资,这比直接购买单一国家的债券更加稳健。二是与IMF合作,由IMF发行债券筹资救助欧洲或意大利等国家,中国购买此类债券,由IMF承担对中国的债务责任。鉴于此,多边方式的参与优于双边方式。

(4) 股权和债权的选择。目前,市场讨论的救援方式多是以债权的方式进行,即购买欧洲和意大利等国的债券,但是也可以采取其他的方式进行,比如股权。意大利等国在面临债务问题时,需要进行财政整固,其中就包括出售国有资产。中国可以购买意大利等国的国有资产,作为战略投资者或财务投资人,主要目的在于资产的保值增值。但是,作为战略投资者可能会面临更多的政治压力,而作为财务投资人可能更为可行,中国可以选择不购买普通股,而是采取购买优先股的方式进行:一是这有利于规避投资审核的政治风险;二是中国不熟悉欧洲企业的运行,无法直接参与企业的经营;三是优先股的回报相对固定,收益率相对较高,同时具有优先清偿地位。鉴于此,投资股权优于债权。

(5)救援对象。欧债危机的深化,可能导致部分欧元区国家出现债务违约和债务重组,而欧元区成员国的债务大部分是区域内金融机构特别是银行所持有,比如希腊的债务超过90%的比例是欧元区金融机构包括欧洲央行持有。如果一旦出现债务违约或重组,将极大地恶化相关金融机构的资产负债表,可能引发欧元区银行业危机。所以欧债危机的发展可能引发银行业危机。

2011年9月14日,法国兴业银行和农业信贷银行因持有大额希腊债务被穆迪下调一个评级。

因此,欧债危机的救援不仅是债务危机本身,而且还需要对银行危机的潜在爆发做出政策安排。为此,中国可以和欧元区、欧盟、IMF在欧洲金融稳定基金框架下,设立欧洲银行业救助机制,由欧元区、IMF、中国等共同出资设立救援基金,采取股权和(或)债权等方式进行救助,同时由欧元区和IMF担保中国资金的安全,这对于稳定欧洲金融体系和全球金融体系更加具有直接效益。而且对于中国而言,救援欧洲的银行业优于救援债务危机本身。

同时,在未来欧债的发展中,中国的私人部门企业也可以更多地参与进来,比如为欧洲的企业提供担保贷款或者进行股权及业务方面的合作,这对于中国企业进入欧洲并在欧盟发展提供了更好的机遇。

最后,中国政策当局需要在对欧投资方面制定相关的政策框架。一是需要明确是否要参与救援及投资;二是明确投资的主体是官方部门还是私人部门。

政策框架需要对投资的标的、投资的时机、投资的规模、投资的主体和投资的风险控制等进行明确的研究。

目前看,在风险管理的原则下,多边的方式优于双边,投资股权优于债权,特别是投资个别国家的债券不是明智之举,相应地投资欧元区和欧盟以及欧洲金融稳定基金下的债券相对有利,投资债务危机发生国家的股权特别是优先股是更好的选择。

投资股权,特别是实体经济企业以及银行业等金融机构的优先股,对于中国是最好的投资标的。

五　中国参与欧债危机救援最新进展

中国一直强调和欧洲加强在欧债危机应对方面的合作。2011年10月，由于欧债危机持续深化，欧方提出希望推迟举行第十四次中欧领导人会晤。中国政府对此表示理解和支持。时任中国国务院总理温家宝在表示理解和支持的同时，还指出，欧债问题既有国际金融危机的大背景，与全球经济整体复苏形势不稳定密切相关，也是欧盟及欧元区内部问题长期积累的结果。解决问题除了紧急救助措施之外，关键在于进行财政、金融等方面的机制性、根本的改革。这需要非凡的政治勇气和决断，也需要各方面的共识。当务之急是采取果断措施，防止债务危机进一步蔓延，避免欧元动荡、市场萎缩和经济严重衰退。

温家宝并强调："我注意到欧洲领导人有强烈的政治意愿，希望欧方将政治意愿转化为切实有效的行动，维护欧元和欧洲金融局势的稳定，提振欧洲市场信心，这符合各方的利益。面对国际金融危机和债务危机带来的困难，更需要国际社会携手应对。中方支持欧盟为应对危机所做的努力，愿与欧方加强协调与合作，共同促进世界经济持续复苏。"

2012年2月月初，德国总理默克尔访问中国，并就欧债危机的救援和中国的作用与中方进行了探讨，中国表示将"考虑更多参与解决欧债问题"。2012年2月2日，默克尔访华第一站是中国社会科学院，并发表了演讲。当谈及愈演愈烈的欧债危机，默克尔重申了对欧元的信心，强调维护欧元地位的重要性。她认为，"欧债危机是信用危机，属于主权债务危机，并非是欧元出现危机"。默克尔说，解决危机的根本之道在于欧盟各国加强合作与互助，共同遵守财政纪律，谋求统一与和谐的经济政策。随后，时任中国国务院总理温家宝在会晤默克尔时强调中国将考虑更多参与欧债的应对。温家宝强调解决欧债问题，欧方自身努力是基础，也是关键。中方支持欧方为应对债务危机作出的努力。欧盟作为整体，除了采取紧急救助措施，应不断推进财政、金融等方面的机制性、结构性、根本性改革，向国际社会传递一致的、更为清晰的解决问题思路。重债国家要根据本国国情，痛下决心，实施恰当的财政措施。同时，国际社会要携手应对欧债问题。中方支持国际货币基金组织等国际主要金融机构发挥重要作用，愿同各方加强沟通，共同制定有效应对之策。"中国也在考虑通过欧洲金融稳定基金（EFSF）和欧洲稳定机制（ESM）等渠道更多参与解决欧债问题。"

在 2012 年 2 月中旬举行的第十四届中欧领导人峰会上，中国再次重申对欧债危机应对的支持，明确表示"中国已经做好了加大参与解决欧债问题力度的准备"。2012 年 2 月 14 日，温家宝在人民大会堂与欧洲理事会主席范龙佩、欧盟委员会主席巴罗佐共同主持了第十四次中欧领导人会晤。温家宝会后表示，中国已经做好了加大参与解决欧债问题力度的准备。随后，中国人民银行行长周小川也表示，中国将继续参与解决欧债危机，"具体帮助措施需要等待时机"。中国希望欧元区和欧盟在机制上不断创新，能提供更有吸引力的、更有助于中欧合作的投资产品。中国对于欧盟解决当前的经济危机和主权债务危机充满信心，坚决支持欧盟、欧元区和欧洲中央银行采取的各项措施，中国将继续通过各种渠道参与解决欧债危机。

多边机制也是中国支持欧洲债务危机的重要方式。2012 年 6 月，中国领导人在 20 国集团领导人第七次峰会上宣布，支持并决定向国际货币基金组织增资 430 亿美元，以助该组织在应对当前世界经济面临的风险和挑战中拥有充足资源。其中，很重大的任务就是参与 IMF 对欧债危机的救援。

2012 年以来，中国继续投资欧元区国家债券和欧洲金融稳定基金债券，并与欧洲稳定机制积极商谈合作事宜。中国以负责任的长期投资者姿态，始终坚持多元化投资，欧洲是中国外汇储备投资的主要市场之一。在 2012 年中欧第十五次领导人峰会上，中方表示还将继续通过适当渠道参与解决欧债问题。

参考文献

中文文献

保建云，2011，《论欧洲主权债务危机内生形成、治理缺陷及欧元币制演进》，《欧洲研究》第 6 期。

保罗·克鲁格曼，2009，《萧条经济学的回归和 2008 年经济危机》，刘波译，中信出版社。

辜朝明，2008，《大衰退》，喻海翔译，东方出版社，第 25 页。

国研网金融研究部，2012，《西班牙债务问题：现状、背景与展望》，6 月。

何德旭、郑联盛，2008，《美国新一轮金融危机解析》，《理论前沿》第 23 期。

何德旭、郑联盛，2009，《金融危机演进、冲击和政府政策》，《世界经济》第 9 期。

何德旭、郑联盛，2010，《世界金融危机的回顾与反思》，载邹东涛主编《中国经济发展和体制改革报告：金融危机考验中国模式》，发展和改革蓝皮书，社会科学文献出版社。

何帆、伍桂等，2012，《TARGET2 与欧洲国际收支失衡》，中国社科院世经政所工作论文，7 月 6 日。

金玲，2012，《欧债危机中的德国角色辨析》，《欧洲研究》第 5 期。

李文泓、陈璐，2009，《美国、欧盟和英国金融监管改革方案比较：措施、展望与启示》，《中国金融》第 20 期。

刘程、佟家栋，2011，《欧洲主权债务与金融系统危机：基于"新三元冲突"视角的研究》，《欧洲研究》第 6 期。

米尔顿·弗里德曼，1991，《货币稳定方案》，宋宁等译，上海人民出版社，第 83 页。

汤柳，2010，《欧盟金融监管一体化的演变与发展——兼论危机后欧盟监管改革》，《上海金融》第 3 期。

汤柳等，2009，《欧盟的金融监管改革》，《中国金融》第 17 期。

徐聪，2012，《从欧债危机看欧洲央行的独立性困境》，《欧洲研究》第 4 期。

张明、郑联盛，2009，《华尔街的没落》，中国财政经济出版社。

张鹏，2011，《层次分析方法：演进、不足与启示——一种基于欧盟多层治理的反思》，《欧洲研究》第 3 期。

张云翰，2012，《"危机与变革中的欧洲与世界"研讨会综述》，《欧洲研究》第 1 期。

郑春荣，2012，《从欧债危机看德国欧洲政策变化》，《欧洲研究》第 5 期。

郑联盛，2010，《迪拜、希腊"裸泳"戏弄世界》，《中国报道》第 1 期。

郑联盛，2010，《欧洲债务问题：演进、影响、原因与启示》，《国际经济评论》第 3 期。

郑联盛，2010，《欧洲债务问题影响深远》，《人民日报》5 月 5 日。

郑联盛，2010，《全球经济衰退的最新走势与中国的应对》，《和平与发展》第 2 期。

郑联盛、何德旭，2012，《宏观审慎管理与中国金融安全》，社会科学文献出版社。

中国保险学会，2010，《欧盟金融改革动向》，3 月，http：//www.iic.org.cn/D_infoZL/infoZL_read.php? id =9388。

中国经济增长与宏观稳定课题组，2009，《全球失衡、金融危机与中国经济的复苏》，《经济研究》第 5 期。

英文文献

Allen, F. and Gale, D. 2000. "Financial Contagion." *The Journal of Political Economy*, V108 (1): 1-33.

Baily, Martin Neil., Douglas W. Elmendorf and Robert E. Litan. 2008. "The Great Credit Squeeze: How it Happened, How to Prevent Another." Brookings Institution Discussion Paper.

Bank of England. 2009. "The Role of Macroprudential Policy." November.

Barry Eichengreen. 2009. "The Crisis and the Euro." University of California, Berkeley, April.

Basel Committee on Banking Supervision. 2009. "International Framework for Liquidity Risk Measurement, Standards and Monitoring." BIS, December.

Bernanke, Ben. 1983. "Non-Monetary Effects of the Financial Crisis in the Propagation of the Great Depression". *American Economic Review*, Vol. 73, No. 3: 257-76.

Bernanke, Ben. 1995. "The Macroeconomics of the Great Depression: A Comparative Approach." *Journal of Money, Credit and Banking*, XXVII: 1-28.

Bernanke, Ben S. 2008. "Reducing Systemic Risk." Speech at the Federal Reserve Bank of Kansas City's Annual Economic Symposium, Jackson Hole, Wyoming.

Bernanke, Ben. S. 2010. "Testimony before the US Financial Crisis Inquiry Commission." September 2. http://www.federalreserve.gov/newsevents/testimony/bernanke20100902a.htm.

BIS. 2008. Annual Report. June.

BIS. 2009. Quarterly Review. March.

BIS. 2011. Annual Report. June.

BIS. 2012. Annual Report. June.

Board of Governors of the Federal Reserve System. http://www.federalreserve.gov/

aboutthefed/default.htm.

Calomiris, C. 2009. "Banking Crises and the Rules of the Game." NBER Working Papers, No 15403, October.

Chatham House. 2010. No Painless Solution to Greece's Debt Crisis. Programme Paper IE (03).

Commission of the European Communities. 1985. "Completing the Internal Market: White Paper from the Commission to the European Council." COM (85) 310 FINAL, June 14.

Daniel Gros and Thomas Mayer. 2010. "How to Deal with Sovereign Default in Europe." 17 May.

Davis, Bob and Marcus Walker. 2010. IMF Role in Greek Crisis is Limited. *Wall Street Journal*, Mar 1st

De Grauwe, Paul. 2012. The European central bank: lender of last resort in the government bond markets? In: Allen, Franklin and Carletti, Elena and Simonelli, Saverio, (eds.) *Governance for the Eurozone: integration or disintegration?* FIC Press, Philadelphia, PA, USA, pp. 17–28.

De Grauwe, Paul. 2012. The governance of a fragile eurozone. *Australian Economic Review*, 45 (3): 255–268.

Eichengreen, Barry and Eichard Grossman. 1994. "Debt Deflation and Financial Instability: Two Historical Explorations." Working Paper, University of California at Berkeley.

EU: Stability and Growth Pact. http://europa.eu/scadplus/glossary/stability_growth_pact_en.htm.

European Central Bank. 2009. Fiscal sustainability and policy implications for the Euro area. working paper No. 994, January.

European Central Bank. 2009. "Fiscal Policy Shocks in the Euro Area and the US—An Empirical Assessment." December.

European Central Bank. 2010. "EU Stress Test Exercise – Key Messages on Methodological Issues." July. http://www.ecb.int/pub/pdf/other/eustresstest-exercisekeymessagesmethodologicalissues201007en.pdf.

European Central Bank. 2012. *Financial Stability Review*, June 2009; June2011; June.

European Commission. 1999. "Commission Communication of Implementing the Framework for Financial Markets: Action Plan." COM (1999) 232 FINAL. May 11. http://ec.europa.eu/internal_ market/finances/docs/actionplan/index/progress1_ en.pdf.

European Commission. 2000. "Directive relating to the taking up and pursuit of the business of credit institutions." 12/EC.

European Commission. 2009. Economic Crisis in Europe: Causes, Consequences and Responses. *European Economy*, 7.

European Commission. "Commission Adopts Legislative Proposals to Strengthen Financial Supervision in Europe," IP/09/1347. http://europa.eu/rapid/pressReleasesAction.do? reference = IP/09/1347.

European Commission. "Directive 2009/48/EC." http://eur-lex.europa.eu/LexUriServ/LexUriServ.do? uri = OJ: L: 2009: 196: 0014: 0021: EN: PDF.

European Financial Stability Facility. 2011. European Financial Stability Facility, August.

European Systemic Risks Board. "Mission, Objectives and Tasks." http://www.esrb.europa.eu/about/tasks/html/index.en.html.

Eurostat. http://epp.eurostat.ec.europa.eu/portal/page/portal/statistics/search_ database.

Federal Reserve Bank of San Francisco.

Ferguson, Niall. 2010. As Greece goes, so goes America. *Financial Times*, 21st Feb.

Fiorito, Riccardo. Sovereign debts and the Euro: Some Number Behind. Working paper577. http://ideas.repec.org/s/usi/wpaper.html, Italy. March 2010.

Geithner., Timothy F., 2008. "Reducing Systemic Risk in a Dynamic Financial System." Federal Reserve Bank of New York, June 9.

Goldstein, Morris. 2008. "The Subprime Credit Crisis: Origins, Policy Responses, and Reforms." Peterson Institute for International Economics, December.

Greenlaw, David., Jan Hatzius, Anil K. Kashyap, Hyun Song Shin. 2008. "Leveraged Losses: Lessons from the Mortage Market Meltdown." US Monetary Policy Forum Conference Draft, February 29. http://faculty.chicagobooth.edu/anil.kashyap/MPFReport-final.pdf.

Hannoun, H. 2010. "Towards A Global Financial Stability Framework." Speech at the 45th SEACEN Governors Conference, Feb 26.

Hanson, S, A Kashyap and J. Stein. "A Macroprudential Approach to Financial Regulation." http://www.economics.harvard.edu/faculty/stein/files/JEP-macroprudential-July22-2010.pdf.

Hart, Oliver and LuigiZingales. 2009. "How to Avoid a New Financial Crisis." Financial Crisis Inquiry Commission, November. http://www.fcic.gov/hearings/pdfs/2009-1020-Zingales-article.pdf.

Haubrich, Joseph G. 2007. "Some Lessons on the Rescue of Long-Term Capital Management." Federal Reserve Bank of Cleveland, Discussion Paper No. 19, April.

Hellwig, M. 1995. "Systemic Aspects of Rrisk Management in Banking and Finance." *Swiss Journal of Economics and Statistics*, 131: 723-737.

HM Treasury. 2010. Budget 2010: Securing the recovery. March.

IMF. 1998. "Financial Crisis: Causes and Indicators." World Economics Outlook, May.

IMF. 1998. "Towards a Framework for a Sound Financial System." January.

IMF. 2000. "Macroprudential Indicators of Financial System Soundness." Occasional Papers, No 192, April.

IMF. 2008. "Global Financial Stability Report." October.

IMF. 2009. "Global Financial Stability Report: Responding to the Financial Crisis and Measuring Systemic Risk." April.

IMF. 2010. World Economic Outlook, Jan.

IMF. 2010. World Economic Outlook, Oct.

IMF. 2010. "Lessons and Policy Impilcations from the Global Financial Crisis." IMF Working Paper 10 – 44.

IMF. 2011. World Economic Outlook, Jan.

IMF. 2011. World Economic Outlook, Oct.

IMF. 2012. World Economic Outlook, April.

IMF. 2012. World Economic Outlook, Jan.

IMF. 2012. World Economic Outlook, Oct.

IMF. "Financial Soundness Indicators (FSIs) and the IMF." http://www.imf.org/external/np/sta/fsi/eng/fsi.htm.

Jacques Delpla and Jakob Von Weizsäcker. 2011. "Does Europe need a Eurobond." 11 May, Bruegel.

Jean Pisani – Ferry and André Sapir. 2010. Europe Needs a framework for debt crises. *Financial Times*, 28 April.

Jean Pisani – Ferry and André Sapir. 2010. The best course for Greece is to call in the Fund. Bruegel, Feb.

Laurence J. Kotlikoff. 2004. "Fiscal Policy and the Future of the Euro." *Cato Journal*, Spring.

Marcellino, M. 2006. "Some stylized facts on non – systematic fiscal policy in the euro area." *Journal of Macroeconomics*, 28: 461 – 479.

Morrison Foerster. 2010. "The New EU Financial Regulatory Framework." Septermber 16.

Mundell, Robert A. 1960. The Monetary Dynamics of International Adjustment under Fixed and Flexible Exchange Rates. *Quarterly Journal of Economics*, May 74: 227 – 257.

Mundell, Robert A. 1961. A Theory of Optimum Currency Areas, American Economic. *Review*, pp. 657 – 665.

Otmar Issing. 2010. Europe cannot afford to rescue Greece. *Financial Times*, February 15.

Perotti, R. "Estimating the effects of fiscal policy in OECD countries." Proceedings.

PES. 2010. A Progressive Response to the Euro – zone sovereign debt crisis. March.

Rachman, Gideon. 2010. Greece threatens more than the euro. *Financial Times*, 22nd February.

Reinhart, C. M and Rogoff, K. S. 2008. "Is the 2007 U. S. Subprime Crisis So Different? An International Historical Comparison." *American Economic Review*, 98 (2): 339 – 344.

Shin, H. S. 2010. "Financial Intermediation and the Post – crisis Financial System." BIS working papers, No. 304, March.

Soros, George. 2010. The euro will face bigger tests than Greece. *Financial Times*, March 23.

Stiglitz, Joseph. 2008. "The Fruit of Hypocrisy", Sepetmber 16. http://www.guardian.co.uk.

Taylor, Martin. 2010. A pseudo solution to the central failing of a currency. *Financial Times*, March 29.

The Dodd – Frank Wall Street Reform and Consumer Protection Act. http://banking.senate.gov/public/_ files/070110 _ Dodd _ Frank _ Wall _ Street_ Reform_ comprehensive_ summary_ Final. pdf.

The High – Level Group on Financial Supervision in the EU Report. 25 Feb., 2009. http://www.esrb.europa.eu/shared/pdf/de_ larosiere_ report_ en. pdf? 462f9f580cd7295e75871e3213f23584.

The World Bank. 2009. "Dynamic Provisioning: The Experience of Spain." July.

Wolf, Martin. 2010. Why Germany cannot be a model for eurozone. *Financial Times*, March 31.

Zsolt Darvas. 2012. "The euro crisis: ten roots, but fewer solutions." *Policy Contributions* 755, Bruegel.

Zsolt Darvas. "Productivity, labour cost and export adjustment: Detailed results for 24 EU countries," Working Papers 737, Bruegel.

附录一 世界主要发达经济体应对金融危机的措施及其效果评述[①]

2007年爆发的美国金融危机引发了一场严重的全球经济衰退。根据IMF的预测，2009年全球GDP增长率将降至0.5%，其中发达国家的增长率为-2%。

世界主要经济体纷纷出台刺激经济举措，以应对第二次世界大战后最严峻的全球经济形势。全球经济刺激力度之大、范围之广、数额之巨，为世界经济史上所罕见。

在金融危机刚刚爆发之后，世界主要经济体应对金融危机政策的着力点在于救助金融机构，防止金融危机再度恶化。金融危机很快波及实体经济，主要经济体应对措施的着力点在于采取扩张性的财政和货币政策阻止经济下滑，促进经济复苏；金融危机已将全球经济带入了未知的境地，展望未来，主要经济体刺激政策的着力点还落在扶植新兴产业，提前谋篇布局，抢占制高点。这些措施在一定程度上有助于恢复市场信心，促使经济回暖，但全球经济复苏的基础仍然薄弱。全球经济走出衰退，尚需要更多的后续政策支持，现有经济刺激政策中的缺陷以及潜在的风险将在未来逐渐凸显。

---

① 本文为中国社会科学院世界经济与政治研究所国际金融研究中心专题报告，成稿于2009年5月，发表在《经济社会体制比较》2009年第4期。该报告介绍了主要经济体的危机应对之策，同时也指出了包括债务问题等风险。本书将其作为一个附录，让读者更加清楚看到"过度刺激"和非审慎政策的经济后果。参加讨论的人员包括：何帆、张明、姚枝仲、李众敏、郑联盛、曾省存、马锦。执笔人为何帆。

一 主要经济体应对金融危机采取的措施

1. 金融救助方案

金融机构在这次金融危机中损失惨重。IMF 最新发布的《全球金融稳定报告》估计，全球金融体系因亏损导致的资产减计约为 4.4 万亿美元。按照 2008 年的水平计算，IMF 估算的减计规模相当于 37 年的官方发展援助，美欧金融机构的资产减计规模相当于其 GDP 总和的 13%。

危机爆发以来，主要经济体"三管齐下"，从金融机构资产负债表的资产、负债和所有者权益三方入手，以前所未有的速度、规模和非常规的政策，实施全面的金融救市方案。一是从资产方来看，危机之后金融机构亏损严重，不得不低价抛售金融资产，导致金融资产价格进一步下跌，救助的办法是政府出资购买金融机构的不良资产。二是从负债方来看，危机之后金融机构纷纷"惜贷"，导致金融市场上流动性短缺，救助的办法是各国央行通过各种形式向金融机构提供贷款，试图缓解信贷紧缩的困境。三是从所有者权益来看，遭受损失的金融机构不得不减少自由资本金，甚至出现了资不抵债的情况，救助的办法是通过直接向有问题的金融机构注入资本金，实施"国有化"控股。

美国的金融救助政策最早强调购买不良资产。2008 年 10 月，美国政府通过的紧急经济稳定法案（Emergency Economic Stabilization Act）中就包括高达 7000 亿美元的不良问题资产救助方案（Troubled Assets Relief Program，TARP），用于购买金融机构问题资产以及帮助金融机构注资。为了向金融机构提供更多的流动性，美联储还推出了多种货币政策工具创新。相对而言，美国在向金融机构直接注资方面，因为担心有"国有化"嫌疑，表现较为迟疑。欧洲在金融救助政策方面则较强调政府通过注资获得金融机构股权。比如，荷兰、比利时和卢森堡三国向富通集团注资 112 亿欧元，英国向苏格兰皇家银行等三大银行注资 370 亿英镑，法国向六大私营银行注资 105 亿欧元等。在这些注资方案中，以英国的方案最具代表性。英国向本国银行注资后获得的是银行的优先股股权，因而英国政府虽然是被注资银行的股东，但不干预银行的经营活动，只享有优先分红的权利。英国政府还承诺，一旦对这些问题银行的注资在未来获得盈利，会把这部分盈利注入社保体系。在问题更为严重的冰岛、瑞典，政府甚至直接接管金融机构，实施完全的国有化。欧洲各国政府一般不直接购买金融机构的"有毒资产"，现在我们看到的案例主要是2009年3月7日英国政府接手该国第三大银行——莱斯银行集团2600亿英镑的"有毒资产"，作为交换条件，政府对该行持股从现阶段的43.5%上升为65%。日本的金融机构经营较为保守，在金融危机中受到的损失相对较少。日本也采取了收购不良资产、注资等方式帮助出问题的金融机构，但规模相对较小。比如，日本用于收购金融机构问题资产的资金约为10万亿日元（约1000亿美元）。2009年3月13日，日本向3家银行注资12亿美元。

2. 扩张性的财政政策

各国经济刺激方案均包括减税、增加公共投资等内容。财政政策是经济刺激方案中的"猛药"，也是"补药"。短期内采取扩张性的财政政策有利于保增长、促就业、为弱势群体提供帮助、维持社会稳定，从长期来看又可以扶持新兴产业、加速结构调整。

在美国继布什政府出台的1680亿美元减税方案之后，2009年2月奥巴马政府又通过了总额为7870亿美元的美国复苏与再投资法案（American Recovery and Reinvestment Act）等。调整通货膨胀因素之后，美国的经济刺激方案已经超过罗斯福新政、马歇尔计划时期美国政府的支出规模。美国的刺激方案主要包括减税和扩大公共支出。在最新的刺激方案当中，减税约占35%。奥巴马经济刺激方案中的公共投资和公共支出项目，有着短期和长期双重战略目的。一方面是尽可能地在短期内创造更多的就业岗位，防止经济进一步下滑；另一方面是为未来的增长奠定基础，有智力、技术和社会稳定方面的保障。因此，该方案中的支出主要集中在基础设施、教育、医疗和新能源技术方面。

欧盟各国受到《稳定与增长公约》制约，财政刺激力度受到欧盟委员会的限制。不过，由于2005~2007年的经济繁荣改善了欧盟各国的财政状况，各国均有一定的能力出台财政刺激方案，同时欧盟委员会已于2008年

10月允许成员国暂时超过3%的财政赤字标准。欧洲的财政刺激方案包括欧盟层面上的刺激措施和成员国的刺激措施。欧盟委员会于2008年11月26日批准的一项涵盖欧盟27个成员国、总额达2000亿欧元（约占欧盟GDP的1.5%）的经济激励计划中，就有300亿欧元来自欧盟预算和1700亿欧元来自各成员国预算。欧洲的财政刺激措施主要包括增加政府投资、减税、对弱势群体的补贴3个方面。英国的方案主要以减税为主，2008年11月24日英国宣布的200亿英镑经济刺激方案中，主要是将增值税率由17.5%下调至15%，2010年再恢复至17.5%。其他国家的方案则基本上为综合方案。欧盟各国均增加了对基础设施投资的支持。德国将于2009年和2010年两年投入500亿欧元，主要用于公共基础设施投资；法国在2010年年初出台了265亿欧元的振兴计划，111亿欧元用于公共投资。但是，扩张性的财政政策，如果无法改善经济结构，提升经济增长的水平，可能为欧洲未来的财政赤字和公共债务问题带来新的风险。

日本在保增长方面主要依靠财政政策。从2008年8月到2009年4月，日本共出台了4个经济刺激计划，计划支出规模达75万亿日元，占该国GDP的5%左右。这些支出主要用于：向日本全国家庭发放2万亿日元的补贴、通过政府担保帮助中小企业获得贷款、高速铁路建设工程、学校建筑防震、环境保护、儿童和老人护理等社会福利计划。日本为保就业也采取了专门的措施，计划在3年内动用10万亿日元，提供失业培训、扶持就业市场，在医疗护理、环保和旅游等领域创造140万~200万个就业机会。4个经济刺激方案出台后，至少要新发行10.8万亿日元新债，使公债规模达到44万亿日元。到2008年，日本公共债务规模已经达到该国GDP的1.5倍，是所有工业化国家中最高的。

3. 扩张性的货币政策

主要经济体的货币政策表现出趋同的特征。一方面，主要经济体在危机之后均大幅度降低利率。2008年12月以来，美联储宣布将联邦基金利率长期保持在0~0.25%之间；英格兰银行5次下调基准利率350个基点至1%，欧洲央行下调325个基点至2009年5月的1%。2008年10月31日，日本央行决定将银行间无担保隔夜拆借利率由现行的0.5%下调至0.3%。

主要经济体同步下调利率,不仅进入了史无前例的超低利率时代,而且进入了"零利率"陷阱。另一方面,当利率降无可降之后,主要经济体的央行均采取了"数量宽松"政策,通过购买金融资产,继续向市场注入流动性。

美国实行的"数量宽松"政策引起全球关注。这其中包括为商业银行和投资银行等提供流动性的期限拍卖贷款(Term Auction Facility,TAF)、重要交易商信用贷款(The Primary Dealer Credit Facility,PDCF),也包括向货币市场和资产证券化提供支持的商业票据融资贷款、期限资产支持证券贷款(Term Asset-Backed Securities Loan Facility,TALF)等。2009年3月,美联储更是破天荒地宣布购买3000亿美元长期国债、将对抵押贷款支持证券(MBS)的购买由5000亿美元增加到1.25万亿美元,以及购买2000亿美元机构债。英格兰银行已经于2009年3月25日开始购买公司债,以启动1项750亿英镑的数量宽松政策。欧洲央行2009年5月也开始实行数量宽松的货币政策计划,购买600亿欧元的资产担保债券。2009年1月15日,日本银行宣布考虑购买2万亿日元商业票据(日本票据市场规模为14万亿日元,此次购买约占其中的14.29%)。为了鼓励银行贷款,日本一方面通过将日本开发银行(DBJ)的紧急放款计划资金规模从1万亿日元提高到10万亿日元(1010亿美元),增加对中大型企业的放贷;另一方面通过国际协力银行联合中小企业金融公库,对在海外投资中遭遇流动性困境的中小企业提供援助。日本还采取了收购股票刺激经济的独特政策,2009年1月27日,通过收购股份,向中小企业提供1.5万亿日元(167亿美元)资金;2009年2月4日,宣布将从地方银行收购1万亿日元(111.2亿美元)的企业股份。日本政府和央行购买股票刺激经济的好处是低买高卖,从长远看,是成本较低的刺激经济方式,但是中国股票市场近来一直走高,已经存在一定程度的泡沫,这一措施在中国不具有可行性。

4. 产业发展政策

为了抢占新的制高点,美国奥巴马政府在新能源、环保政策方面较为高调。其政策背后有多重推动力。一是新能源、环保政策符合奥巴马的执政理念,有助于美国在国际舞台上继续扮演全球领袖。二是新能源、环保政策有利于美国经济结构调整。危机之后，美国无法继续靠消费支持增长，经济振兴必须依靠增加投资在经济中的比例。只有当新的技术革命孕育出新的支柱产业之后，私人投资才可能再度高涨。三是新能源、环保技术的领先，也可以成为制约其他国家发展的有效手段。美国可以通过制定进出口产品的标准，有效而精准地打击竞争对手。增强能源自给，有助于减少对外国能源的依赖，削弱石油出口国中与美国敌对的势力，还有助于改善美国国际收支平衡。欧洲产业政策"有攻有守"。"攻"是为了发展新兴产业，占领未来经济发展的制高点；"守"是为了维持重要产业的就业，避免这些行业的重要企业被他国收购。与美国新能源产业有相似之处，欧洲重在提高"绿色技术"的水平至全球领先地位。欧洲在2009年3月决定，在2013年之前将投资1050亿欧元用于"绿色经济"的发展，为经济增长带来新动力。2008年11月23日，法国总统宣布建立200亿欧元的"战略投资基金"，主要用于对能源、汽车、航空和防务等战略企业的投资与入股。荷兰的经济刺激方案中也包含对可持续能源行业的投资和支持。欧洲议会也将欧盟2009年的预算向创新与就业等方面倾斜，其中用于科研和创新方面的预算增长10%以上。在产业政策方面，日本一方面试图通过优惠的税收政策吸引投资、提高东京作为国际金融中心的地位。但目前日本经济持续低迷，导致投资收益率很低，东京已不再具有发展国际金融中心、吸引投资的基本条件。另外，日本也看中了商业航天市场、信息技术应用、新型汽车、低碳产业、医疗与护理、新能源（太阳能）等新兴行业。2009年3月2日，日本出台了为期3年的信息技术（IT）紧急计划，目标为官民共同增加投资3万亿日元，新增40万~50万个工作岗位，侧重于促进IT技术在医疗、行政等领域的应用。2009年4月9日为配合第四次经济刺激计划推出了新增长策略，发展方向为环保型汽车、电力汽车、低碳排放、医疗与护理、文化旅游业、太阳能发电等。

二 应对危机措施的效果

主要经济体采取的应对危机的措施在一定程度上有助于恢复市场信

心、加速经济回暖。但金融危机的负面影响仍未彻底清除、全球经济复苏的基础依然脆弱，应对危机的措施中存在的潜在风险在未来可能逐渐凸现。

（1）这些措施在一定程度上稳定了金融市场。在金融危机的发源地美国，反映银行间信贷成本指标的3个月伦敦同业拆借利率（LIBOR）已经显著下降，中长期住房抵押贷款的利率水平也明显下降。2009年5月美国财政部对19家最大的商业银行实施压力测试，结果是9家商业银行不需要增资，其余10家合计需增资746亿美元，好于市场预期。如果没有新的系统性风险爆发，美国金融市场已经开始趋稳。但是，在金融危机尚未见底和经济可能继续下滑的情况下，金融机构的信贷紧缩问题依然存在，消费者和企业难以从银行获得贷款。金融机构去杠杆化的进程尚未结束，根据IMF的估计，如果要将杠杆比率降至17∶1（或普通股本占总资产的6%），美国、欧元区和英国分别需要5000亿美元、7250亿美元和2500亿美元的额外股本，在市场资金和融资需求之间存在着巨大的"融资缺口"。IMF还对金融救助的最终财政成本做了估算，成本最高的是美国和英国，分别占其GDP的13%和9%，其他国家的成本远小于此。这意味着金融救助仍然在主要经济体能够承担的范围之内，但金融市场再度繁荣，尚需经历较长的时期。

（2）扩张性的财政政策对促进经济复苏难以起到立竿见影的效果。一是主要发达经济体基础设施较为完善，在这方面进一步加大公共投资的机会相对较少，而且能源和基本设施建设的投资周期长，收效慢。二是如果减税能够增加居民的可支配收入，就会增加消费、刺激经济增长。但美国失业率持续上升，居民对未来的收入预期日益悲观，减税对消费的刺激作用有限。2008年美国布什政府已经推行过减税政策，但只有10%~20%被用于消费。三是刺激计划还会产生"挤出"效应，即政府开支可能导致资源从私营企业流出，形成政府与私企争资源的局面。四是扩张性财政政策将导致美国财政赤字增加。根据美国国会预算办公室的估计，2009年预计美国财政赤字规模达到1.7万亿美元，占其GDP的比例高达11.9%，2010年美国财政赤字占GDP比例达到7.9%，规模为1.1万亿美元。2007年，美国政府债务占GDP比例为65.5%。美国将会以更大的规模、更快的速度发行国债,最终可能酿成"国债泡沫"。发达经济体基本上都存在债务高企的问题,2008年欧元区公共债务水平达到70.1%,首次突破70%。

(3) 扩张性的货币政策可能导致通货膨胀抬头。从短期来看,数量宽松政策没有带来通货膨胀的压力,尽管基础货币大量增加,但货币乘数在下降,所以广义货币并没有明显增加。美国基础货币增长快,M_0(基础货币)增长很快,但M_1(狭义货币)、M_2(广义货币)的增长并不非常大,商业信贷增长也没有明显改善,大量放出的钱最后是商业银行又把钱放回央行,变成了超额存款准备金。但国债泡沫早晚要崩溃,如果投资者放弃国债选择其他的资产,就会导致其他资产的价格上涨。国际油价的价格和初级产品价格的反弹可能也会超过预期。这将带来通货膨胀压力。如果通货膨胀风险过早到来,美联储可能被迫加息,这将中断美国和其他国家的经济复苏。尽管从近期看,发生这种情形的概率并不大,但其潜在的破坏力却非常巨大。

(4) 各种产业发展政策的效果仍然存在不确定性。以新能源而论,新能源的发展受到传统能源价格波动的影响,如果石油价格居高不下,新能源的发展就会较快,但一旦石油价格下跌,对新能源的投资将是沉重的打击。以生物工程技术而论,一旦出现突破性的创新,能够较大幅度地提高人类的预期寿命,对于受人口老龄化之困的主要发达经济体将是巨大的福音,但其发展仍然面临技术、法律、伦理等制约。诸如环境保护等新兴行业的发展,均依赖技术标准、消费者偏好、法律体系、国际合作等方面出现实质性的变革,短期内其商业前景并不乐观。

三 主要经济体未来政策的着力点

目前,全球金融市场逐渐趋稳,预计到2009年年底或2010年年初,全球经济就可能出现较为明显的复苏迹象。但是,病来如山倒,病去如抽丝,未来数年全球经济仍然将处于低速增长,迎接新一轮世界经济的高速增长,尚需各国政府继续出台新的政策支持。预计主要经济体政策走向的着力点会在:继续刺激经济、防范新的风险、及时选择退出、争夺未来制高点。

（1）继续刺激经济。在外部需求继续疲软的情况下，各国刺激经济增长的着力点依然在促进消费和投资。保就业将逐渐取代保增长，成为主要经济体下一步刺激政策的主要内容。加强社会保障体系的建立，提高对弱势群体的保护和救济，是主要经济体需要更加重视的工作。危机时期主要经济体的税收政策可能会更向低收入和中产阶层倾斜，而且会实施适度的"劫富济贫"政策。以更新改造、节能减排为特色的投资项目可能会陆续出台，未来的刺激方案中可能会更多地讨论跨国界、大规模、有助于落后地区减贫的基础设施建设。

（2）防范新的风险。债务问题将是发达经济体的一个政策制约，财政收支的失衡可能加剧，这对于美、欧、日等经济体的压力更为明显，特别是欧洲，目前希腊和中东欧国家已经出现了债务问题的迹象。贸易保护主义将是全球经济头顶的乌云。各国在应对经济衰退时易于采取各种贸易保护政策，转移国内批评，保护国内就业和产业。很多贸易保护措施可能会披上产品质量安全、环保等国内政策的外衣，变得更加隐蔽、破坏性更强。保护主义措施无助于抑制国际金融危机和经济衰退，并将迟滞全球经济复苏进程。20世纪30年代，美欧国家采取"以邻为壑"的保护主义政策，使经济大萧条旷日持久，应引以为戒。另外一个重大风险是债务风险，由于美国和欧洲等主要经济体都是采取扩张性的财政政策，而财政收入受到经济增长、金融萎缩等的约束，必将明显下跌，债务问题可能会是金融危机的"次生风险"。最后，金融危机的冲击已经波及世界经济体系中的外围国家和偏僻的发展中国家，会导致落后国家更加落后、贫穷人民更加贫穷，甚至可能引起部分地区的冲突和战争。

（3）及时选择退出。扩张性的财政和货币政策不能长期持续。随着经济逐渐复苏，继续增加公共投资就会挤出私人投资，继续增加货币发行最终一定导致通货膨胀。这些刺激政策应该在适当时候及时退出，但退出的时间、方式、速度值得关注。过早或过晚退出、过快或过慢退出，均会引起严重的后遗症。

（4）争夺未来制高点。这一方面取决于未来的产业布局。新技术革命与新兴产业的出现是全球经济进入新一轮增长周期的前奏。在高科技领域的较量在很大程度上将改写未来的国家力量比较。另一方面取决于未来的国际经济体系和国际规则。金融危机引发了世界各国对国际货币体系、金融部门监管等领域的热议,在这些领域的谈判已经展开。在今天的谈判桌上,将制定出明天的游戏规则,并决定未来的发展空间。

附录二 欧债危机大事记

附表 2-1 欧债危机大事记[①]

2012年9月6日	欧洲央行出台直接货币交易计划,在二级市场无上限地购买成员国国债,将实质性地填补各国国债需求缺口,并降低国债收益率水平
2012年6月17日	初步统计结果显示,希腊新民主党(New Democracy)在6月17日大选中以30.1%支持率领先胜出。这可能意味着持续1个多月的希腊政治僵局会就此告一段落。希腊退出欧元区的进程也将被暂时搁置
2012年6月4日	意大利总理蒙蒂表示,尽管欧元区国家就发行欧元债券分歧严重,但欧元债券终将成为现实,鉴于欧元联盟正变得越来越紧密,欧元区将以某种形式发行欧元债券,希腊最终也将留在欧元区
2012年6月1日	针对德国《明镜》周刊关于德国总理默克尔和财政部长朔伊布勒敦促西班牙政府接受欧洲金融稳定基金(EFSF)救助资金的报道,西班牙政府发言人称该国政府在这方面没有压力
2012年5月27日	瑞士央行行长乔丹表示,虽然不认为欧元区将解体、希腊将离开欧元区,但一旦欧元区瓦解、瑞郎大幅升值,瑞士或将实施资本管制加以应对,而这将直接影响瑞士入境资金流
2012年5月25日	西班牙第三大银行5月25日要求政府提供190亿欧元的援助资金,这一数字较政府本周较早时预计该行需要的最低援助金额高出1倍以上
2012年5月17日	惠誉5月17日将希腊长期主权信用评级从B-下调至CCC,指出希腊有可能离开欧元区是此次信用评级下调的主要原因
2012年5月7日	法国社会党候选人弗朗索瓦·奥朗德在当天举行的总统选举第二轮投票中以微弱优势战胜现任总统、右翼政党人民运动联盟候选人尼古拉·萨科奇,当选法国新一任总统

---

① 附录部分由王鹏等进行修订。

续附表

2012 年 5 月 4 日	西班牙就业与社会保障部 5 月 4 日公布的数据显示，4 月在公共就业服务部门登记的失业人数达到 474 万，比环比减少 0.14%（约 6632 人），这是该国失业人数连续 8 个月增加后第一次下降
2012 年 5 月 2 日	据欧盟统计局本周公布的最新家庭储蓄数据显示，欧盟 27 国 2011 年第 4 季度的家庭储蓄率升至 11.8%，此前第 1 季度为 11.2%，创 2009 年第 2 季度以来最高
2012 年 4 月 5 日	法国全国统计和经济研究所、慕尼黑经济研究所和意大利中央统计局发表预测报告称，欧元区经济 2012 年春季有望摆脱短暂衰退，2011 年全年欧元区经济增长 1.5%。报告预计，欧元区经济 2012 年第 1 季度将继续下滑 0.2%；2012 年第 2 季度增长率预计为零；第 3 季度将进入缓慢复苏，增长率为 0.1%。这些数字均低于上述三大机构 2011 年 10 月报告的预测
2012 年 3 月 30 日	欧元区财长同意提高欧元区防火墙至 7000 亿欧元，之后便督促 IMF 迅速提高防火墙。IMF 总裁拉加德希望在欧洲提高防火墙后，将 IMF 资源提升 5000 亿美元。尽管美国与 IMF 对欧元区的决定表示欢迎，但 IMF 4 月在华盛顿开会时能否提高资源尚不确定
2012 年 3 月 30 日	纽约大学教授、有"末日博士"之称的鲁比尼（Nouriel Roubini）表示，欧元区外围国家必须让欧元兑美元实际贬值，降至平价水平，才能使该地区恢复增长，从而实现经济增长、外部均衡以及竞争力的恢复
2012 年 3 月 16 日	国际货币基金组织宣布，已批准总额为 280 亿欧元的希腊援助贷款，以支持希腊政府经济改革。IMF 总裁拉加德说，国际货币基金组织参与的新一轮救助计划将使希腊能应对挑战，继续留在欧元区
2012 年 3 月 6 日	欧洲央行资产负债表首次突破 3 万亿欧元，占 GDP 之比也超越美日英等主要央行。对此，欧洲央行行长德拉吉表示，不同意市场上所谓欧洲央行政策最宽松的说法，而且资产的组成不能够完全说明欧洲央行的资产负债表状况和总额数据
2012 年 2 月 28 日	2 月 28 日，法国议会批准了欧盟未来永久性救助资金欧洲稳定机制（ESM）替代欧洲金融稳定基金
2012 年 2 月 23 日	欧盟委员会 2 月 23 日公布的最新经济预期显示，2012 年第 1 季度欧元区实际国内生产总值（GDP）预计将下降 0.3%，2012 年整个欧盟的 GDP 预计将与 2011 年持平

续附表

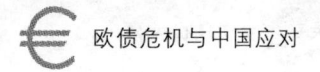

2012年2月11日	标普2月10日发布报告,一次性下调37家意大利银行中的34家评级。其中,将意大利最大银行裕信银行(UCG)的信用评级从A/A-1下调至BBB+/A-2,评级前景定为负面
2012年1月27日	惠誉宣布下调意大利、西班牙、比利时、塞浦路斯和斯洛文尼亚5个欧元区成员国的主权信用评级,将意大利评级从A+降至A-、西班牙和斯洛文尼亚从AA-降至A,比利时从AA+降至AA,塞浦路斯从BBB降至BBB-,上述5国评级前景负面。惠誉还维持爱尔兰BBB+评级,评级前景同样为负面
2012年1月14日	标普将法国主权信用评级由最高的AAA下调至AA+,主要反对党、中间党派、极右翼势力均发表声明,称"这标志着萨科奇经济政策失败"
2012年1月14日	标普将塞浦路斯、意大利、葡萄牙和西班牙的长期主权信用评级各下调两个等级;将法国、奥地利、马耳他、斯洛伐克和斯洛文尼亚的长期主权信用评级各下调一个等级;同时维持比利时、爱沙尼亚、芬兰、德国、爱尔兰、卢森堡和荷兰现有的长期评级。所有这些国家的评级都已被移出负面的信用观察名单
2011年12月26日	西班牙经济与竞争力大臣路易斯·德·金多斯(Luis de Guindos)12月26日表示,西班牙经济将于2012年年初陷入衰退,且本季度和下一季度将负增长,预计将分别萎缩0.2%和0.3%
2011年12月23日	欧洲央行宣布本周共购买1900万欧元(约合2480万美元)政府债券。这一规模较上周33.61亿欧元二级市场购买规模相比大幅下降。在前一周购买规模为6.35亿欧元
2011年12月21日	欧盟长期再融资计划(LTRO)第一轮拍卖开始,极大地缓解银行业流动性风险。该计划一定程度上就是量化宽松政策
2011年12月9日	欧盟峰会就进一步扩大欧债危机救援达成一致,执行新的更严格的财政纪律;提高金融稳定性工具的有效性。但英国没有参加本次峰会
2011年10月27日	欧盟峰会就欧债危机救援达成新的协议,在希腊主权债务减计、欧洲金融稳定基金杠杆化扩容以及银行业资本重组等方面取得积极进展
2011年10月9日	德、法承诺将在本月月底前推出解决欧元区债务危机的新的全面方案
2011年10月8日	惠誉宣布,鉴于欧债危机的加剧和经济增长过慢,调低意大利和西班牙两国主权评级,评级展望均为负面。同时,再次确认葡萄牙信用评级为3B-,展望为负面

续附表

2011年10月7日	标准普尔将全球最大城市银行——比利时德克夏银行评级从A下调至A－，理由是该行持有高额希腊债券。同日，穆迪下调了包括苏格兰皇家银行在内的12家英国金融机构的评级
2011年10月6日	欧盟执委会将向27个成员国提交联合开展欧洲银行业资本重整的建议。欧盟认为欧洲银行业资本重整应该协调进行
2011年10月6日	全球最大城市银行——德克夏银行破产，遭比利时和法国分拆
2011年10月4日	欧元集团主席容克表示欧元区绝对不会让希腊出现债务违约
2011年9月21日	希腊政府宣布了一系列新经济紧缩措施，希望以此留在欧元区解决债务危机
2011年9月15日	欧洲央行宣布，在2011年年底前，欧洲央行、美联储、瑞士央行、日本央行和英国央行将协同为欧洲银行业注入美元流动性
2011年9月15日	德、法一致认为希腊未来应该继续留在欧元区，并且同意扩大EFSF范围，让其在二级市场购买更多债券
2011年8月15日	欧洲中央银行宣布，为抑制欧债危机扩大，欧洲央行前一周大规模购买欧元区重债国国债，总额达220亿欧元。欧洲央行理事会于本月月初宣布再次购买欧元区重债国国债，这是自2011年2月以来欧洲央行再次购重债国国债。欧洲央行2010年5月开始购买欧元区国债，以稳定债券市场。截至目前，欧洲央行斥资购买欧元区重债国国债累计达960亿欧元
2011年8月3日	西班牙和意大利10年期国债收益率已分别创下6.45%和6.25%的历史高点
2011年7月21日	欧元区领导人就希腊新一轮救助方案达成一致，同意再为希腊提供1090亿欧元的救援资金
2011年7月15日	欧洲银行监管局公布最新欧洲银行压力测试结果，在接受测试的90家欧洲银行中，有8家未能通过，另有16家勉强过关
2011年7月13日	惠誉宣布，将希腊长期本外币发债人违约评级由之前的B＋下调四级至3C；惠誉同时将希腊短期外币发债人违约评级由B下调至C
2011年7月12日	穆迪将爱尔兰长期本外币政府债券信用评级下调一个等级，由Baa3级下调至垃圾级别Ba1级，并确定未来评级预期为负面
2011年7月8日	意大利5年国债利差扩大30基点。过去一周，意大利5年国债利差扩大70基点，创下历史纪录之最。意大利是欧元区第三大经济体，截至2011年4月月底其公共债务再创新高，达1.89万亿欧元。2010年意大利公债占其GDP的比例达119%，在欧元区内仅次于希腊

续附表

2011年7月7日	欧洲央行宣布将基准利率上调25个基点至1.5%，而英国央行则宣布基准利率维持于0.5%不变
2011年6月29日	希腊总理帕潘德里欧成功获得议会多数支持票，使总额780亿欧元（1122亿美元）新一轮财政紧缩以及资产拍卖方案得到正式批准
2011年6月20日	欧盟财长会提高EFSF的救援能力、扩展其救援计划，设立金融稳定的长效机制：欧洲稳定机制（ESM）
2011年6月13日	标准普尔宣布，将希腊的长期评级从B下调至3C，并指出以新债换旧债的计划，或令希腊处于选择性违约的境地
2011年5月21日	标准普尔将意大利主权评级前景从稳定下调至负面，称未来两年意大利主权评级被下调的可能性为1/3
2011年5月5日	葡萄牙宣布已与IMF、欧洲央行及欧盟达成救助方案。未来3年葡萄牙将获得780亿欧元援助金。葡萄牙需要在2013年将财政赤字占GDP的比例减至3%
2011年4月6日	葡萄牙看守内阁总理苏格拉底宣布，葡萄牙需要向欧盟寻求财政救助
2011年3月10日	穆迪将西班牙主权评级降至Aa2，再度引发市场对于欧元区主权债务的担忧
2011年2月14日	欧元区财长初步商定永久性救助机制的规模，同意拿出5000亿欧元援助未来可能陷入危机的欧元区国家
2011年2月11日	欧盟和IMF希腊援助项目检查团成员检查希腊财政改革进展，同意发放150亿欧元贷款
2010年12月23日	希腊议会通过2011财政年度预算案，计划削减50亿欧元财政赤字，把财政赤字占GDP的比例从2010年的9.4%降至7.4%，以达到2010年5月接受援助时设立的指标
2010年11月28日	欧盟和IMF与爱尔兰达成协议，联合向爱尔兰提供援助贷款850亿欧元，其成为第二个申请援助的欧元区国家
2010年11月21日	爱尔兰政府正式请求欧盟和IMF提供救助，沦为第二个希腊，欧元区主权债务危机掀起第二波高潮
2010年10月18日	专门小组举行最后一次会议，与会欧盟成员国财政部长就完善欧盟经济治理、强化财政纪律的改革方案达成一致
2010年9月30日	爱尔兰宣布，由于救助本国五大银行最高可能耗资500亿欧元，预计2010年财政赤字会骤升至国内生产总值的32%，实属史上罕见
2010年7月13日	穆迪把葡萄牙的信用评级降至A1
2010年7月7日	德国政府出台4年期的财政紧缩计划，共拟开源节流800亿欧元

续附表

2010年6月16日	法国政府宣布退休制度改革计划，将退休年龄逐步从60岁提高到62岁，以减轻财政负担，这在法国国内接连引发强烈抗议
2010年6月7日	欧洲金融稳定基金（EFSF）正式创立，总规模为4400亿欧元，为7500亿欧元计划的核心部分
2010年6月7日	受欧债危机拖累，欧元对美元汇率一度跌破1:1.19，创下自2006年3月以来的最低水平
2010年5月27日	西班牙议会批准150亿欧元财政紧缩计划
2010年5月25日	意大利政府出台250亿欧元财政紧缩计划
2010年5月21日	欧洲理事会常任主席范龙佩主持召开由欧盟财长和部分经济专家组成的专门小组的首次会议，就加强欧盟的经济治理提出4个主要目标，以避免希腊债务危机在欧洲其他国家上演
2010年5月10日	欧盟27国财长决定，联手IMF设立一项总额高达7500亿欧元的欧洲金融稳定基金（EFSF），帮助可能陷入债务危机的欧元区成员国，阻止希腊债务危机蔓延
2010年5月2日	欧元区成员国财政部长召开特别会议，决定启动希腊救助机制，和IMF一道在未来3年内为希腊提供总额1100亿欧元贷款。希腊同日宣布了大规模财政紧缩计划
2010年4月27日	标准普尔把希腊信用评级从3B下调为2B+。同日，同样存在严重债务问题的葡萄牙也遭降级。西班牙的信用评级第二天也被下调
2010年4月12日	欧盟公布数据，债务问题严重性远超预期，是一个普遍性问题。希腊第一轮救援，欧元区和IMF出台了1110亿欧元的救援计划，即对希腊第一轮救援计划
2010年2月5日	债务危机引发市场惶恐，西班牙股市当天急跌6%，创下15个月以来最大跌幅。欧元大跌，欧洲股市暴挫，欧元区面临成立11年以来最严峻的考验
2009年12月22日	欧洲其他国家也开始陷入危机，包括比利时、西班牙，都预报未来3年预算赤字居高不下，希腊已非危机主角，整个欧盟都受到债务危机困扰。债务危机以一个普遍性问题在欧洲出现
2009年12月16日	标准普尔将希腊的长期主权信用评级由A-下调为3B+
2009年12月8日	惠誉将希腊信贷评级由A-下调至2B+，前景展望为负面
2009年10月20日	希腊宣布当年财政赤字占GDP的比例将超过12%，远高于欧盟允许的3%上限。三大国际评级机构相继下调希腊主权信用评级，希腊债务危机爆发

资料来源：EFSF、中国社会科学院欧洲研究所、新华社、路透社、《金融时报》、大智慧数据库以及作者的整理。

附录三 欧洲主权债务问题数据表

附表3-1 实际经济增长率（环比季调，1995年第3季度至2012年第1季度）

单位:%

	德国	法国	意大利	西班牙	比利时	葡萄牙	希腊	匈牙利	荷兰	爱尔兰
1995年9月30日	0.2	0.2	0.7	0.3	0.8	0.5	2.3	-0.1	0.8	
1995年12月31日	-0.1	0	0.7	0.5	0.1	0.5	2.8	-0.5	0.7	
1996年3月31日	-0.9	0.6	0.5	0.6	-0.2	0.8	-2.2	0.2	0.1	
1996年6月30日	1.5	0.1	-0.6	0.8	0.5	1.5	0.5	0	2.0	
1996年9月30日	0.6	0.4	0.3	0.8	0.4	1.5	2.2	0.2	0.7	
1996年12月31日	0.3	0	-0.3	0.6	0.8	0.1	0.4	0.9	0.7	
1997年3月31日	-0.6	0.6	0.8	1.1	1.0	1.0	0.9	0.9	0.9	
1997年6月30日	1.5	1.0	1.3	0.9	1.6	1.9	0.3	1.1	1.5	3.7
1997年9月30日	0.4	0.7	0.4	1.1	1.0	1.1	1.3	1.0	1.1	-0.3
1997年12月31日	0.7	1.0	1.0	1.5	0.6	0.7	1.3	1.0	1.2	3.1
1998年3月31日	0.8	0.8	-0.2	0.9	0.2	1.3	-2.3	1.3	1.0	2.8
1998年6月30日	-0.4	1.0	0.3	1.0	0.3	1.4	3.1	0.9	0.6	1.5
1998年9月30日	0.4	0.6	0.2	1.2	0.3	1.5	2.8	0.8	0.7	2.3
1998年12月31日	-0.1	0.7	-0.5	0.9	0.2	1.2	0.8	0.5	0.9	-2.1
1999年3月31日	0.8	0.5	0.5	1.0	1.0	1.0	-2.5	0.5	1.7	6.8
1999年6月30日	0.1	0.8	0.5	1.5	1.4	0.5	2.1	0.9	1.0	-0.5
1999年9月30日	1.1	1.1	0.8	1.5	1.5	1.2	4.2	1.2	1.2	5.5
1999年12月31日	1.1	1.3	1.4	1.1	1.4	0.4	-1.8	1.4	1.4	2.2
2000年3月31日	1.1	1.0	1.0	1.6	0.7	2.2	0.8	0.6	0.9	0.4

— 284 —

续附表

	德国	法国	意大利	西班牙	比利时	葡萄牙	希腊	匈牙利	荷兰	爱尔兰
2000年6月30日	1.1	0.7	0.7	1.1	0.6	-0.9	0.2	1.3	1.1	4.0
2000年9月30日	-0.1	0.6	1.0	0.8	0.5	2.2	-0.4	0.7	0.5	1.2
2000年12月31日	-0.1	0.9	1.1	1.2	1.0	0.8	0.3	1.2	0.6	3.0
2001年3月31日	1.5	0.5	0.7	0.9	-0.3	-0.6	3.2	0.9	0.6	0.8
2001年6月30日	0.1	0.2	-0.4	0.7	0.1	0.8	-0.5	0.8	0.5	-0.2
2001年9月30日	-0.3	0.2	-0.2	1.1	-0.3	0.1	1.7	1.1	-0.1	0.2
2001年12月31日	0.2	-0.5	0	0.5	-0.2	1.4	1.6	0.7	0.1	0.6
2002年3月31日	-0.4	0.6	0.3	0.5	0.9	0	0	1.9	-0.5	3.1
2002年6月30日	0.3	0.5	0.4	0.9	0.6	0.1	0.9	0.6	0.5	0.9
2002年9月30日	0.4	0.3	0.1	0.4	0.5	-1.1	1.2	1.2	0.1	2.7
2002年12月31日	-0.2	-0.1	0.2	0.9	0.4	-0.7	0.5	0.8	-0.1	0.6
2003年3月31日	-0.8	0.2	-0.2	0.8	-0.3	0.2	3.8	0.9	0.1	-0.4
2003年6月30日	-0.1	-0.1	-0.4	0.8	0.1	-0.3	0.3	1.0	-0.2	1.7
2003年9月30日	0.5	0.8	0.3	0.6	0.3	0.2	0.7	1.1	0.2	0
2003年12月31日	0.4	0.6	0.4	1.1	0.6	0.1	1.2	1.2	0.5	4.9
2004年3月31日	0	0.5	0.6	0.8	1.4	1.1	1.7	1.2	1.0	-0.5
2004年6月30日	0.3	0.7	0.4	0.5	0.7	0.8	1.1	1.2	0.5	0
2004年9月30日	-0.2	0.5	0.4	1.3	0.8	-0.5	0.4	1.0	0.5	0.7
2004年12月31日	0	0.7	-0.2	0.4	0.2	-0.3	1.1	1.0	0.2	2.1
2005年3月31日	-0.1	0.1	0	1.0	0.4	0.7	-0.7	0.7	0.3	1.0
2005年6月30日	0.7	0.4	0.6	1.0	0.5	1.2	0.7	1.4	1.0	2.8
2005年9月30日	0.8	0.6	0.3	0.8	0.6	-1.1	1.4	0.8	0.8	-0.6
2005年12月31日	0.3	0.7	0.3	1.2	0.7	0.2	1.4	1.2	0.6	1.9
2006年3月31日	1.2	0.6	0.6	1.0	0.8	1.1	1.1	1.2	0.9	2.6
2006年6月30日	1.5	1.1	0.6	1.1	0.4	0.7	1.8	0.9	1.5	0.4
2006年9月30日	1.0	0.2	0.4	0.9	0.9	-0.1	1.0	0.4	0.4	1.2
2006年12月31日	1.2	0.8	1.0	1.0	0.9	0.9	0.4	0.5	0.7	-0.5
2007年3月31日	0.7	0.6	0.2	0.9	1.1	1.5	2.1	-0.9	1.4	5.5
2007年6月30日	0.6	0.5	0.1	0.8	0.2	0	0.6	-0.1	0.6	-1.6

续附表

	德国	法国	意大利	西班牙	比利时	葡萄牙	希腊	匈牙利	荷兰	爱尔兰
2007年9月30日	0.9	0.4	0.2	0.8	0.6	-0.1	0.8	0.2	1.4	-0.6
2007年12月31日	0.3	0.2	-0.4	0.7	0.3	1.0	0.1	0.5	1.3	3.4
2008年3月31日	1.1	0.4	0.4	0.5	0.8	0	0.1	1.4	0.5	-2.3
2008年6月30日	-0.4	-0.7	-0.7	0	0.4	-0.2	0.5	-0.2	-0.4	-2.1
2008年9月30日	-0.4	-0.3	-1.1	-0.8	-0.6	-0.5	0.3	-1.0	0	0
2008年12月31日	-2.2	-1.5	-2.0	-1.1	-2.0	-1.3	-0.8	-2.1	-1.2	-3.7
2009年3月31日	-4.0	-1.5	-3.0	-1.6	-1.8	-1.9	-1.1	-3.3	-2.2	-2.7
2009年6月30日	0.3	0.1	-0.3	-1.0	0.2	0.7	-1.0	-1.2	-1.2	-0.7
2009年9月30日	0.8	0.3	0.4	-0.3	1.1	0.5	-0.6	-0.9	0.9	-0.6
2009年12月31日	0.7	0.6	0	-0.1	0.6	-0.4	0.7	0.2	0.4	-1.3
2010年3月31日	0.5	0.1	0.6	0.2	0.1	0.9	-1.9	1.1	0.4	1.5
2010年6月30日	1.9	0.5	0.5	0.3	1.1	0.4	-1.3	0.4	0.6	-0.5
2010年9月30日	0.8	0.4	0.3	0.1	0.4	0.3	-1.6	0.7	0.3	0.4
2010年12月31日	0.5	0.3	0.1	0.2	0.5	-0.5	-2.8			-1.4
2011年3月31日	1.3	0.9	0.1	0.4	0.9	-0.6	0.2	0.5	0.7	1.8
2011年6月30日	0.3	-0.1	0.3	0.2	0.4	0		0.2	0.2	1.4
2011年9月30日	0.5	0.4		0	0	-0.4		0.5	-0.3	
2011年12月31日	-0.2	0.1	-0.7	-0.3	-0.1	-1.3	-7.4	1.4	-0.6	-1.1
2012年3月31日	0.5	0	-0.8	-0.3	0.3	-0.1	-5.5	-0.7	0.3	-0.2

资料来源：*Bloomberg*。

附表3-2 财政赤字占GDP比例（1996~2011年）

单位：%

	欧元区	德国	法国	意大利	西班牙	比利时	葡萄牙	希腊	匈牙利	荷兰	爱尔兰
1996年12月31日	-4.3	-3.4	-4.0	-7.0	-5.5	-4.0	-4.5	-6.7	-4.4	-1.9	-0.1
1997年12月31日	-2.8	-2.8	-3.3	-2.7	-4.0	-2.2	-3.4	-6.0	-6.0	-1.2	1.1
1998年12月31日	-2.3	-2.3	-2.6	-2.7	-3.0	-0.9	-3.5	-4.2	-8.0	-0.9	2.4

续附表

	欧元区	德国	法国	意大利	西班牙	比利时	葡萄牙	希腊	匈牙利	荷兰	爱尔兰
1999年12月31日	-1.5	-1.6	-1.8	-1.9	-1.2	-0.6	-2.7	-3.3	-5.5	0.4	2.7
2000年12月29日	-0.1	1.1	-1.5	-0.8	-0.9	0	-2.9	-3.7	-3.0	2.0	4.7
2001年12月31日	-1.9	-3.1	-1.5	-3.1	-0.5	0.4	-4.3	-4.5	-4.1	-0.2	0.9
2002年12月31日	-2.6	-3.8	-3.1	-3.1	-0.2	-0.1	-2.9	-4.8	-9.0	-2.1	-0.4
2003年12月31日	-3.1	-4.2	-4.1	-3.6	-0.3	-0.1	-3.0	-5.6	-7.3	-3.1	0.4
2004年12月31日	-2.9	-3.8	-3.6	-3.5	-0.1	-0.3	-3.4	-7.5	-6.5	-1.7	1.4
2005年12月30日	-2.5	-3.3	-2.9	-4.4	1.3	-2.7	-5.9	-5.2	-7.9	-0.3	1.7
2006年12月29日	-1.3	-1.6	-2.3	-3.4	2.4	0.1	-4.1	-5.7	-9.3	0.5	2.9
2007年12月31日	-0.7	0.2	-2.7	-1.6	1.9	-0.3	-3.1	-6.5	-5.1	0.2	0.1
2008年12月31日	-2.1	-0.1	-3.3	-2.7	-4.5	-1.3	-3.6	-9.8	-3.7	0.5	-7.3
2009年12月31日	-6.4	-3.2	-7.5	-5.4	-11.2	-5.8	-10.1	-15.8	-4.6	-5.6	-14.2
2010年12月31日	-6.2	-4.3	-7.1	-4.6	-9.3	-3.8	-9.8	-10.3	-4.2	-5.1	-31.2
2011年12月31日	-4.1	-1.0	-5.2	-3.9	-8.5	-3.7	-4.2	-9.1	4.3	-4.7	-13.1

资料来源：*Bloomberg*。

附表3-3 公共债务占GDP比例（1996～2011年）

单位：%

	欧元区	德国	法国	意大利	西班牙	比利时	葡萄牙	希腊	匈牙利	荷兰	爱尔兰
1996年12月31日	73.7	58.5	58.0	120.2	67.4	127.2	58.3	99.4	72.4	74.1	72.7
1997年12月31日	73.2	59.8	59.2	117.4	66.1	122.5	54.4	96.6	62.9	68.2	63.7
1998年12月31日	72.8	60.5	59.4	114.2	64.1	117.2	50.4	94.5	60.9	65.7	53.0
1999年12月31日	71.6	61.3	58.9	113.0	62.4	113.6	49.6	94.0	60.8	61.1	48.0
2000年12月29日	69.2	60.2	57.3	108.5	59.4	107.8	48.5	103.4	56.1	53.8	37.5
2001年12月31日	68.1	59.1	56.9	108.2	55.6	106.5	51.2	103.7	52.7	50.7	35.2
2002年12月31日	67.9	60.7	58.8	105.1	52.6	103.4	53.8	101.7	55.9	50.5	31.9
2003年12月31日	69.1	64.4	62.9	103.9	48.8	98.4	55.9	97.4	58.6	52	30.7
2004年12月31日	69.5	66.3	64.9	103.4	46.3	94.0	57.6	98.6	59.5	52.4	29.4
2005年12月30日	70.1	68.6	66.4	105.4	43.1	92.0	62.8	100.00	61.7	51.8	27.2
2006年12月29日	68.5	68.1	63.7	106.1	39.6	88.0	63.9	106.1	65.9	47.4	24.7
2007年12月31日	66.3	65.2	64.2	103.1	36.2	84.1	68.3	107.4	67.0	45.3	24.8
2008年12月31日	70.1	66.7	68.2	105.8	40.1	89.3	71.6	113.0	72.9	58.5	44.2
2009年12月31日	79.8	74.4	79.0	115.5	53.8	95.9	83.0	129.3	79.7	60.8	65.2
2010年12月31日	85.3	83.0	82.3	118.6	61.2	96.0	93.3	145.0	81.4	62.9	92.5
2011年12月31日	87.2	81.3	85.8	121.1	68.5	98.0	107.8	165.3	80.6	65.2	108.2

资料来源：*Bloomberg*。

附表 3-4　到期债务水平（本金，2011 年第 4 季度至 2014 年第 2 季度）

单位：百万欧元

	德国	法国	意大利	西班牙	比利时	葡萄牙	希腊	荷兰	爱尔兰
2011 年第 4 季度	35500	37095	31261	12177	7351	2277	6866	17100	
2012 年第 1 季度	95576	108117	112941	32485	24148	9733	22206	33481	5545
2012 年第 2 季度	74842	59202	68017	37659	7747	10950	12203	7830	
2012 年第 3 季度	63343	61035	62826	38623	18219	1372	7920	17474	
2012 年第 4 季度	39347	30440	76248	33125	10136	1607	2297		
2013 年第 1 季度	61277	24670	21163	20534	12851	110	5856	15043	
2013 年第 2 季度	50819	23612	47795	22007	108		13123		6030
2013 年第 3 季度	46500	53681	49817	20714	17166	10738	7025	15983	
2013 年第 4 季度	33555	24285	38234	19986	211		1855		
2014 年第 1 季度	34570	29197	14934	25708	13292	177	4749	15104	11857
2014 年第 2 季度	21100	23006	34720	13365	245	6187	12284		

资料来源：*Bloomberg*，2011 年 12 月 2 日。

图书在版编目（CIP）数据

欧债危机与中国应对/何帆，郑联盛等著.—北京：社会科学文献出版社，2013.8
 ISBN 978-7-5097-4694-3

Ⅰ.①欧… Ⅱ.①何…②郑… Ⅲ.①金融危机-欧洲-影响-中国经济-经济发展-研究 Ⅳ.①F835.059②F124

中国版本图书馆 CIP 数据核字（2013）第 114328 号

欧债危机与中国应对

著　　者 / 何　帆　郑联盛 等

出 版 人 / 谢寿光
出 版 者 / 社会科学文献出版社
地　　址 / 北京市西城区北三环中路甲 29 号院 3 号楼华龙大厦
邮　　编 / 100029

责任部门 / 皮书出版中心　（010）59367127　　责任编辑 / 杨　云　王　颉
电子信箱 / pishubu@ssap.cn　　　　　　　　　责任校对 / 甄　飞
项目统筹 / 杨　云　　　　　　　　　　　　　　责任印制 / 岳　阳
经　　销 / 社会科学文献出版社市场营销中心　（010）59367081　59367089
读者服务 / 读者服务中心　（010）59367028

印　　装 / 三河市东方印刷有限公司
开　　本 / 787mm×1092mm　1/16　　　　　　印　　张 / 19
版　　次 / 2013 年 8 月第 1 版　　　　　　　　字　　数 / 300 千字
印　　次 / 2013 年 8 月第 1 次印刷
书　　号 / ISBN 978-7-5097-4694-3
定　　价 / 59.00 元

本书如有破损、缺页、装订错误，请与本社读者服务中心联系更换
▲版权所有　翻印必究